Deutsche Gedichte

Deutsche Gedichte

Herausgegeben
von Lukas Moritz

ANACONDA

Die Deutsche Bibliothek verzeichnet diese Publikation in der
Deutschen Nationalbibliographie; detaillierte bibliographische Daten sind
im Internet unter http://dnb.ddb.de abrufbar.

Umschlagmotiv: »Felsentor«, 1818
Schinkel, Karl Friedrich 1781-1841, © akg-images, Berlin
Umschlaggestaltung: dyadesign, Düsseldorf, www.dya.de
Satz und Layout: GEM mbH, Ratingen
Printed in Germany 2005
ISBN 3-938484-47-0
info@anaconda-verlag.de

Inhalt

Einladung zum Lesen

Ich leb und weiß nicht wie lang,
Ich sterb und weiß nicht wann,
Ich geh und weiß nicht, wohin,
Mich wundert, daß ich fröhlich bin.

Martinus von Biberach, gestorben 1498

Gedichte lesen soll Spaß machen. Kein Gedicht wurde für den Schulunterricht oder das Studienseminar geschrieben. Gedichte sind verdichtete Sprache. Der Klang der Worte, gereimt oder frei, der Rhythmus der Zeilen und die Bilder der Sprache öffnen Horizonte. Nach innen und nach außen. Gedichte wollen nicht etwas Bestimmtes ausdrücken. Man muß keinen Sinn suchen. Nicht muß man sich fragen, was der Dichter sagen wollte. Gedichte wollen ganz unmittelbar ansprechen und gefallen. Sie sind schwer und leicht, einfach und schwierig zugleich. Gedichte sind Kunstwerke. Man kann, man soll sie immer wieder lesen. Wie ein Bild oder ein Musikstück können sie beim Liebhaber immer neu Freude wecken. Manchmal auch anregen und provozieren, amüsieren oder schlicht trösten. Jeder Leser empfindet und interpretiert ein Gedicht für sich neu. Da erst beginnt die dichterische Freiheit. Je nach Stimmungslage und Empfänglichkeit. Und steigert dann den Kunstgenuß. Was nicht anspricht, kann man übergehen. Nicht alles gefällt jedem. Über Geschmack kann man bekanntlich endlos oder gar nicht streiten.

Jede Auswahl verrät immer auch die Vorlieben ihres Herausgebers. Trotzdem wird kaum einer der bekannten Dichter und keines der berühmten Gedichte aus dem ungeschriebenen Kanon der Klassiker vermißt werden. Wie in der Wirklichkeit wird das, was sehr weit weg und das, was zu nahe liegt, undeutlich. Das spiegelt sich in der Anzahl der Gedichte aus der am längsten zurückliegenden Zeit des Mittelalters und genauso in der der nahen Gegenwart. Hier stehen die ausgewählten Gedichte beispielhaft für ihre Epoche. Wer durch die Lektüre angeregt, mehr aus einem bestimmten Zeitabschnitt kennenlernen möchte, der sei auf die einschlägigen Veröffentlichungen hingewiesen. Vorbildlich und weiterführend sind die Sammlungen aus dem Reclam Verlag.

Geordnet sind die Gedichte nach den Geburtsjahren ihrer Dichter. Wer nur den Titel oder die Anfangszeile eines Gedichtes kennt, dem hilft das Register am Ende des Buches. Anders als in den meisten anderen Gedichtanthologien wird nicht zwischen ernster und unterhaltender Lyrik unterschieden. Neben den großen Formen und Themen wie Liebe, Gott und Tod stehen heitere Verse, Kinderlieder und Sprachspielereien. Einzig wichtiges Auswahlkriterium war, daß das Gedicht, ob tiefsinnig oder leichtsinnig, den Leser heute noch anspricht. Jeder Spaß ist ja immer auch ein wenig ernst gemeint. Und nichts ist so ernst, daß es nicht auch Spaß machen kann. Zumindest Lesefreuden schafft, zum Wieder- und Weiterlesen anregt.

Der Herausgeber
St. Florian, im Juli 2005

DER VON KÜRENBERG

Um 1140

Der Falke

Ich zog mir einen Falken
Länger als ein Jahr,
Und da ich ihn gezähmet,
Wie ich ihn wollte gar,
Und als ich sein Gefieder
Mit Golde wohl umwand,
Stieg er hoch in die Lüfte,
Flog in ein anderes Land.

Seither sah ich den Falken
So schön und herrlich fliegen,
Auf goldrotem Gefieder
Sah ich ihn sich wiegen,
Er führt an seinem Fuße
Seidne Riemen fein:
Gott sende sie zusammen,
Die gerne treu sich möchten sein!

HEINRICH VON MORUNGEN

1150–1222

Nein, Ja!

Herrin, willst du hold mir sein.
So sieh mich nur ein wenig an,
Sonst erlieg ich meiner Pein,
Daß ich nicht länger leben kann.
Ich bin siech, mein Herz ist wund.
Frau, das haben mir getan
Meine Augen und dein Mund.

Herrin, sieh, was mich beschwert,
Bevor ich ganz verloren bin.
Weh des Worts, das mich versehrt!
Verwandle gnädig seinen Sinn!
Immer sprichst du nein, nein, nein,
Das will mir noch das Herz entzwein.
Sprich, o sprich noch einmal ja,
Ja, ja, ja, ja, ja, ja, ja!
Nur das liegt meinem Herzen nah.

Tagelied

Ritter:
O weh! soll mir denn niemals je
aufglänzen aus der Nacht
noch weißer als der Schnee
ihr Leib in seiner Pracht?
Das Aug betrog er mein:
ich glaubt, es müßte sein
des Mondes milder Schein –
da tagte es.

Herrin:
O weh! soll ihm zum letztenmal
der Morgen jung hier tagen?
Flieht diese Nacht aschfahl,
wir dürfen nie mehr klagen:
o weh! nun ist es Tag!
So hub er an die Klag,
als jüngst er bei mir lag –
da tagte es.

Ritter:
O weh! sie küßt' ohn Unterlaß
im Schlaf mich nur zu gut.
Ihr Wängel wurde naß
von salzger Tränenflut.
Ich wußte Trost gewiß,
daß sie den Schmerz verbiß
und heiß mich an sich riß –
da tagte es.

Herrin:
O weh! daß nie sein Auge sich
an meinem Anblick stillt!
Als er aufdeckte mich,
da wollt er unverhüllt
mich Arme schauen bloß:
es war ein Wunder groß,
daß ihn es nie verdroß –
da tagte es.

WALTHER VON DER VOGELWEIDE

1170–1228

Unter der Linden

Unter der Linden
Fern im Grunde,
Wo unser zweier Bett war eh,
Da könnt ihr finden
Noch zur Stunde
Gebrochen Blumen, Gras und Klee.
Vor dem Wald in einem Tal.
Tandaradei!
Lieblich sang die Nachtigall.

Ich kam gegangen
Zu der Aue,
Wo mein Herzallerliebster war:
Da ward ich empfangen,
Himmelsfraue!
Daß ich bin selig immerdar.
Küßt er mich? Ach, ohne End!
Tandaradei!
Seht, wie rot der Mund mir brennt!

Da eilt er, zu machen
Unter Scherzen
Von Blüten eine Lagerstatt.
Drob jeder wird lachen
Tief im Herzen,
Wenn er den Platz gefunden hat.
An den Rosen er wohl mag
Tandaradei!
Merken, wo mein Antlitz lag.

Daß er mich umfangen:
Wüßt es einer,

Verhüte Gott, so schämt ich mich.
Wie heiß sein Verlangen:
Mög es keiner
Erfahren je als er und ich
Und ein kleines Vögelein,
Tandaradei!
Das wird wohl verschwiegen sein.

Friedlos

Ich saß auf einem Steine
Und kreuzte beide Beine,
Dem Ellenbogen fest zum Stand.
Dann schmiegte ich in meine Hand
Das Kinn und eine Wange.
So übersann ich lange,
Wie man auf Erden sollte leben:
Doch konnt ich keinen Ratschlag geben,
Wie man drei Ding erwürbe,
Daß keins davon verdürbe.
Die zwei sind Ehr und irdisch Gut,
Eins oft dem andern Schaden tut.
Das dritt ist Gottes Segen,
Dran alles ist gelegen.
Die hätt ich gern in einem Schrein;
Doch leider kann das nimmer sein,
Daß Ehre und Vermögen
Und dazu Gottes Segen
Zusammen in ein Herze kommen:
Die Straßen ihnen sind genommen:
Selbstsucht belauert Stege,
Gewalt beherrscht die Wege.
So Fried als Recht sind todeswund,
Die dreie haben kein Geleit,
bis wieder diese zwei gesund.

Halmorakel

Ein Halm, der machte heut mich froh.
Er sagte, mir solle Gutes geschehen.
Ich maß an einem Stück Stroh,
Wie ich bei Kindern oft gesehen.
Nun hört, ob ich in ihrem Herzen ruh:
»Sie liebt, liebt nicht, sie liebt.«
Wie ich auch dehnt die Hände
»Sie liebt mich«, hieß es stets am Ende.
Des war ich froh; nur – Glaube hört dazu.

Zagnis

Sagt mir jemand: Was ist Minne?
Gerne wüßt ichs recht, denn wenig wüßt ichs eh.
Wer verständiger bei Sinne
Als ich bin, der sage: Warum bringt sie Weh?
Minne macht des Glückes voll,
Bringt sie Schmerz, heißt sie zu Unrecht Minne:
Darum weiß ich nicht, wie sie dann heißen soll.

Wenn ich wohlerwogen deute,
Was die Minne sei, bestätigt es mit Ja.
Minn ist zweier Herzen Freude:
Ist ihr Anteil gleich, so wohnt die Minne da.
Doch soll ungeteilt sie sein,
So kann sie ein Herz alleine nicht behalten:
Ach, daß du mir helfen wolltest, Herrin mein!

Herrin, ich trag schwere Lasten.
Möchtest du mir helfen, hilf bei rechter Zeit!
Siehst du in mir den Verhaßten,
Sprich es endlich aus, ich füg mich dem Bescheid
Und ich bin dann ein freier Mann.
Du sollst aber eins vor allem wissen, Herrin:
Daß dich niemand wenig mehr nur loben kann.

Kann die Herrin Süße säuern?
Glaubt sie noch, ich gäbe Liebe ihr für Leid?
Soll mein Preislied ich erneuern,
Daß sie es verkehre mir zur Schmählichkeit?
Töricht ist mein Preis geschehn.
Ach, was sprech ich Ohrenloser ohne Augen?
Wen die Minne blendet, kann der etwas sehn!

Wehmut

O weh! wohin verschwunden / sind all meine Jahr!
Ist mir mein Leben geträumet / oder ist es wahr?
Was ich für wirklich hielte / war es Wahn und leer?
So hab ich denn geschlafen / und weiß es nimmermehr.
Nun bin ich erwachet / und ist mir unbekannt,
Was mir vertraut war einstens / wie die eigne Hand.
Leut und Land, darin ich / von Kind auf bin erzogen,
Die sind mir fremd geworden, / als wäre es erlogen.
Die mir Gespielen waren, / die sind träg und alt:
Gemäht ist das Gefilde, / geschlagen ist der Wald.
Nur das Wasser fließet, / wie es einstens floß.
Fürwahr! Ich glaub, mein Unglück / auf in Samen schoß.
Mich grüßt so mancher lässig, / der mich noch kennen soll:
Die Welt ist allenthalben / Griesgrams übervoll.
Wenn ich gedenk an manchen / glückbesonnten Tag,
Die sind mir zerstoben /Wie in das Meer ein Schlag:
Immerdar o weh!

O weh! wie junge Leute / verzehren sich in Gram,
Die einst in Deutschlands Frühling / Begeistrung überkam.
Sie kennen nichts als Sorgen: / o weh! was quält sie so?
Wohin ich mich auch wende, / da ist keiner froh.
Tanzen, Lachen, Singen / zergeht vor Sorgen gar.
Nie sah man unter Christen / so gramverzehrte Schar.
Den Kopfschmuck schaut der Damen, /einst mit Geschmack gepflegt,
Der stolze Ritter jetzt das Wams / eines Bauern trägt.
Uns ist verwünschte Nachricht /jüngst aus Rom gekommen:

Uns ist erlaubt die Trauer / und Freude ganz genommen.
Das schmerzt mich in der Seele /– wir kannten kaum Verdruß
Daß ich nun, statt zu lachen, / bitter weinen muß.
Die Vögel in dem Walde / betrübet unsre Klage.
Das Wunder ist, wenn ich darob / an Freuden ganz verzage.
Doch halt! Was sprech ich da im Zorn / ein unbeherrschterTor?
Wer nach dem Glück der Welt jagt, / das ewige drum verlor.
Immerdar o weh!

MARTIN LUTHER

1483–1546

Der XLVI. Psalm

Deus noster refugium et virtus

Ein feste Burg ist unser Gott,
Ein gute Wehr und Waffen,
Er hilft uns frei aus aller Not,
Die uns itzt hat betroffen.
Der alt böse Feind
Mit Ernst ers itzt meint,
Groß Macht und viel List
Sein grausam Rüstung ist,
Auf Erd ist nicht seins gleichen.

Mit unser Macht ist nichts getan,
Wir sind gar bald verloren,
Es streit für uns der rechte Mann,
Den Gott hat selbst erkoren.
Fragstu, wer der ist,
Er heißt Jesu Christ,
Der Herr Zebaoth,
Und ist kein ander Gott,
Das Feld muß er behalten.

Und wenn die Welt voll Teufel wär
Und wollt uns gar vorschlingen,
So fürchten wir uns nicht zu sehr,
Es soll uns doch gelingen.
Der Fürst dieser Welt,
Wie saur er sich stellt,
Tut er uns doch nicht,
Das macht er ist gericht,
Ein Wörtlin kann ihn fällen.

Das Wort sie sollen lassen stahn
Und kein Dank dazu haben,
Er ist bei uns wohl auf dem Plan

Aus tiefer Not

Aus tiefer Not schrei ich zu dir,
Herr Gott erhör mein Rufen,
Dein gnädig Ohren kehr zu mir
Und meiner Bitt sie offen,
Denn so du willt das sehen an,
Was Sund und Unrecht ist getan,
Wer kann Herr fur dir bleiben?

Bei dir gilt nichts denn Gnad und Gonst,
Die Sunde zu vergeben.
Es ist doch unser Tun umbsonst
Auch in dem besten Leben.
Fur dir niemand sich ruhmen kann,
Des muß dich furchten jedermann
Und deiner Gnaden leben.

Darumb auf Gott will hoffen ich,
Auf mein Verdienst nicht bauen.
Auf ihn mein Herz soll lassen sich
Und seiner Güte trauen,
Die mir zusagt sein werdes Wort,
Das ist mein Trost und treuer Hort,
Des will ich allzeit harren.

Und ob es währt bis in die Nacht
Und wieder an den Morgen,
Doch soll mein Herz an Gottes Macht
Verzweifeln nicht noch sorgen.
So tu Israel rechter Art,
Der aus dem Geist erzeuget ward
Und seines Gotts erharre.

Ob bei uns ist der Sunden viel,
Bei Gott ist viel mehr Gnaden.
Sein Hand zu helfen hat kein Ziel,
Wie groß auch sei der Schaden.
Er ist allein der gute Hirt,
Der Israel erlosen wird
Aus seinen Sunden allen.

ULRICH VON HUTTEN

1488–1523

Ein neu Lied

Ich habs gewagt mit Sinnen
Und trag des noch kein Reu:
Mag ich nit dran gewinnen
Noch muß man spüren Treu,
Darmit ich mein,
Nit eim allein,
Wenn man es wollt erkennen:
Dem Land zu gut,
Wiewohl man tut
Ein Pfaffenfeind mich nennen.

Da laß ich jeden liegen
Und reden was er will.
Hätt Wahrheit ich geschwiegen,
Mir wären Hulder viel:
Nun hab ichs gesagt,
Bin drumb verjagt,
Das klag ich allen Frummen,
Wie wohl noch ich
Nit weiter fleich,
Vielleicht werd wieder kummen.

Umb Gnad will ich nit bitten,
Dieweil ich bin ohn Schuld;
Ich hätt das Recht gelitten,
So hindert Ungeduld,
Daß man mich nit
Nach altem Sitt
Zu Ghör hat kummen lassen:
Vielleicht wills Gott,
Und zwingt sie Not,
Zu handlen diesermaßen.

Nun ist oft diesergleichen
Geschehen auch hievor,
Daß einer von den Reichen
Ein gutes Spiel verlor:
Oft großer Flamm
Von Fünklin kam:
Wer weiß, ob ichs werd rächen.
Staht schon im Lauf,
So setz ich drauf,
Muß gahn oder brechen.

Darneben mich zu trösten
Mit gutem Gwissen hab,
Daß keiner von den Bösten
Mir Ehr mag brechen ab,
Noch sagen, daß
Uff einig Maß
Ich anders sei gegangen,
Dann Ehren nach,
Hab diese Sach
In Gutem angefangen.

Will nun ihr selbs nit raten
Dies frumme Nation,
Ihrs Schaden sich ergatten,
Als ich vermahnet han,
So ist mir Leid!
Hiemit ich scheid,
Will mengen baß die Karten;
Bin unverzagt:
Ich habs gewagt,
Und will des Ends erwarten!

Ob dann mir nach tut denken
Der Curtisanen List:
Ein Herz laßt sich nit kränken,
Das rechter Meinung ist.
Ich weiß noch viel,

Wölln auch ins Spiel
Und solltens drüber sterben:
Auf, Landsknecht gut
Und Reutters Mut!
Laßt Hutten nit verderben!

HANS SACHS

1494–1576

Das Schlaraffenland

Ein Gegend heißt Schlaraffenland,
den faulen Leuten wohlbekannt.
Das liegt drei Meilen hinter Weihnachten.
Und welche darein will trachten,
der muß sich großer Ding vermessen
und durch ein Berg mit Hirsbrei essen,
der ist wohl dreier Meilen dick.
Alsdann ist er im Augenblick
in demselbigen Schlaraffenland,
da aller Reichtum ist bekannt.
Da sind die Häuser deckt mit Fladen,
Lebkuchen die Haustür und Laden,
von Speckkuchen Dielen und Wänd,
die Balken von Schweinebraten send.
Um jedes Haus so ist ein Zaun
geflochten von Bratwürsten braun.
Von Malvasier so sind die Brunnen,
kommen eim von selbst ins Maul gerunnen.
Auf den Tannen wachsen Krapfen,
wie hier zu Land die Tannzapfen.
Auf Fichten wachsen gebackne Schnitten.
Eierplätz tut man von Birken schütten.
Wie Pfifferling wachsen die Wecken,
die Weintrauben in Dornhecken.
Auf Weidenkoppen Semmel stehn,
darunter Bäch mit Milch gehn;
die fallen dann in' Bach herab,
daß jedermann zu essen hab,
gesotten, gebraten, gesalzen und gebacken
und gehn bei dem Gestad gar nahen,
lassen sich mit den Händen fahen.
Auch fliegen um (das mögt ihr glauben)

gebrat'ne Hühner, Gäns und Tauben.
Wer sie nicht fängt und ist so faul,
dem fliegen sie von allein ins Maul.
Die Säu all Jahr gar wohl geraten,
laufen im Land um, sind gebraten.
Jede ein Messer hat im Rück',
damit ein jeder schneid' ein Stück
und steckt das Messer wieder drein.
Die Kreuzkäs wachsen wie die Stein.
So wachsen Bauern auf den Baumen,
gleich wie in unserm Land die Pflaumen.
Wenn zeitig sind, da fallen sie ab,
jeder in ein Paar Stiefel herab.
Wer Pferd hat, wird ein reicher Meier,
denn sie legen ganz Körb voll Eier.
So schüttet man aus den Eseln Feigen.
Nicht hoch braucht man nach den Kirschen steigen,
wie die Schwarzbeern sie wachsen tun.
Auch ist in dem Land ein Jungbrunn,
darin verjüngen sich die Alten.
Viel Kurzweil wird im Land gehalten.
So nach dem Ziel schießen die Gäst',
wer am weitesten daneben, gewinnt das Best.
Beim Laufen gewinnt der Letzte allein.
Das Polsterschlafen ist allgemein.
Ihr Weidwerk ist mit Flöh und Läusen,
mit Wanzen, Ratten und Mäusen.
Auch ist im Land gut Geld zu gewinnen.
Wer sehr faul ist und schläft darinnen,
dem gibt man für die Stund zwei Pfennig,
er schlaf ihr gleich viel oder wenig.

Ein Furz gilt einen Binger Haller,
drei Rülpser einen Jochimstaler.
Und welcher da sein Geld verspielt,
zwiefach man ihm das wiedergilt.
Und welcher auch nicht gern bezahlt,
wenn die Schuld wird eins Jahres alt,
so muß ihm jener dazu geben.
Und welcher liebt ein gutes Leben,

dem gibt man für den Trunk einen Batzen.
Und welcher wohl die Leut kann fatzen,
dem gibt man drei Kreuzer zum Lohn.
Für eine große Lüg' gibts ein Kron.

Doch muß sich da hüten ein Mann,
aller Vernunft ganz müßig stahn.
Wer Sinn und Witz gebrauchen wollt,
dem wär kein Mensch im Lande hold,
und wer gern arbeit' mit der Hand,
dem verböt' man das Schlaraffenland.
Wer Zucht und Ehrbarkeit hätt lieb,
denselben man des Lands vertrieb.
Wer Unnütz ist, nichts will lern,
der kommt im Land zu großen Ehrn,
wann wer der Faulste wird erkannt,
derselb ist König in dem Land.
Wer wüst, wild und unsinnig ist,
grob, unverstanden zu aller Frist,
aus dem macht man im Land ein Fürsten.
Wer gerne ficht mit Leberwürsten,
aus dem ein Ritter wird gemacht.
Wer liederlich ist und auf nichts acht'
als auf Essen, Trinken und viel Schlafen,
aus dem macht man im Land ein Grafen.
Wer tölpisch ist und gar nichts kann,
der ist im Land ein Edelmann.

Wer also lebt wie obgenannt,
der ist gut fürs Schlaraffenland,
das von den Alten ist erdicht',
zu Straf der Jugend zugerichtet',
die gewöhnlich faul ist und gefräßig,
ungeschickt, heillos und nachlässig,
daß man sie weis ins Land zu Schlaraffen,
damit ihr liederlich Weis zu strafen,
daß sie haben auf Arbeit acht,
weil faule Weis nie Gutes bracht.

JACOB REGNART

1540–1599

Venus, du und dein Kind

Venus, du und dein Kind
Seid alle beide blind
Und pflegt auch zu verblenden,
Wer sich zu euch tut wenden,
Wie ichs wohl hab erfahren
In meinen jungen Jahren.

Amor, du Kindlein bloß,
Wem dein vergiftes Gschoß
Das Herz einmal berühret,
Der wird alsbald verführet,
Wie ich wohl hab erfahren
In meinen jungen Jahren.

Für nur ein Freud allein
Gibstu viel tausend Pein,
Für nur ein freundlichs Scherzen
Gibstu viel tausend Schmerzen,
Wie ich wohl hab erfahren
In meinen jungen Jahren.

Darumb rat ich jedermann:
Von Lieb bald abzustahn,
Denn nichts ist zu erjagen
In Lieb dann Weh und Klagen,
Das hab ich wohl erfahren
In meinen jungen Jahren.

Mein Mund der singt

Mein Mund der singt, mein Herz vor Trauren weint.
So böslich sind mein Herz und Mund vereint.
Daß solchs könnt sein, hätt ich niemals gemeint.

Mit Singen ich gleichwohl mein Zeit vertreib,
Daneben doch in Langweil allzeit bleib,
Das schaffet alls ein adeliches Weib.

Denn daß die nicht mag widerfahren mir,
Nach deren strebt mein Herz, Mut und Begier,
Das möchte mich von Sinnen bringen schier.

Ich glaub, daß ich dazu geboren sei,
Daß ich von Lieb mag leben nimmer frei,
So ich doch nichts als Elend hab dabei.

G. R. WECKHERLIN

1584–1653

Anakreontisch

Die Natur hat jedes Tier
Mit sonderbarer Gab und Zier
Sorgfältiglich so wohl versehen,
Daß ihrer jedes mag, billich
Vergnüget, dessen rühmen sich
Und neben andern wohl bestehen.

Ein Horn dem Einhorn auf das Hirn,
Dem Stier zwei Hörner auf die Stirn,
Dem Hirsch ist ein Geweih gesetzet;
Die Vögel hat sie durch den Flug
Und die Füchs mit List und Betrug
Zu ihrer Sicherheit ergetzet.

Der Fisch kann schwimmen, und das Pferd
Ist wegen guten Hufs mehr wert,
Die Löwen haben Zähn und Klauen,
Das Laufen ist der Hasen Pfand,
Der Mann hat göttlichen Verstand;
Was haben dann die zarte Frauen?

Die Frauen seind mit der Lieb Pracht
Und mit der Schönheit höchsten Macht
So unvermeidenlich gezieret,
Daß ihr holdselige Gestalt
Allein regierend, ohn Gewalt,
Über die Herzen triumphieret.

JOHANN HERMANN SCHEIN

1586–1630

O Sternen Äugelein

O Sternen Äugelein!
O Seiden Härelein!
O Rosen Wängelein!
Korallen Lippelein!
O Perlen Zähnelein!
O Honig Züngelein!
O Perlernutter Öhrelein!
O elfenbeinen Hälselein!

Unverhofft

Unverhofft
Kömmet oft,
Man im Sprichwort saget:
Der verdirbt,
Wer nicht wirbt,
Und sein Tag nichts waget:
Oftmals ein blindes Hühnelein
Findt wohl das beste Körnelein.

Frisch gewagt,
Unverzagt
Ist schon halb erworben:
Wer sich fürcht,
Stets verbirgt,
Ist und bleibt verdorben:
Wer nicht greift in die Dorn hinein,
Bricht ab kein rotes Röselein.

Denn das Glück
Seine Tück
Nimmermehr kann lassen:
Bald es gibt,
Bald es trübt,
Stet läßt sichs nicht fassen:
Drumb Tirsi freu dich edler Hirt,
Weil solchs dir heut favorisiert.

MARTIN OPITZ

1597–1639

Bedeutung der Farben

Weiß, ist ganz keusche Reinigkeit,
Leibfarbe, Weh und Schmerzen leiden,
Meergrüne, von einander scheiden,
Schwarz, ist Betrübnus, Angst und Leid,
Rot, innigliche Liebesbrunst,
Und Himmelblo, sehr hohe Sinnen,
Bleich Leichfarb, argen Wohn gewinnen,
Gelb, End und Ausgang aller Gunst,
Haarfarbe, deutet uff Geduld,
Bleich Aschenfarben, heimlich Huld.
Braun, aller Liebe ganz vergessen,
Grün, Hoffnung; und weil jetzund ich
Gebrauche dieser Farbe mich,
Ist wohl mein Zustand zu ermessen.

Sei wohlgemut

Sei wohlgemut, laß Trauren sein,
Auf Regen folget Sonnenschein,
Es gibet endlich doch das Glück
Nach Toben einen guten Blick.

Vor hat der rauhe Winter sich
An uns erzeiget grimmiglich,
Der ganzen Welt Revier gar tief
In einem harten Traume schlief.

Weil aber jetzt der Sonnen Licht
Mit vollem Glanz herausser bricht,

Und an dem Himmel höher steigt,
Und alles fröhlich sich erzeigt,

Das frostig Eis muß ganz vergehn,
Der Schnee kann gar nicht mehr bestehn,
Favonius der zarte Wind
Sich wieder auf die Felder findt,

Die Saate gehet auf mit Macht,
Das Grase grünt in vollem Pracht,
Die Bäume schlagen wieder aus,
Die Blumen machen sich heraus,

Das Vieh in Felden inniglich,
Das Wild in Püschen freuet sich,
Der Vögel Schar sich fröhlich schwingt,
Und lieblich in den Lüften singt,

So stelle du auch Trauren ein,
Mein Herz, und laß dein Zagen sein,
Vertraue Gott und glaube fest,
Daß er die Seinen nicht verläßt.

Ulysses auch, der freie Held,
Nachdem er zehn Jahr in dem Feld
Vor Troja seine Macht versucht,
Zog noch zehn Jahr umb in der Flucht.

Durch Widerwärtigkeit im Meer,
Ward er geworfen hin und her,
Noch blieb er standhaft allezeit,
In Not und Tod, in Lieb und Leid.

Die Circe mit der Zauberkunst,
Bracht ihn niemals zu ihrer Gunst,
Auch der Sirenen süßer Mund
Und Harfen ihn nicht halten kunnt,

Er warf doch endlich von sich noch
Des rauhen Lebens schweres Joch,

Penelopen er wieder fand,
Und Ithacen sein Vaterland,

So bist du auch getrost, mein Herz,
Und übersteh des Glückes Scherz,
Trau Gott, sei nur auf ihn bedacht,
Die Hoffnung nicht zuschanden macht.

Lebenslust

Ich empfinde fast ein Grauen,
Daß ich, Plato, für und für
Bin gesessen über dir:
Es ist Zeit, hinaus zu schauen,
Und sich bei den frischen Quellen
In dem Grünen zu ergehn,
Wo die schönen Blumen stehn,
Und die Fischer Netze stellen.

Worzu dienet das Studieren,
Als zu lauter Ungemach?
Unterdessen lauft die Bach
Unsers Lebens, das wir führen
Ehe wir es inne werden,
Auf ihr letztes Ende hin,
Dann kömpt ohne Geist und Sinn
Dieses alles in die Erden.

Hola, Junger, geh und frage,
Wo der beste Trunk mag sein,
Nimb den Krug und fülle Wein!
Alles Trauren, Leid und Klage,
Wie wir Menschen täglich haben,
Eh uns Clotho fortgerafft,
Will ich in den süßen Saft,
Den die Traube gibt, vergraben.

Kaufe gleichfalls auch Melonen,
Und vergiß des Zuckers nicht:
Schaue nur, daß nichts gebricht.
Jener mag der Heller schonen,
Der bei seinem Gold und Schätzen
Tolle sich zu kränken pflegt,
Und nicht satt zu Bette legt:
Ich will, weil ich kann, mich letzen.

Bitte meine gute Brüder
Auf die Musik und ein Glas:
Nichts schickt, dünkt mich, nicht sich baß,
Als gut Trank und gute Lieder,
Laß ich gleich nicht viel zu erben,
Ei, so hab ich edlen Wein,
Will mit andern lustig sein,
Muß ich gleich alleine sterben.

Lied, im Ton: Ma belle je vous prie

Ach Liebste, laß uns eilen,
Wir haben Zeit:
Es schadet das Verweilen
Uns beiderseit.
Der schönen Schönheit Gaben
Fliehn Fuß für Fuß,
Daß alles, was wir haben,
Verschwinden muß.
Der Wangen Zier verbleichet,
Das Haar wird greis,
Der Äuglein Feuer weichet,
Die Flamm wird Eis.
Das Mündlein von Korallen
Wird ungestalt.
Die Händ als Schnee verfallen,
Und du wirst alt.
Drumb laß uns jetzt genießen
Der Jugend Frucht,
Eh dann wir folgen müssen
Der Jahre Flucht.
Wo du dich selber liebest,
So liebe mich,
Gib mir, daß, wann du gibest,
Verlier auch ich.

ROBERT ROBERTHIN

1600–1648

Mors matura venit quando beata venit

Daß alle Menschen sterben müssen
Befrembdet unser keinen mehr,
Weil wir es neben Gottes Lehr
Aus aller Tag Erfahrung schließen.
Was einmal seinen Anfang nimbt,
Dem ist sein Ende gleich bestimmt.

Nur dieses scheinet zu beklagen:
Wenn man ganz wider Hoffen sieht
Daß einer aus der besten Blüt
Ins finstre Grab wird hingetragen,
Eh er des lieben Lebens Tag
Bis an die Hälfte bringen mag.

Der Unmut aber muß sich stillen,
Und einzig sein an dem begnügt
Was sich mit unserm Leben fügt,
Nach dem (ohn Zweifel) weisen Willen
Des, der uns seinen Atem gibt
Und wegnimbt, wenn es Ihm geliebt.

Als, wenn in unsern Sommer-Tagen
Die Jungfrau eine Rose bricht,
Und achtet andrer Blumen nicht;
Die Rose sich nicht kann beklagen
Als sei ihr Leid daran geschehn,
Daß sie für andern ward ersehn:

Sie hat mehr Ursach hoch zu prangen
Daß sie in ihrer schönsten Art
Von lieber Hand geraubet ward,
Da andre, die noch blieben hangen,

Der Sonnen oder Regens Neid
Verzehrt ohn alle Nutzbarkeit.

So, wenn Gott einen, den Er liebet
Aus seinem besten Stande nimbt,
Und seinen Tod ihm früh bestimmt;
Sein wir mit Unrecht drumb betrübet:
Er weiß die rechte Zeit gar wohl
Wann unser Tod uns nützen soll.

Frühlingslied

Es kömmt in seiner Herrlichkeit,
Der holde Lenz hernieder
Und schenket seine Wonnezeit
Dem Erdenkreise wieder.

Er malt die Wolken mit Azur,
Mit Gold der Wolken Rände,
Mit Regenbogen Tal und Flur,
Mit Schmelz die Gartenwände;

Er kleidet den entblößten Baum,
Deckt ihn mit einer Krone,
Daß unter seinem Schattenraum
Das Volk der Vögel wohne,

Wie preiset ihrer Lieder Schall
Die Wunder seiner Rechten,
Die Lerch am Tage, Nachtigall
In schauervollen Nächten.

Die Fische scherzen in der Flut,
Die Herden auf der Weide,
Es schwärmt der Bienen junge Brut
Auf der beblümten Heide.

Der Mensch allein, der Schöpfung Haupt,
Vergräbet sich in Sorgen,
Ist immer seiner selbst beraubt,
Lebt immer nur für morgen.

Ihn weckt Auroras güldner Strahl,
Ihm lacht die Flur vergebens,
Er wird, nach selbstgemachter Qual,
Der Henker seines Lebens,

Das ohnehin wie ein Gesicht
Des Morgentraums entfliehet,
Und vor ein schreckliches Gericht
Ihn, den Verbrecher ziehet.

JOHANN MICHAEL MOSCHEROSCH

1601–1669

Sprachverderbnis

Fast jeder Schneider
Will jetzund leider
Der Sprach erfahren sein
Und redt Latein
Wälsch und Französisch,
Halb Japonesisch,
Wann er ist doll und voll
Der grobe Knoll

Der Knecht Matthies
Spricht: bonae dies,
Wann er guten Morgen sagt
Und grüßt die Magd;
Die wendt den Kragen,
Tut ihm Dank sagen,
Spricht: Deo gratias,
Herr Hippocras.

Ihr böse Teutschen,
Man sollt euch peutschen,
Daß ihr die Muttersprach
So wenig acht.
Ihr liebe Herren,
Das heißt nicht mehren,
Die Sprach verkehren
Und zerstören.

Ihr tut alles mischen
Mit faulen Fischen,
Und macht ein Misch-Gewäsch,
Ein wüste Wäsch,
Ich muß es sagen,

Mit Unmut klagen,
Ein faulen Hafen Käs,
Ein seltzams Gfräß.

Wir hans verstanden
Mit Spott und Schanden,
Wie man die Sprach verkehrt
Und ganz zerstört.
Ihr böse Teutschen,
Man sollt euch peutschen.
In unserm Vatterland;
Pfui dich der Schand!

HEINRICH ALBERT

1604–1651

Ein Kürbis spricht

Mit der Zeit ich kommen bin,
Fall auch mit der Zeit dahin.

Mensch, hierinnen sind wir gleich,
Du magst schön sein, jung und reich:
Unsre Pracht kann nicht bestehn,
Beide müssen wir vergehn.

Nun ich jung noch bin und grüne,
O so hält man mich im Wert!
Bin ich welk und nicht mehr diene,
Wer ist dann, der mein begehrt?

Mensch, ich kann es leichtlich glauben,
Daß du wünschst, ich möchte bleiben;
Nicht dein Will, auch meiner nicht,
Gottes Wille nur geschicht.

Wenn der rauhe Herbst nun kömmt,
Fall ich ab und muß verderben.
Wenn dein Ziel dir ist bestimmt,
Armer Mensch, so mußt du sterben.

Sieh mich an
Und denke dran:
Ich muß fort
Von diesem Ort!
Mit dir hält auch
Gott solchen Brauch.

Dem Herbst verlangt nach mir,
Mich zu verderben,

Dem Tod, o Mensch, nach dir,
Auch du mußt sterben.

Wer wird nach kurzen Tagen
Mich beklagen,
Wenn ich verwelkt nun bin?
Auch dir wird's widerfahren
Nach wenig Jahren,
Wenn dich der Tod nimmt hin.

Die Zeit und wir vergehn!
Was wir hie sehen stehn
In diesem grünen Garten,
Verwelkt in kurzer Zeit,
Weil schon des Herbstes Neid
Scheint drauf zu warten.

Ich und meine Blätter wissen,
Daß wir dann erst fallen müssen,
Wenn der rauhe Herbst nun kömmt.
Aber du, Mensch, weißt ja nicht,
Ob's nicht heute noch geschicht,
Daß dir Gott das Leben nimmt.

Ob ich gleich muß bald von hier,
Kriegst du dennoch Frucht von mir;
Wenn man dich, Mensch, wird begraben,
Was wirst du für Früchte haben?

O, ich habe schon vernommen,
Daß mein Feind, der Herbst wird kommen,
Dessen Raub ich werden soll.
Lieber Mensch, gehab dich wohl!

FRIEDRICH VON LOGAU

1604–1655

Epigramme

Trost

Weißt du, was in dieser Welt
Mir am meisten wohlgefällt?
Daß die Zeit sich selbst verzehret
Und die Welt nicht ewig währet.

Deutschland wider Deutschland

Das Eisen zeugt sich selbst den Rost,
von dem es wird verzehret;
Wir Deutschen haben selbst gezeugt die,
die uns jetzt verheeret.

Die schamhafte Zeit

Sie sei sonst, wie sie will, die Zeit,
So liebt sie doch Verschämlichkeit:
Sie kann die Wahrheit nackt nicht leiden,
Drum ist sie emsig, sie zu kleiden.

Die tausend goldnen Jahre

Tausend goldne Jahre
Werden von Propheten jetzt versprochen,
Wie es scheinet, sind sie nahe;
Denn dergleichen Gold zu kochen,

Hat der Krieg bereits zu Kohlen
Städt und Dörfer abgebrochen.

Heutige Weltkunst

Anders sein und anders scheinen,
Anders reden, anders meinen,
Alles loben, alles tragen,
Allen heucheln, stets behagen,
Allem Winde Segel geben,
Bös und Guten dienstbar leben,
Alles Tun und alles Dichten
Bloß auf eignen Nutzen richten:
Wer sich dessen will befleißen,
Kann politisch heuer heißen.

Geduld

Leichter träget, was er träget,
Wer Geduld zur Bürde leget.

Vermessenheit

Zum Werke von dem Wort
Ist oft ein weiter Ort.

Die beste Arznei

Freude, Mässigkeit und Ruh
Schleußt dem Arzt die Türe zu.

Deutschland

Deutschland bei der alten Zeit
War ein Stand der Redligkeit,
Ist jetzt worden ein Gemach,
Drinnen Laster, Schand und Schmach,
Was auch sonsten aus man fegt,
Andre Völker abgelegt.

Der deutsche Friede

Was kostet unser Fried? O wie viel Zeit und Jahre!
Was kostet unser Fried? O wie viel graue Haare!
Was kostet unser Fried? O wie viel Ströme Blut!
Was kostet unser Fried? O wie viel Tonnen Gut!
Ergetzt er auch dafür und lohnt so viel veröden?
Ja! Wem? Frag Echo drum; wem meint sie wohl?
(Echo) den Schweden!

Tod und Schlaf

Tod ist ein langer Schlaf; Schlaf ist ein kurzer Tod:
Die Not, die lindert der, und jener tilgt die Not.

Geistlicher und weltlicher Glaube

Man merkt, wie gegen Gott der Glaube sei bestellt,
Aus dem, wie Glaub und Treu man seinem Nächsten hält.

Der Mai

Dieser Monat ist ein Kuß, den der Himmel gibt der Erde,
Daß sie jetzund seine Braut, künftig eine Mutter werde.

Die Welt ein Buch

Die Welt ist ein Buch, ein jeder eine Letter;
Die Länder sind der Bund, die Zeiten sind die Blätter;
In diesem findt man mehr betört als kluge Sachen,
In diesem findt man mehr zum Klagen als zum Lachen;
In diesem findt man mehr zu meiden als zu üben,
In diesem findt man mehr zu hassen als zu lieben.

Selbst-Erkenntnis

Willstu fremde Fehler zählen, heb an deinen an zu zählen;
Ist mir recht, dir wird die Weile zu den fremden Fehlern fehlen.

Die deutsch Sprache

Ist die deutsche Sprache rauh? Wie daß sonst kein Volk sonst nicht
Von dem liebsten Tun der Welt, von der Liebe lieblich spricht?

Die deutsche Sprache

Kann die deutsche Sprache schnauben, schnarchen, poltern,
donnern, krachen,
Kann sie doch auch spielen, scherzen, liebeln gütteln, kürmeln,
lachen.

Fremde Tracht

Alamode-Kleider, Alamode-Sinnen:
Wie sichs wandelt aussen, wandelt sichs auch innen.

Glauben

Luthrisch, Päpstisch und Calvinisch, diese Glauben alle drei
Sind vorhanden, doch ist Zweifel, wo das Christentum dann sei.

Geld

Der Menschen Geist und Blut ist jetzo Gut und Geld;
Wer dies nicht hat, der ist ein Toter in der Welt.

Gerechtigkeit

Das Recht schließt für die Armen sich in ein eisern Tor:
Schlag an mit goldnem Hammer, so kömmst du hurtig vor.

Hoffnung und Geduld

Hoffnung ist ein fester Stab,
Und Geduld ein Reisekleid,
Da man mit durch Welt und Grab
Wandert in die Ewigkeit.

SIMON DACH

1605–1659

Freundschaft

Der Mensch hat nichts so eigen,
So wohl steht ihm nichts an,
Als daß er Treu erzeigen
Und Freundschaft halten kann.
Wann er mit seinesgleichen
Soll treten in ein Band,
Verspricht sich nicht zu weichen
Mit Herzen, Mund und Hand.

Die Red ist uns gegeben,
Damit wir nicht allein
Für uns nur sollen leben
Und fern von Leuten sein:
Wir sollen uns befragen
Und sehn auf guten Rat,
Das Leid einander klagen,
So uns betreten hat.

Was kann die Freude machen,
Die Einsamkeit verhehlt?
Das gibt ein doppelt Lachen,
Was Freunden wird erzählt.
Der kann sein Leid vergessen,
Der es von Herzen sagt;
Der muß sich selbst auffressen,
Der insgeheim sich nagt.

Gott stehet mir vor allen,
Die meine Seele liebt;
Dann soll mir auch gefallen,
Der mir sich herzlich gibt.
Mit diesen Bundsgesellen

Verlach ich Pein und Not,
Geh auf den Grund der Höllen
Und breche durch den Tod.

Ich hab, ich habe Herzen,
So treue, wie gebührt,
Die Heuchelei und Scherzen
Nie wissentlich berührt;
Ich bin auch ihnen wieder
Von Grund der Seelen hold;
Ich lieb euch mehr, ihr Brüder,
Als aller Erden Gold.

Horto recreamur amoeno

Der habe Lust zu Würfeln und zu Karten,
Der zu dem Tanz, und der zum kühlen Wein,
Ich liebe nichts, als was in diesem Garten
Mein Drangsals-Trost und Krankheit-Arzt kann sein.
Ihr grünen Bäume,
Du Blumen Zier,
Ihr Haus der Reime,
Ihr zwinget mir
Dies Lied herfür.

Mir mangelt nur mein Spiel, die süße Geige,
Die würdig ist, daß sie mit Macht erschall,
Hie, wo das Laub und die begrünten Zweige
Am Graben mich umbschatten überall,
Hie wo von weiten
Die Gegend lacht,
Wo an der Seiten
Der Wiesen Pracht
Mich fröhlich macht.

Was mir gebricht an Geld und großen Schätzen,
Muß mein Gemüt und dessen güldne Ruh

Durch freies Tun und Fröhlichkeit ersetzen,
Die schleußt vor mir das Haus der Sorgen zu;
Ich will es geben
Umb keine Welt,
Daß sich mein Leben
Oft ohne Geld
So freudig hält.

Gesetzt, daß ich den Erdenkreis beseße,
Und hätte nichts mit guter Lust gemein,
Wann ich der Zeit in Angst und Furcht genöße,
Was würd es mir doch für ein Vorteil sein?
Weg mit dem allen,
Was Unmut bringt!
Mir soll gefallen
Was lacht und singt
Und Freud erzwingt.

Ihr alten Bäum, und ihr noch junge Pflanzen,
Rings umb verwahrt vor aller Winde Stoß.
Wo umb und umb sich Freud und Ruh verschanzen,
Senkt alle Lust herab in meinen Schoß,
Ihr sollt imgleichen
Durch dies mein Lied
Auch nicht verbleichen,
So lang man Blüht
Auf Erden sieht.

Aufforderung zur Fröhlichkeit

Die Jahre wissen keinen Halt,
Sie achten keiner Zügel,
Der Mensch wird unversehens alt,
Als hätt er schnelle Flügel
Was schon der Tod hat hingebracht,
Wird immer wiederkommen;
Wird denn in jener langen Nacht
Dein Traurigsein dir frommen?

DANIEL VON CZEPKO

1605–1660

Monodistichia

Höllisches Feuer:
Was ist die Höll? Ich sprech: Es ist der eigne Willen.
Was brennt? Der eigne Nutz, der nimmermehr zu stillen.

Willen Gottes: ewiges Leben:
Mensch, willt du selig sein, eh als du es sollt werden,
Ergib dich Gott: Du hast dein Himmelreich auf Erden.

Reich aller Reiche:
Gedächtnüs und Verstand und Willen ist ein Reich:
Wer es beherrscht, ist Gott. Gott: oder ja Gott gleich.

Gott siehet niemand als Gott:
Wer Gott will sehn, der muß in Gottes Wesen steigen:
Denn Gott will sich bloß Gott sonst keinem Dinge zeigen.

Überall Hölle. Überall Himmel:
O Ewigkeit! Voll Angst, voll Schmerzen, voll Entsetzen!
O Ewigkeit! Voll Ruh, voll Wonne, voll Ergötzen!

ICH:
I. Gott. C. Christus. H. Das ist der Heilge Geist:
Mensch, wann du sprichst: ICH: Schau, wo es dich hin weist.

Selige Einwendung:
Es ist ein größer Werk als Erd und Himmel baun:
Aus einer freien Not in seine Seele schaun.

Kein Wesen ohne Gott:
Indem der Teufel ist, ist er so gut als du,
Dem Wesen nach, in Gott, nichts mangelt ihm, als Ruh.

Weise Armut: Arme Weisheit.
Der nichts will, nichts bedarf, nichts hat, nichts sucht, nichts ist,
Denselben Menschen hat die Weisheit auserkiest.

Sei selbst derselbe:
Sei, was du lebst, du hoffst, du glaubst, du liebst, du bist,
So steht, den ich gesucht, vor mir ein rechter Christ.

In einem:
Ich und Gott wir sind eins. Nichts scheidet mich und Ihn,
Wie Er ist, daß er ist: So bin ich, daß ich bin.

Bestätige die Einbildung:
Bös ist vor sich kein Ding. Es sieht dein eitler Wahn
Für Gutes Böses, und für Böses Gutes an.

Versuchung des Willens:
Ein Blümlein will auch Gott, von dem es ist, erheben,
Brich oder laß es stehn. Du hast Tod oder Leben.

Je abgeschiedener, je göttlicher:
In meiner Seelen ist ein abgeschiedene Kraft,
Draus über Wesen sie das höchste Wesen schafft.

Das ewige Heute:
Der wird nicht auferstehn, der vor nicht auferstanden,
Der jüngste Tag ist itzt und nicht darnach vorhanden.

Vorgeführtes Leben:
Dein Leben hört nicht auf, wie tief man dich begräbt,
Wann du in Gott, und Gott hinwieder in dir lebt.

Widerklang des göttlichen Wesens:
Ein jedes Ding fängt an zu reden und zu leben,
Und will, alsbald es ist, dem Schöpfer Antwort geben.

Überall Gott:
Gott laufst du in die Schoß: was fleuchst du für und für?
Er geht auch unversehns in die Gedanken dir.

Drei in einem: Ein in dreien:
Das Feuer ruht, die Glut bewegt, die Flamme brennt,
Wohl dem, der alle drei im Wesen eines kennt.

Klarheit der Seelen:
Die Sonn ist hell und klar. Viel tausend tausendmal
Die Seele mehr: weil sie von Gott ein Geist und Strahl.

Innerlicher Kampf:
Wer triumphiert? Hie Fleisch. Da Geist: entzwischen Krieg:
Das Fleisch? Du hast verspielt. Der Geist? Dein ist der Sieg.

Je weniger, je besser:
So viel du nimmst, so viel mußt du zugleich verlieren,
Wohl dem, der nichts bedarf, denn ihn kann nichts berühren.

Erlösung:
Du kannst es nicht ohn Gott, Gott will es nicht ohn dich,
Drumb wird er Mensch, daß er den Menschen bring an sich.

Empfangen: verlieren:
Wer Gott empfängt, verliert auch Gott. Sich Gott ganz lassen,
Kann Gott, und sonsten nichts, als weil Gott Gott ist, fassen.

Göttliche Schauung:
Der Gott sieht, sieht ein Nicht. Daß er nicht sagen kann,
Dasselbe Nicht sieht er, und Ihn sieht alles an.

Jedes durchs andere:
Die Ewigkeit durch Zeit: Das Leben durch den Tod.
Durch Nacht das Licht, und durch den Menschen seh ich Gott.

Gehe mit dem Tode umb:
Nichts stirbt, nichts wird geboren, der Tod stellt alles an,
Wohl dem, der täglich sich mit ihm besprechen kann.

Spiele wohl! Das Leben ein Schauspiel

Was ist dein Lebenslauf und Tun, o Mensch? Ein Spiel.
Den Inhalt sage mir? Kinds, Weibs und Tods Beschwerde.
Was ist es vor ein Platz, darauf wir spieln? Die Erde.
Wer schlägt und singt dazu? Die Wollust ohne Ziel.

PAUL GERHARDT

1607–1676

Abendlied

Nun ruhen alle Wälder,
Vieh, Menschen, Stadt und Felder,
Es schläft die ganze Welt:
Ihr aber, meine Sinnen,
Auf, auf, ihr sollt beginnen
Was eurem Schöpfer wohlgefällt.

Wo bist du, Sonne, blieben?
Die Nacht hat dich vertrieben,
Die Nacht, des Tages Feind:
Fahr hin, ein ander Sonne,
Mein Jesus, meine Wonne,
Gar hell in meinem Herzen scheint.

Der Tag ist nun vergangen,
Die güldnen Sternen prangen
Am blauen Himmelsaal:
Also werd ich auch stehen,
Wenn mich wird heißen gehen
Mein Gott aus diesem Jammertal.

Der Leib eilt nun zur Ruhe,
Legt ab das Kleid und Schuhe,
Das Bild der Sterblichkeit,
Die ich zieh aus: dagegen
Wird Christus mir anlegen
Den Rock der Ehr und Herrlichkeit.

Das Häupt, die Füß und Hände
Sind froh, daß nun zum Ende
Die Arbeit kommen sei:
Herz, freu dich, du sollst werden

Vom Elend dieser Erden
Und von der Sünden Arbeit frei.

Nun geht, ihr matten Glieder,
Geht hin und legt euch nieder,
Der Betten ihr begehrt:
Es kommen Stund und Zeiten,
Da man euch wird bereiten
Zur Ruh ein Bettlein in der Erd.

Mein Augen stehn verdrossen,
Im Hui sind sie geschlossen,
Wo bleibt denn Leib und Seel?
Nimm sie zu deinen Gnaden,
Sei gut für allem Schaden,
Du Aug und Wächter Israel.

Breit aus die Flügel beide,
O Jesu, meine Freude,
Und nimm dein Küchlein ein.
Will Satan mich verschlingen,
So laß die Englein singen:
Dies Kind soll unverletzet sein.

Auch euch, ihr meine Lieben,
Soll heinte nicht betrüben
Ein Unfall noch Gefahr.
Gott laß euch selig schlafen,
Stell euch die güldne Waffen
Ums Bett und seiner Engel Schar.

Sommergesang

Geh aus, mein Herz, und suche Freud
In dieser lieben Sommerzeit
An deines Gottes Gaben:
Schau an der schönen Gärten Zier,
Und siehe, wie sie mir und dir
Sich ausgeschmücket haben.

Die Bäume stehen voller Laub,
Das Erdreich decket seinen Staub
Mit einem grünen Kleide.
Narcissus und die Tulipan
Die ziehen sich viel schöner an,
Als Salomonis Seide.

Die Lerche schwingt sich in die Luft,
Das Täublein fleugt aus seiner Kluft
Und macht sich in die Wälder;
Die hochbegabte Nachtigall
Ergötzt und füllt mir ihrem Schall
Berg, Hügel, Tal und Felder.

Die Glucke führt ihr Völklein aus,
Der Storch baut und bewohnt sein Haus,
Das Schwälblein speist die Jungen;
Der schnelle Hirsch, das leichte Reh
Ist froh und kömmt aus seiner Höh
Ins tiefe Gras gesprungen.

Die Bächlein rauschen in dem Sand
Und malen sich und ihren Rand
Mit schattenreichen Myrten;
Die Wiesen liegen hart dabei,
Und klingen ganz vom Lustgeschrei
Der Schaf und ihrer Hirten.

Die unverdroßne Bienenschar
Fleucht hin und her, sucht hie und dar

Ihr edle Hon gspeise;
Des süßen Weinstocks starker Saft
Bringt täglich neue Stärk und Kraft
In seinen schwachen Reise.

Der Weizen wächset mit Gewalt,
Darüber jauchzet Jung und Alt
Und rühmt die große Güte
Des, der so überflüssig labt
Und mit so manchem Gut begabt
Das menschliche Gemüte.

Ich selbsten kann und mag nicht ruhn,
Des großen Gottes großes Tun
Erweckt mir alle Sinnen:
Ich singe mit, wann alles singt,
Und lasse, was dem Höchsten klingt,
Aus meinem Herzen rinnen.

Ach, denk ich, bist du hier so schön,
Und läßt du uns so lieblich gehn
Auf dieser armen Erden,
Was will doch wohl nach dieser Welt
Dort in dem reichen Himmelszelt
Und güldnem Schlosse werden!

Welch hohe Lust, welch heller Schein
Wird wohl in Christi Garten sein?
Wie muß es da wohl klingen,
Da so viel tausend Seraphim
Mit eingestimmtem Mund und Stimm
Ihr Alleluja singen!

O wär ich da, o stünd ich schon,
Ach süßer Gott, für deinem Thron
Und trüge meine Palmen!
So wollt ich nach der Engel Weis
Erhöhen deines Namens Preis
Mit tausend schönen Psalmen.

Doch gleichwohl will ich, weil ich noch
Hier trage dieses Leibes Joch,
Auch nicht gar stille schweigen,
Mein Herze soll sich fort und fort
An diesem und an allem Ort
Zu deinem Lobe neigen.

Hilf mir und segne meinen Geist
Mit Segen, der vom Himmel fleußt,
Daß ich dir stetig blühe;
Gib, daß der Sommer deiner Gnad
In meiner Seelen früh und spat
Viel Glaubensfrücht erziehe.

Mach in mir deinem Geiste Raum,
Daß ich dir werd ein guter Baum,
Und laß mich wohl bekleiben:
Verleihe, daß zu deinem Ruhm
Ich deines Gartens schöne Blum
Und Pflanze möge bleiben.

Erwähle mich zum Paradeis,
Und laß mich bis zur letzten Reis
An Leib und Seele grünen;
So will ich dir und deiner Ehr
Allein und sonsten keinem mehr
Hier und dort ewig dienen.

An das leidende Angesicht Jesu Christi

O Haupt voll Blut und Wunden,
Voll Schmerz und voller Hohn!
O Häupt, zu Spott gebunden
Mit einer Dornenkron!
O Häupt, sonst schön gezieret
Mit höchster Ehr und Zier,
Itzt aber hoch schimpfieret!
Gegrüßet seist du mir.

Du edles Angesichte,
Dafür sonst schrickt und scheut
Das große Weltgewichte,
Wie bist du so bespeit?
Wie bist du so erbleichet?
Wer hat dein Augenlicht,
Dem sonst kein Licht nicht gleichet,
So schändlich zugericht?

Die Farbe deiner Wangen,
Der roten Lippen Pracht
Ist hin und ganz vergangen:
Des blassen Todes Macht
Hat alles hingenommen,
Hat alles hingerafft,
Und daher bist du kommen
Von deines Leibes Kraft.

Nun was du, Herr, erduldet,
Ist alles meine Last,
Ich hab es selbst verschuldet,
Was du getragen hast.
Schau her, hie steh ich Armer,
Der Zorn verdienet hat,
Gib mir, o mein Erbarmer,
Den Anblick deiner Gnad.

Erkenne mich, mein Hüter,
Mein Hirte, nimm mich an!
Von dir, Quell aller Güter,
Ist mir viel Guts getan:
Dein Mund hat mich gelabet
Mit Milch und süßer Kost,
Dein Geist hat mich begabet
Mit mancher Himmelslust.

Ich will hie bei dir stehen,
Verachte mich doch nicht;
Von dir will ich nicht gehen,
Wann dir dein Herze bricht;

Wann dein Herz wird erblassen
Im letzten Todesstoß,
Alsdann will ich dich fassen
In meinen Arm und Schoß.

Es dient zu meinen Freuden,
Und kömmt mir herzlich wohl,
Wann ich in deinem Leiden,
Mein Heil, mich finden soll.
Ach möcht ich, o mein Leben,
An deinem Kreuze hier
Mein Leben von mir geben,
Wie wohl geschähe mir!

Ich danke dir von Herzen,
O Jesu, liebster Freund,
Für deines Todes Schmerzen,
Da dus so gut gemeint.
Ach gib, daß ich mich halte
Zu dir und deiner Treu,
Und wann ich nun erkalte,
In dir mein Ende sei.

Wann ich einmal soll scheiden,
So scheide nicht von mir,
Wann ich den Tod soll leiden,
So tritt du dann herfür,
Wann mir am allerbängsten
Wird um das Herze sein,
So reiß mich aus den Ängsten
Kraft deiner Angst und Pein.

Erscheine mir zum Schilde,
Zum Trost in meinem Tod,
Und laß mich sehn dein Bilde
In deiner Kreuzesnot.
Da will ich nach dir blicken,
Da will ich glaubensvoll
Dich fest an mein Herz drücken.
Wer so stirbt, der stirbt wohl.

Morgenlied

Wach auf, mein Herz, und singe
Dem Schöpfer aller Dinge,
Dem Geber aller Güter,
Dem frommen Menschenhüter.

Heint, als die dunklen Schatten
Mich ganz umgeben hatten,
Hat Satan mein begehret,
Gott aber hats gewehret.

Ja, Vater, als er suchte,
Daß er mich fressen möchte,
War ich in deinem Schoße,
Dein Flügel mich beschlosse.

Du sprachst: Mein Kind, nun liege,
Trotz dem, der dich betriege;
Schlaf wohl, laß dir nicht grauen,
Du sollst die Sonne schauen.

Dein Wort das ist geschehen,
Ich kann das Licht noch sehen:
Für Not bin ich befreiet,
Dein Schutz hat mich verneuet.

Du willt ein Opfer haben:
Hier bring ich meine Gaben:
Mein Weihrauch und mein Widder
Sind mein Gebet und Lieder.

Die wirst du nicht verschmähen,
Du kannst ins Herze sehen;
Denn du weißt, daß zur Gabe
Ich ja nichts Bessers habe.

So wollst du nun vollenden
Dein Werk an mir und senden,

Der mich an diesem Tage
Auf seinen Händen trage.

Sprich ja zu meinen Taten,
Hilf selbst das Beste raten,
Den Anfang, Mittl und Ende,
Ach Herr, zum Besten wende.

Mich segne, mich behüte,
Mein Herz sei deine Hütte,
Dein Wort sei meine Speise
Bis ich gen Himmel reise.

G. PH. HARSDÖRFFER

1607–1658

Was ist die arge Welt?

Ein ungestümes Meer,
Ein Haus voll böser Kinder.
Ein Richtet sonder Ehr,
Ein Stall voll dummer Rinder.
Ein Feld voll böser Frucht,
Ein Reich vom Wahn regieret.
Ein Kriegsheer ohne Zucht,
Die Blindheit stolz gezieret.
Der Thron der Eitelkeit,
Die Feindin aller Tugend,
Ein Weg fast Höllen weit,
Die Freundin aller Jugend.
Der Sünden Aufenthalt,
Ein Hospital der Kranken.
Ein Raub- und Mörderwald,
Des Glücks und Unglücks Schranken.

Das Leben des Menschen

Das Leben ist
Ein Laub, das grunt und falbt geschwind.
Ein Staub, den leicht vertreibt der Wind.
Ein Schnee, der in dem Nu vergehet.
Ein See, der niemals stille stehet.
Die Blum, so nach der Blut verfällt.
Der Ruhm, auf kurze Zeit gestellt.
Ein Gras, das leichtlich wird verdrucket.
Ein Glas, das leichter wird zerstucket.
Ein Traum, der mit dem Schlaf aufhört.

Ein Schaum, den Flut und Wind verzehrt.
Ein Heu, das kurze Zeite bleibet.
Die Spreu, so mancher Wind vertreibet.
Ein Kauf, den man am End bereut.
Ein Lauf, der schnaufend schnell erfreut.
Ein Wasserstrom, der pfeilt geschwind.
Die Wasserblas', so bald zerrinnt.
Ein Schatten, der uns macht schabab.
Die Matten, so gräbt unser Grab.

JOHANN RIST

1607–1667

Betrachtung der Ewigkeit

O Ewigkeit, du Donnerwort,
O Schwert, das durch die Seele bohrt,
O Anfang sonder Ende,
O Ewigkeit, Zeit ohne Zeit,
Ich weiß für großer Traurigkeit
Nicht, wo ich mich hinwende.
Mein ganz erschrocknes Herz erbebt,
Daß mir die Zung am Gaumen klebt.

Kein Unglück ist in aller Welt,
Das endlich mit der Zeit nicht fällt
Und ganz wird aufgehoben.
Die Ewigkeit hat nur kein Ziel,
Sie treibet fort und fort ihr Spiel,
Läßt nimmer ab zu toben;
Ja, wie mein Heiland selber spricht:
Aus ihr ist kein Erlösung nicht.

O Ewigkeit, du machst mir bang;
O ewig, ewig ist zu lang,
Hie gilt fürwahr kein Scherzen.
Drum wenn ich diese lange Nacht
Zusamt der großen Pein betracht,
Erschreck ich recht von Herzen.
Nichts ist zu finden weit und breit
So schrecklich als die Ewigkeit.

Der Höllen Marter und ihr Pein
Wird nicht wie Leibeskrankheit sein
Und mit der Zeit sich enden,
Es wird sich der Verdammten Schar
Im Feur und Schwefel immerdar

Mit Zorn und Grimm ümwenden,
Und dies ihr unbegreiflich Leid
Soll währen bis in Ewigkeit!

Ach Gott, wie bist du so gerecht,
Wie strafest du die bösen Knecht
Im heißen Pfuhl der Schmerzen!
Auf kurze Sünden dieser Welt
Hast du so lange Pein bestellt!
Ach, nimm dies wohl zu Herzen
Und merk auf dies, o Menschenkind:
Kurz ist die Zeit, der Tod geschwind.

O Ewigkeit, du Donnerwort,
O Schwert, das durch die Seele bohrt,
O Anfang sonder Ende,
O Ewigkeit, Zeit ohne Zeit,
Ich weiß vor großer Traurigkeit
Nicht, wo ich mich hinwende;
Herr Jesu, wenn es dir gefällt,
Eil ich zu dir ins Himmelzelt!

Auf die Winterszeit

Der Winter hat sich angefangen,
Der Schnee bedeckt das ganze Land,
Der Sommer ist hinweggegangen,
Der Wald hat sich in Reif verwandt.

Die Wiesen sind von Frost versehret,
Die Felder glänzen wie Metall;
Die Blumen sind in Eis verkehret,
Die Flüsse stehn wie harter Stahl.

Wohlan, wir wollen von uns jagen
Durchs Feur das kalte Winterkleid;
Kommt, laßt uns Holz zum Herde tragen
Und Kohlen dran, jetzt ist es Zeit.

Laßt uns den Fürnewein hergeben
Dort unten aus dem großen Faß!
Das ist das rechte Winterleben:
Ein heiße Stub und kühles Glas.

Wohlan, wir wollen musizieren
Bei warmer Luft und kühlen Wein;
Ein ander mag sein Klagen führen,
Den Mammon nie läßt fröhlich sein.

Wir wollen spielen, scherzen, essen,
Solang uns noch kein Geld gebricht,
Doch auch der Schönsten nicht vergessen,
Denn wer nicht liebt, der lebet nicht.

Wir haben dennoch gnug zu sorgen,
Wann nun das Alter kommt heran;
Es weiß doch keiner, was ihm morgen
Noch vor ein Glück begegnen kann.

Drum will ich ohne Sorgen leben,
Mit meinen Brüdern fröhlich sein.
Nach Ehr und Tugend tu ich streben,
Den Rest befehl ich Gott allein.

Germaniens Klagelied

Was soll ich armes Reich, was soll ich endlich machen,
Nun mir genommen ist mein Freuen, Lust und Lachen?
Kaum bin ich mehr bei Sinnen
In dieser langen Not.
Was soll ich doch beginnen?
Nun wünsch ich mir den Tod.

Die Kinder, so ich selbst erzeuget, sind die Schlangen,
Die ihre Mutter, mich, zu würgen unterfangen;
Die haben mich zerbissen,

Daß fast mein ganzer Leib
In Stücklein ist zerrissen.
O weh, ich armes Weib!

Mein ganzer Leib ist wund; es gehen mir die Schmerzen,
Die ich so manches Jahr erduldet, so zu Herzen,
Daß ich kaum kann erheben
Die schwache Stimm und Wort.
Bald muß auch dies mein Leben,
Das kaum noch halb ist, fort.

Hör, Himmel, Luft und Meer! Hör, o du Kloß der Erden,
Wie jämmerlich durch mich ich muß zerrissen werden,
Weil alles ist erfüllet
Mit lauter Zank und Krieg,
Der niemals wird gestillet
Durch so viel Blut und Sieg!

Ach, Lieb und Treu ist hin, die Gottesfurcht erkaltet,
Der Glaub ist abgetan, Beständigkeit veraltet.
Das deutsche Blut bedünget
So manches schöne Land;
Mein eignes Volk bezwinget
Sich selbst mit eigner Hand.

Die Wälder, Berg und Tal, da man sonst Kräuter meiet,
Sind nunmehr – o der Not! – mit Knochen überstreuet,
Mit lauter Menschenbeinen
Viel weißer als der Schnee.
Ach, sollt ich noch nicht weinen,
Wann ich die Not anseh?

Es wird ja Gnad und Gunst durch Tränen aufgeschlossen,
Durch Tränen, die ein Herz voll Reue ausgegossen:
So helft mir alle schreien
Zu unsrem Gott allein,
Der wolle ja mit Treuen
Zuletzt mein Helfer sein.

Wann mich die Not ergreift, so seid auch ihr getroffen,
Die ihr auf meinen Tod von langer Zeit tut hoffen.
O lasset ab zu lachen!
Es weiß noch keiner nicht,
Was Gott mit ihm will machen,
Wann nun sein Glas zerbricht.

Wird mich mein Gott zuletzt in alte Freiheit setzen
Und nach so mancher Not in neuer Freud ergetzen,
So will ich ihn versühnen
Mit Dank zu aller Frist,
Und meinem Nächsten dienen,
Soviel mir möglich ist.

PAUL FLEMING

1609–1640

Nach des VI. Psalmens Weise

In allen meinen Taten
Laß ich den Höchsten raten,
Der alles kann und hat;
Er muß zu allen Dingen,
Solls anders wohl gelingen,
Selbst geben Rat und Tat.

Nichts ist es spat und frühe,
Um alle meine Mühe,
Mein Sorgen ist umsonst,
Er mags mit meinen Sachen
Nach seinem Willen machen.
Ich stells in seine Gunst.

Es kann mir nichts geschehen,
Als was er hat versehen
Und was mir selig ist,
Ich nehm es, wie ers gibet;
Was ihm von mir geliebet,
Das hab ich auch erkiest.

Ich traue seiner Gnaden,
Die mich für allem Schaden,
Für allem Übel schützt.
Leb ich nach seinen Sätzen,
So wird mich nichts verletzen,
Nichts fehlen, was mir nützt.

Er wolle meiner Sünden
In Gnaden mich entbinden,
Durchstreichen meine Schuld.
Er wird auf mein Verbrechen

Nicht stracks das Urteil sprechen
Und haben noch Geduld.

Ich zieh in ferne Lande,
Zu nützen einem Stande,
An den er mich bestellt.
Sein Segen wird mir lassen
Was gut und recht ist fassen,
Zu dienen seiner Welt.

Bin ich in wilder Wüsten,
So bin ich doch bei Christen,
Und Christus ist bei mir.
Der Helfer in Gefahren,
Der kann mich doch bewahren
Wie dorte, so auch hier.

Er wird zu diesen Reisen
Gewünschten Fortgang weisen,
Wohl helfen hin und her.
Gesundheit, Heil und Leben,
Zeit, Wind und Wetter geben
Und alles nach Begehr.

Sein Engel, der getreue,
Macht meine Feinde scheue,
Tritt zwischen mich und sie.
Durch seinen Zug, den frommen,
Sind wir so weit nun kommen
Und wissen fast nicht wie.

Leg ich mich späte nieder,
Erwach ich frühe wieder,
Lieg oder zieh ich fort,
In Schwachheit und in Banden
Und was mir stößt zu handen,
So tröstet mich sein Wort.

Hat er es denn beschlossen,
So will ich unverdrossen

An mein Verhängnüs gehn;
Kein Unfall unter allen
Wird mir zu harte fallen,
Ich will ihn überstehn.

Ihm hab ich mich ergeben,
Zu sterben und zu leben,
So bald er mir gebeut.
Es sei heut oder morgen,
Dafür laß ich ihn sorgen,
Er weiß die rechte Zeit.

Gefällt es seiner Güte,
Und sagt mir mein Gemüte
Nicht was Vergeblichs zu,
So werd ich Gott noch preisen
Mit manchen schönen Weisen
Daheim in meiner Ruh.

Indes wird er den Meinen
Mit Segen auch erscheinen,
Ihr Schutz, wie meiner sein,
Wird beiderseits gewähren,
Was unser Wunsch und Zähren
Ihn bitten überein.

So sei nun, Seele, deine
Und traue dem alleine,
Der dich geschaffen hat.
Es gehe, wie es gehe,
Dein Vater aus der Höhe
Weiß allen Sachen Rat.

Wie er wolle geküsset sein

Nirgends hin als auf den Mund:
Da sinkt's in des Herzens Grund;

Nicht zu frei, nicht zu gezwungen,
Nicht mit gar zu fauler Zungen.

Nicht zuwenig, nicht zuviel:
Beides wird sonst Kinderspiel;
Nicht zu laut und nicht zu leise:
Bei dem Maß ist rechte Weise.

Nicht zu nahe, nicht zu weit:
Dies macht Kummer, jenes Leid;
Nicht zu trocken, nicht zu feuchte,
Wie Adonis Venus reichte.

Nicht zu harte, nicht zu weich,
Bald zugleich, bald nicht zugleich,
Nicht zu langsam, nicht zu schnelle,
Nicht ohn Unterscheid der Stelle.

Halb gebissen, halb gehaucht,
Halb die Lippen eingetaucht,
Nicht ohn Unterscheid der Zeiten,
Mehr alleine denn bei Leuten.

Küsse nun ein jedermann,
Wie er weiß, will, soll und kann!
Ich nur und die Liebste wissen,
Wie wir uns recht sollen küssen.

An sich

Sei dennoch unverzagt, gib dennoch unverloren,
Weich keinem Glücke nicht; steh höher als der Neid,
Vergnüge dich an dir und acht es für kein Leid
Hat sich gleich wider dich Glück, Ort und Zeit verschworen.

Was dich betrübt und labt, halt alles für erkoren,
Nimm dein Verhängnis an, laß alles unbereut.

Tu, was getan muß sein und eh man dirs gebeut.
Was du noch hoffen kannst, das wird noch stets geboren.

Was klagt, was lobt man doch? Sein Unglück und sein Glücke
Ist sich ein jeder selbst. Schau alle Sachen an –
Dies alles ist in dir. Laß deinen eitlen Wahn,

Und eh du förder gehst, so geh in dich zurücke.
Wer sein selbst Meister ist und sich beherrschen kann,
Dem ist die weite Welt und alles Untertan.

Ein getreues Herze wissen

Ein getreues Herze wissen
Hat des höchsten Schatzes Preis.
Der ist selig zu begrüßen,
Der ein treues Herze weiß.
Mir ist wohl bei höchstem Schmerze,
Denn ich weiß ein treues Herze.

Läuft das Glücke gleich zuzeiten
Anders als man will und meint,
Ein getreues Herz hilft streiten
Wider alles, was ist feind.
Mir ist wohl bei höchstem Schmerze,
Denn ich weiß ein treues Herze.

Sein Vergnügen steht alleine
In des andern Redlichkeit,
Hält des andern Not für seine,
Weicht nicht auch bei böser Zeit.
Mir ist wohl bei höchstem Schmerze,
Denn ich weiß ein treues Herze.

Gunst, die kehrt sich nach dem Glücke,
Geld und Reichtum, das zerstäubt,
Schönheit läßt uns bald zurücke,

Ein getreues Herze bleibt.
Mir ist wohl bei höchstem Schmerze,
Denn ich weiß ein treues Herze.

Eins ist, da sein und geschieden.
Ein getreues Herze hält,
Gibt sich allezeit zufrieden,
Steht auf, wenn es niederfällt.
Ich bin froh bei höchstem Schmerze,
Denn ich weiß ein treues Herze.

Nichts ist süßer als zwei Treue,
Wenn sie eines worden sein.
Dies ist, des ich mich erfreue,
Und sie gibt ihr Ja auch drein.
Mir ist wohl bei höchstem Schmerze,
Denn ich weiß ein treues Herze.

ANDREAS GRYPHIUS

1616–1664

Menschliches Elende

Was sind wir Menschen doch! ein Wohnhaus grimmer Schmerzen,
Ein Ball des falschen Glücks, ein Irrlicht dieser Zeit,
Ein Schauplatz herber Angst, besetzt mit scharfem Leid,
Ein bald verschmelzter Schnee und abgebrannte Kerzen.

Dies Leben fleucht davon wie ein Geschwätz und Scherzen.
Die vor uns abgelegt des schwachen Leibes Kleid
Und in das Totenbuch der großen Sterbligkeit
Längst eingeschrieben sind, sind uns aus Sinn und Herzen.

Gleich wie ein eitel Traum leicht aus der Nacht hinfällt
Und wie ein Strom verscheußt, den keine Macht aufhält,
So muß auch unser Nam, Lob, Ehr und Ruhm verschwinden.

Was itzund Atem holt, muß mit der Luft entfliehn,
Was nach uns kommen wird, wird uns ins Grab nachziehn.
Was sag ich? Wir vergehn, wie Rauch von starken Winden.

Es ist alles eitel

Du siehst, wohin du siehst, nur Eitelkeit auf Erden.
Was dieser heute baut, reißt jener morgen ein;
Wo jetzund Städte stehn, wird eine Wiese sein,
Auf der ein Schäferkind wird spielen mit den Herden.

Was jetzund prächtig blüht, soll bald zertreten werden;
Was jetzt so pocht und trotzt, ist morgen Asch und Bein.

Nichts ist, das ewig sei, kein Erz, kein Marmorstein.
Jetzt lacht das Glück uns an, bald donnern die Beschwerden.

Der hohen Taten Ruhm muß wie ein Traum vergehn:
Soll denn das Spiel der Zeit, der leichte Mensch, bestehn?
Ach, was ist alles dies, das wir für köstlich achten,

Als schlechte Nichtigkeit, als Schatten, Staub und Wind,
Als eine Wiesenblum, die man nicht wieder findt.
Noch will, was ewig ist, kein einzig Mensch betrachten!

Tränen des Vaterlandes anno 1636

Wir sind doch nunmehr ganz, ja mehr denn ganz verheeret.
Der frechen Völker Schar, die rasende Posaun,
Das vom Blut fette Schwert, die donnernde Karthaun
Hat alles Schweiß und Fleiß und Vorrat aufgezehret.

Die Türme stehn in Glut, die Kirch ist umgekehret,
Das Rathaus liegt im Graus, die Starken sind zerhaun,
Die Jungfern sind geschändt, und wo wir hin nur schaun,
Ist Feuer, Pest und Tod, der Herz und Geist durchfähret.

Hier durch die Schanz und Stadt rinnt allzeit frisches Blut.
Dreimal sind schon sechs Jahr, als unser Strömen Flut
Von Leichen fast verstopft, sich langsam fort gedrungen.

Doch schweig ich noch von dem, was ärger – als der Tod,
Was grimmer denn die Pest und Glut und Hungersnot.
Daß auch der Seelenschatz so vielen abgezwungen.

Abend

Der schnelle Tag ist hin; die Nacht schwingt ihre Fahn
Und führt die Sternen auf. Der Menschen müde Scharen

Verlassen Feld und Werk; wo Tier und Vögel waren,
Traurt itzt die Einsamkeit. Wie ist die Zeit vertan!

Der Port naht mehr und mehr sich zu der Glieder Kahn.
Gleich wie dies Licht verfiel, so wird in wenig Jahren
Ich, du, und was man hat, und was man sieht, hinfahren.
Dies Leben kömmt mir vor als eine Rennebahn.

Laß, höchster Gott! mich doch nicht auf dem Laufplatz gleiten!
Laß mich nicht Ach, nicht Pracht, nicht Lust, nicht Angst verleiten!
Dein ewig-heller Glanz sei vor und neben mir!

Laß, wenn der müde Leib entschläft, die Seele wachen,
Und wenn der letzte Tag wird mit mir Abend machen,
So reiß mich aus dem Tal der Finsternis zu dir.

Betrachtung der Zeit

Mein sind die Jahre nicht, die mir die Zeit genommen,
Mein sind die Jahre nicht, die etwa möchten kommen;
Der Augenblick ist mein und nehm ich den in acht,
So ist der mein, der Jahr und Ewigkeit gemacht.

Vanitas mundi

Was ist die Welt,
Die mich bisher mit ihrer Pracht betöret?
Wie plötzlich fällt,
Was alt und jung und reich und arm geehret!
Was ist doch alles, was man allhier findt?
Ein leichter Wind.

Was jetzund blüht,
Kann noch für Abend ganz zutretten werden.
Der sich hier müht

Um flüchtig Geld, muß ohne Geld zur Erden.
Er sammlet fleißig (doch für ander) ein,
Und stirbt allein.

Das kleine Tier,
Das Seiden spinnt, verstrickt sich in sein Spinnen;
So müssen wir
Durch unsern Fleiß oft unsern Tod gewinnen.
Viel hat Verstand und, was uns weise macht,
Ins Grab gebracht.

Der Tulipan
Wird, weil er glänzt, von Jungfern abgeschnitten.
Schau Menschen an!
Sie haben Schmach, um daß sie schön, erlitten
Und (wenn sie nicht entsetzt ein schneller Tod),
Ach! Angst und Not.

Bist du bekannt,
So kann dir jeder deine Feil aufrücken;
Wofern dein Stand
Verborgen liegt, so wird dich jeder drücken.
Wer reich ist, wird beneidet und verlacht;
Wer arm, der schmacht.
Wie ohne Ruh
Ein Schifflein wird bald her, bald hin geschmissen,
So setzt uns zu
Der Sorgen Sturm; wir werden hingerissen
Auf dieses Lebens schmerzenvollen See,
Da eitel Weh!

Wie selig ist,
Wer, Schaden frei, kann an den Port einfahren!
Wer ihm erkiest
Den rechten Lauf der Gott ergebnen Scharen,
Der kann, ob Wellen Bergen gleich aufstehn,
Nicht untergehn!

JOHANN KLAJ

1616–1656

Abendlied

Die Sonn hat sich verkrochen,
Der müde Tag ist hin,
Die Nacht ist angebrochen,
Die Sorgenlinderin.
Die Welt hat angeleget
Ihr düsterschwarzes Kleid;
Kein Baum ist, der sich reget,
In Wäldern weit und breit.

Die lichtbeflammten Sternen,
Das blanke Heer der Nacht,
Die lernen uns von fernen
Die starke Vaterwacht.
Mein Gott, mit meiner Zungen
Hat mein geweckter Geist
Dich heute früh besungen,
Dich und dein Lob gepreist.

Jetzt rühmet deine Güte
Mein loberfüllter Mund
Aus brünstigem Gemüte
In dieser Abendstund.
Dir will ich Opfer bringen
Mit diesen schlechten Ton,
Laß mein Gebete dringen
Durch deinen Wolkenthron.

Du hast mir zugeschicket
Der heilgen Wächter Wacht,
Daß mich kein Strick bestricket,
Kein Fall zu Fall gebracht.
Freund, Feinde, Neider, Hasser,

Kein Mensch hat mich beschwert;
Luft, Feuer, Erde, Wasser,
Nichts, nichts, hat mich gefährt.

Was ich in Amtsgeschäften
Geschafft, hast du geschafft.
Du gibest meinen Kräften
Kraft, höchstgefürchte Kraft,
Du Weg, mein Weg des Lebens,
Du meines Heiles Heil,
Du Segen meines Segens,
Des Erbes Erbeteil.

Jetzt leg ich mich nun nieder
Zur angenehmen Ruh,
Jetzt rasten meine Glieder,
Die Fenster fallen zu.
Ich lege Hand und Füße
Fein kreuzweis unbetrübt;
Das ist mein Ruheküsse:
Also hat Gott die Welt geliebt.

CHRISTIAN HOFMANN VON HOFMANNSWALDAU

1617–1679

Kleines Liebeslied

Wo sind die Stunden
Der süßen Zeit,
Da ich zuerst empfunden,
Wie deine Lieblichkeit,
Mich dir verbunden?
Sie sind verrauscht, es bleibet doch dabei,
Daß alle Lust vergänglich sei.

Das reine Scherzen,
So mich ergetzt,
Und in dem tiefen Herzen
Sein Merkmal eingesetzt,
Läßt mich in Schmerzen,
Du hast mir mehr als deutlich kund getan,
Daß Freundlichkeit nicht ankern kann.

Das Angedenken
Der Zucker-Lust,
Will mich in Angst versenken.
Es will verdammte Kost
Uns zeitlich kränken,
Was man geschmeckt und nicht mehr schmecken soll,
Ist Freuden-leer und Jammer-voll.

Empfangne Küsse,
Ambrierter Saft
Verbleibt nicht lange süße,
Und kommt von aller Kraft;
Verrauschte Flüsse
Erquicken nicht. Was unsern Geist erfreut,
Entspringt aus Gegenwärtigkeit.

Ich schwamm in Freude,
Der Liebe Hand
Spann mir ein Kleid von Seide,
Das Blatt hat sich gewandt,
Ich geh im Leide,
Ich wein itzund, daß Lieb und Sonnenschein
Stets voller Angst und Wolken sein.

Die Welt

Was ist die Welt und ihr berühmtes Glänzen?
Was ist die Welt und ihre ganze Pracht?
Ein schnöder Schein in kurz-gefaßten Grenzen,
Ein schneller Blitz bei schwarz-gewölkter Nacht.
Ein buntes Feld, da Kummerdisteln grünen;
Ein schön Spital, so voller Krankheit steckt.
Ein Sklavenhaus, da alle Menschen dienen,
Ein faules Grab, so Alabaster deckt.
Das ist der Grund, darauf wir Menschen bauen,
Und was das Fleisch für einen Abgott hält.
Komm, Seele, komm, und lerne weiter schauen,
Als sich erstreckt der Zirkel dieser Welt.
Streich ab von dir derselben kurzes Prangen,
Halt ihre Lust vor eine schwere Last;
So wirst du leicht in diesen Port gelangen,
Da Ewigkeit und Schönheit sich umfaßt.

Lust der Welt

Was ist die Lust der Welt? nichts als ein Fastnachtsspiel,
So lange Zeit gehofft, in kurzer Zeit verschwindet,
Da unsre Masken uns nicht haften, wie man will,
Und da der Anschlag nicht den Ausschlag recht empfindet.
Es gehet uns wie dem, der Feuerwerke macht,
Ein Augenblick verzehrt oft eines Jahres Sorgen;

Man schaut, wie unser Fleiß von Kindern wird verlacht,
Der Abend tadelt oft den Mittag und den Morgen.
Wir fluchen oft auf dies, was gestern war getan,
Und was man heute küßt, muß morgen Ekel heißen.
Die Reimen, die ich itzt geduldig lesen kann,
Die werd ich wohl vielleicht zur Morgenzeit zerreißen.
Wir kennen uns, und dies, was unser ist, oft nicht,
Wir treten unsern Kuß oft selbst mit steifen Füßen,
Man merkt, wie unser Wunsch ihm selber widerspricht,
Und wie wir Lust und Zeit als Sklaven dienen müssen.
Was ist denn diese Lust, und ihre Macht und Pracht?
Ein großer Wunderball, mit leichtem Wind erfüllet.
Wohl diesem, der sich nur dem Himmel dienstbar macht,
Weil aus dem Erdenkloß nichts als Verwirrung quillet.

Die Wollust

Die Wollust bleibet doch der Zucker dieser Zeit,
Was kann uns mehr, denn sie, den Lebenslauf versüßen?
Sie lasset trinkbar Gold in unsre Kehle fließen,
Und öffnet uns den Schatz beperlter Liebligkeit;
In Tuberosen kann sie Schnee und Eis verkehren,
Und durch das ganze Jahr die Frühlingszeit gewähren.

Es schaut uns die Natur als rechte Kinder an,
Sie schenkt uns ungespart den Reichtum ihrer Brüste,
Sie öffnet einen Saal voll zimmetreicher Lüste,
Wo aus des Menschen Wunsch Erfüllung quellen kann.
Sie legt, als Mutter, uns die Wollust in die Armen,
Und läßt durch Lieb und Wein den kalten Geist erwarmen.

Nur das Gesetze will allzu tyrannisch sein.
Es zeiget jederzeit ein widriges Gesichte,
Es macht des Menschen Lust und Freiheit ganz zunichte,
Und stößt vor süßen Most uns Wermutstropfen ein;
Es untersteht sich, uns die Augen zu verbinden,
Und alle Liebligkeit aus unser Hand zu winden.

Die Ros entblößet nicht vergebens ihre Pracht,
Jesmin will nicht umsonst uns in die Augen lachen,
Sie wollen unser Lust sich dienst- und zinsbar machen.
Der ist sein eigen Feind, der sich zu plagen tracht;
Wer vor die Schwanenbrust ihm Dornen will erwählen,
Dem muß es an Verstand und reinen Sinnen fehlen,

Was nutzet endlich uns doch Jugend, Kraft und Mut,
Wenn man den Kern der Welt nicht reichlich will genießen,
Und dessen Zuckerstrom läßt unbeschifft verschießen,
Die Wollust bleibet doch der Menschen höchstes Gut,
Wer hier zu Segel geht, dem wehet das Gelücke,
Und ist verschwenderisch mit seinem Liebesblicke.

Wer Epicuren nicht vor seinen Lehrer hält,
Der hat den Weltgeschmack und allen Witz verloren,
Es hat ihr die Natur als Stiefsohn ihn erkohren,
Er muß ein Unmensch sein und Scheusal dieser Welt;
Der meisten Lehrer Wahn erreget Zwang und Schmerzen,
Was Epicur gelehrt, das kützelt noch die Herzen.

Ermahnung

Ach was wollt ihr trüben Sinnen
Doch beginnen!
Traurig sein hebt keine Not.
Es verzehret nur die Herzen,
Nicht die Schmerzen,
Und ist ärger als der Tod.

Auf, o Seele! du mußt lernen
Ohne Sternen,
Wenn das Wetter tobt und bricht,
Wenn der Nächte schwarze Decken
Uns erschrecken,
Dir zu sein dein eigen Licht.

JOACHIM RACHEL

1618–1669

Verkehrtes Weiber-Lob

Es sind die Weiber, die wir lieben,
Nicht einer Nadelspitzen wert,
Man findet unter zehnmal sieben
Kaum eine, die uns recht beehrt.
Sie dienen nur zu Possen spielen,
Und vor den bloßen Müßiggang,
Als wie die kalten Federkielen,
Sonst war uns Zeit und Weile lang.

Die alten Lumpen kann man stoßen,
So kriegt man doch Papier daraus;
Bei Weibern schlägt man einen bloßen,
Sie dienen nicht vor eine Laus.
Sie sind wie rechte Beutelschneider,
Ihr freundlich Tun ist wie ein Glas,
Sie stecken sich in schöne Kleider,
Am Leibe sehn sie wie ein Aas.

Es hat sie Jupiter aus Rache,
Den Männern erst zur Straf erdacht,
Sie waren ärger als der Drache,
Nachdem er sie zur Welt gebracht,
Er nahm ein Muster von den Tieren,
Darnach er diese Käfer schuf,
Sie lassen sich nicht ausstudieren
Und kommen leichtlich in Beruf.

Der ersten stößt er das Geblüte
Von einer Gerber-Sauen ein,
Die ist von Sitten und Gemüte,
Ein garstigs ungeschlachtes Schwein,
Ein recht Geschwüre dieser Erden,

Ein Scheusal aller Häßlichkeit,
Ein Unflat aller Ungebärden,
Der jederman entgegenspeit.

Der andern hat er das Gehirne,
Von einem Fuchse beigebracht,
Und diese schreibt es an die Stirne,
Wie klug sie alles ausgedacht.
Die sieben Weisen bei den Griechen,
Sind lauter Narren gegen sie,
Apollo muß sich selbst verkriechen,
Sie ist und bleibt die Klügste die.

Der dritten gab er von dem Hunde,
Gar einen schlechten Unterscheid,
Sie führt gar scharfe Zahn im Munde,
Und kläfft und beißt und keuft und schreit.
Mit Keufen salzt sie ihren Bissen,
Mit Keufen würzt sie ihren Trank,
Durch Keufen leert sie ihr Gewissen,
Und Keufen ist ihr Lob-Gesang.

Die vierte schuf er aus der Erden,
Ein faules ungelenktes Tier,
Sie kann zu nichts gebrauchet werden,
Und will doch überall herfür.
Im Sommer sitzt sie bei dem Zofen
Und beißt die armen Fenster aus,
Im Winter setzt sie sich zum Ofen
Und hält mit Feuerpfannen Haus.

Die fünfte schuf er aus dem Meere,
Und die ist wie der Unverstand,
Wenn gleich was Gutes an ihr wäre,
Sie kehlt sich umb wie eine Hand.
Man kann sich nicht wohl vor sie hüten,
Bald sieht sie wie ein Engel aus,
Bald hebt der Teufel an zu wüten,
Und überschnarcht das ganze Haus.

Der sechsten senkt er das Geblüte,
Von einem starken Esel ein,
Die tut gar nichts nicht in der Güte,
Sie will und muß geschlagen sein.
Sie ist darneben geil und hitzig,
Verhurt, begierig und doch faul,
Auf lose Händel klug und witzig
Sonst wie ein dummer Karrengaul.

Nächst dieser hat er von den Pferden
Ein stolzes Weib zur Welt gebracht,
Und die muß wohl gezäumet werden,
Sonst wirst du von ihr ausgelacht.
Sie reckt sich in dem Krausen-Haare,
Greift weder Topf noch Tiegel an,
Sie weiß sich viel mit ihrer Ware,
Und schmiegelt sich als wie ein Schwan.

Die achte wird aus einem Affen
An dieses Tage-Licht gebracht,
Drumb ist sie auch also beschaffen,
Daß jedermann darüber lacht.
Sie ist der Unzucht sehr ergeben,
Bisweilen auch der Hexerei,
Sonst aber ist ihr ganzes Leben
So viel als eine Phantasei.

Die neunte wird aus einer Biene
Gebildet und zur Welt gebracht,
Sie ist wie eine Melusine,
Die ihren Liebsten fröhlich macht.
Sie ist nicht klätzschicht, nicht verlogen,
Nicht unkeusch, auch nicht ungeschickt,
Sie ist zur Häusligkeit erzogen,
Spinnt, nähet, sudelt, stickt und flickt.

Und diese letzte möcht ich haben,
Die stünde mir noch etwan an,
Die andern ließ ich Rübchen schaben,
Sie wären bei mir ausgetan.

Ich wollte mich wohl nicht beweiben,
Es ist auch keine meiner wert,
So kann ich nicht mit Frieden bleiben,
Es hat mich manche schon begehrt.

PHILIPP VON ZESEN

1619–1689

Abendlied

Es hat nun mehr das güldne Licht
Des Himmels seinen Lauf verficht,
Der Tag hat sich geneiget;
Der blasse Mond steht auf der Wacht,
Die Sterne leuchten durch die Nacht,
Der süße Schlaf sich zeiget.

Ei, nun will ich in sanfter Ruh
Die Nacht mit Schlafen bringen zu,
Ermüdet durch viel Schreiben,
Das durch den langen Tag ich trieb,
Bis mir die Nacht den Paß verhieb,
Die Sinnen fort zu treiben.

Indessen sei mein Glanz und Licht
Dein freudenreiches Angesicht,
O Sonne meiner Seelen,
Daß nicht der Nächte Schatten mich
Mit Furcht und Schrecken inniglich
Im Herzen möge quälen.

Nimm weg den schweren Sündenschwall
So sich ereiget überall,
Aus meines Herzens Schranken.
Daß ich fein sanfte ruhen mag,
Und, wann nun kömmt der frühe Tag
Dir, Höchster, freudig danken.

Hiermit will ich nun schlafen ein,
Und dir, o Gott, ergeben sein,
Du wirst mich wohl erretten.
Behüte mich für schnellem Tod

Für aller Angst und Krieges Not
Und für des Teufels Ketten.

Schlußgesang von der Flüchtigkeit und Nichtigkeit des menschlichen Lebens

Sage mir, was ist dein Leben,
Lieber! Sag es, Menschenkind!
Ist es nicht gleich als ein Wind,
Als ein Schiff, der See ergeben?
Schießt es nicht so schnell dahin,
Als ein Strom vom Anbeginn?

Ist es nicht als Meereswellen,
Die der hart erboste Nord
Aufgereizt und jaget fort,
Wann er schröcklich pflegt zu bellen;
Als ein Nebel, den der Tag
Nun nicht mehr vertragen mag?

Schmilzt es nicht als Schnee und Schloßen,
Als das Eis, das noch so steif;
Schwindt es nicht, als Tau und Reif,
Wann die Wind aus Süden stoßen?
Wann die Sonne Kraft erreicht,
Nacht und Frost und Kälte weicht?

Flieht es nicht, gleich als ein Schatten,
Als ein Rauch, der nicht besteht;
Als ein Dampf, der bald vergeht;
Als die bunt geblümten Matten;
Als die Blüssen um den Ast,
Den der Sturm itzt angefaßt?

Als ein Gras, das vor dem Meier
Seinen Stengel niederstreckt
Und den Boden überdeckt;

Als ein Kräutlein um den Weiher,
Welches, wanns am schönsten grünt,
Mancher Hand zum Raube dient.

Fällt es nicht dahin als Blätter?
Fleugt es nicht als Spreu und Staub,
Die des kleinsten Windleins Raub
Bei des Herbstes schönstem Wetter?
Wird es nicht zu lauter nichts
Als ein Strahl des Wetterlichts?

Ist wohl etwas jemals kommen
In des Menschen Sinn und Witz,
Das, gleich als der jähe Blitz,
Seine Flucht so rasch genommen?
Doch ist unser Lebensglas
Rascher aus als alles das.

Der Himmel ist oft hell

Der Himmel ist oft hell und gibt auch Regen,
Deckt seine schönen Lichter zu,
Die gleichsam auch verhüllt zu trauern pflegen;
Die Eigenschaften hast auch du.
Lachest oft und siehst oft trübe,
Regnest Tränen ohne Zahl,
Wenn dich täuscht die schnöde Liebe,
Und verhüllt den Sternen Saal.
Dann sieht man wieder Licht aufgehn,
Und die schönsten Blumen stehn,
Lilien zieren deine Wangen,
Tausendschönen mischen sich,
Wo die keuschen Rosen hangen
Und erfreuen dich und mich.

Die Schönheit ist ein Blitz

Die Schönheit ist ein Blitz,
Der Reinlichkeiten Sitz,
Ein Zunder zu den Gunsten;
Reizt an mit Liebekünsten
Der Jugend schönste Zier
Und ziehet mit Manier
Gedanken, Sinn und Herzen
Mit bittersüßen Schmerzen
Auf stetig Wohlergehn:
Muß auch zu Diensten stehn
Den Armen wie den Reichen
Mit ihr kann sich vergleichen
Mit nichten wie man spricht
Der Hellen Glut und Licht.
Die Schönheit macht zunichte,
Ein bös und falsch Gerüchte,
So Feind der Tugend Zier,
Zur üppigen Begier
Zur Geilheit sie beweget
Nicht einen, sondern pfleget
Ganz zu vergeistern nur.
Sie zeiget keine Spur
Der Hoffart, Schmach und Schande,
Sie legt in ihre Bande
List, Trug und Heuchelei
Ist ohne falsche Treu,
Ihr Weg, der ist genießen
Und seine Lust wohl büßen.

GEORG NEUMARK

1621–1681

Trostlied

Daß Gott einen jeglichen zu seiner Zeit versorgen und erhalten will. Nach dem Spruch: Wirf dein Anliegen auf den Herrn, der wird dich wohl versorgen etc.

Wer nur den lieben Gott läßt walten
Und hoffet auf ihn allezeit,
Der wird ihn wunderlich erhalten
In aller Not und Traurigkeit.
Wer Gott dem Allerhöchsten traut,
Der hat auf keinen Sand gebaut.

Was helfen uns die schweren Sorgen?
Was hilft uns unser Weh und Ach?
Was hilft es, daß wir alle Morgen
Beseufzen unser Ungemach?
Wir machen unser Kreuz und Leid
Nur größer durch die Traurigkeit.

Man halte nur ein wenig stille
Und sei doch in sich selbst vergnügt,
Wie unsres Gottes Gnadenwille,
Wie sein Allwissenheit es fügt.
Gott, der uns ihm hat auserwählt,
Der weiß auch sehr wohl, was uns fehlt.

Er kennt die fechte Freudenstunden,
Er weiß wohl, wenn es nützlich sei;
Wenn er uns hat nur treu erfunden
Und merket keine Heuchelei,
So kömmt Gott, eh wir uns versehn,
Und lasset uns viel Guts geschehn.

Denk nicht in deiner Drangsalshitze,
Daß du von Gott verlassen seist,
Und daß Gott der im Schöße sitze,
Der sich mit stetem Glücke speist.
Die Folgezeit verändert viel
Und setzet jeglichem sein Ziel.

Es sind ja Gott sehr schlechte Sachen
Und ist dem Höchsten alles gleich,
Den Reichen klein und arm zu machen
Den Armen aber groß und reich.
Gott ist der rechte Wundermann,
Der bald erhöhn, bald stürzen kann.

Sing, bet und geh auf Gottes Wegen,
Verricht das Deine nur getreu
Und trau des Himmels reichem Segen,
So wird er bei dir werden neu.
Denn welcher seine Zuversicht
Auf Gott setzt, den verläßt er nicht.

HANS JAKOB CHR. VON GRIMMELSHAUSEN

1622–1676

Komm Trost der Nachtigall

Komm Trost der Nacht, o Nachtigall,
Laß deine Stimm mit Freudenschall,
Aufs lieblichste erklingen;
Komm, komm, und lob den Schöpfer dein,
Weil andre Vöglein schlafen sein,
Und nicht mehr mögen singen!
Laß dein Stimmlein,
Laß erschallen, dann vor allen
Kannstu loben
Gott im Himmel hoch dort oben.

Obschon ist hin der Sonnenschein,
Und wir im Finstern müssen sein,
So können wir doch singen;
Von Gottes Gut und seiner Macht,
Weil uns kann hindern keine Macht,
Sein Lob zu vollenbringen.
Drum dein Stimmlein,
Laß erschallen, dann vor allen
Kannstu loben
Gott im Himmel hoch dort oben.

Echo, der wilde Widerhall
Will sein bei diesem Freuden schall,
Und lasset sich auch hören;
Verweist uns alle Müdigkeit,
Der wir ergeben allezeit,
Lehrt uns den Schlaf betören.
Drum dein Stimmlein,
Laß erschallen, dann vor allen
Kannstu loben
Gott im Himmel hoch dort oben.

Die Sterne, so am Himmel stehn,
Sich lassen zum Lob Gottes sehn,
Und Ehre ihm beweisen,
Die Eul auch die nicht singen kann,
Zeigt doch mit ihrem Heulen an,
Daß sie Gott auch tu preisen.
Drum dein Stimmlein,
Laß erschallen, dann vor allen
Kannstu loben
Gott im Himmel hoch dort oben.

Nur her, mein liebstes Vögelein,
Wir wollen nicht die faulste sein,
Und schlafend liegen bleiben,
Vielmehr bis daß die Morgenrot,
Erfreuet diese Wälder öd,
In Gottes Lob vertreiben.
Laß dein Stimmlein,
Laut erschallen, dann vor allen
Kannstu loben
Gott im Himmel hoch dort oben.

JOHANN SCHEFFLER (ANGELUS SILESIUS)

1624–1677

Aus dem Cherubinischen Wandersmann

Man weiß nicht was man ist:
Ich weiß nicht was ich bin, Ich bin nit was ich weiß;
Ein Ding und nit ein Ding: Ein Stüpfchin und ein Kreis.

Du mußt was Gott ist sein:
Soll ich mein letztes End und ersten Anfang finden,
So muß ich mich in Gott, und Gott in mir et gründen
Und weiden das was Er: Ich muß ein Schein im Schein:
Ich muß ein Wort im Wort: ein Gott im Gotte sein.

Gott lebt nicht ohne mich:
Ich weiß daß ohne mich Gott nicht ein Nu kann leben,
Werd ich zu nicht, Er muß von Not den Geist aufgeben.

Ein Christ so reich als Gott:
Ich bin so reich als Gott, es kann kein Stäublein sein,
Daß ich (Mensch glaube mir) mit Ihm nicht hab gemein.

Gott ergreift man nicht:
Gott ist ein lauter Nichts, Ihn rührt kein Nun noch Hier:
Je mehr du nach Ihm greifst, je mehr entwird Er dir.

Es ist kein Tod:
Ich glaube keinen Tod: Sterb ich gleich alle Stunden,
So hab ich jedesmal ein besser Leben funden.

Die Zeit ist Ewigkeit:
Zeit ist wie Ewigkeit und Ewigkeit wie Zeit,
So du nur selber nicht machst einen Unterscheid.

Armut ist göttlich:
Gott ist das ärmste Ding, Er steht ganz bloß und frei:
Drumb sag ich recht und wohl, daß Armut göttlich sei.

Die Rose:
Die Rose, welche hier dein äußres Auge sieht,
Die hat von Ewigkeit in Gott also geblüht.

Du selbst mußt Sonne sein:
Ich selbst muß Sonne sein, ich muß mit meinen Strahlen,
Das farbenlose Meer der ganzen Gottheit malen.

Zufall und Wesen:
Mensch werde wesentlich: denn wann die Welt vergeht,
So fällt der Zufall weg, das Wesen das besteht.

Entbildet mußtu sein:
Entbilde dich mein Kind, so wirstu Gotte gleich:
Und bist in stiller Ruh dir selbst dein Himmelreich.

In der Mitten sieht man alles:
Setz dich in Mittelpunkt, so siehstu alls zugleich,
Was jetzt und dann geschieht, hier und im Himmelreich.

Der Teufel:
Der Teufel höret nichts, als Donnern, Poltern, Krachen:
Drumb kannstu ihn mit Lust durch Sanftmut töricht machen.

Jetzt mußtu blühen:
Blüh auf gefrorner Christ, der Mai ist für der Tür:
Du bleibest ewig tot, blühstu nicht jetzt und hier.

Die Gottheit:
Die Gottheit ist ein Brunn, aus ihr kombt alles her:
Und lauft auch wieder hin, drum ist sie auch ein Meer.

Miß dir doch ja nichts zu:
Freund so du etwas bist, so bleib doch ja nicht stehn:
Man muß aus einem Licht fort in das andre gehn.

Die nützlichsten Gedanken:
Denk an den Tod, mein Christ: was denkstu anders viel?
Man denkt nichts Nützlichers als wie man sterben will.

Die Zeit die ist nicht schnell:
Man sagt die Zeit ist schnell: wer hat sie sehen fliegen?
Sie bleibt ja unverruckt im Weltbegriffe liegen.

Der Teufel der ist gut:
Der Teufel ist so gut dem Wesen nach als du.
Was gehet ihm dann ab? Gestorbner Will und Ruh.

Die Ichheit schadt mehr als tausend Teufel:
Mensch hüte dich für dir. Wirstu mit dir beladen,
Du wirst dir selber mehr als tausend Teufel schaden.

Wie Gott so allgmein:
Wie allgemein ist Gott. Er hat der Bauermagd
Die Kunst wie man ihn küßt, so wohl als dir gesagt.

Wer wahrhaftig reich:
Viel haben macht nicht reich. Der ist ein reicher Mann,
Der alles was er hat ohn Leid verlieren kann.

Das Reichtum muß inner uns sein:
In dir muß's Reichtum sein, was du nicht in dir hast,
Wärs auch die ganze Welt, ist dir nur eine Last.

Beschluß:
Freund es ist auch genug. Im Fall du mehr willt lesen,
So geh und werde selbst die Schrift und selbst das Wesen.

KASPAR STIELER

1632–1707

Wer küßt die greisen Haare?

Laß uns, Kind, der Jugend brauchen,
Weil uns noch die Schönheit blüht;
Wenn die Geister einst verrauchen
Und die Totenfarb umzieht
Unser runzlichtes Gesichte:
Wer begehrt denn unsern Kuß?
Nimm sie an der Rosen Früchte,
Eh ihr Blatt verwelken muß.

Ob die Alten mürrisch zanken,
Nehmen sie der Freude wahr:
Muß man drum mit ihnen kranken?
Nein, ich acht es nicht ein Haar.
Sollte der mich Sitten lehren,
Der bereits hat ausgelehrt?
Denn werd ich mich auch bekehren,
Wenn mein Alter sich verkehrt.

Die besüßten Frühlingstage
Laufen flügel-schnelle fort,
Denn so hilft uns keine Klage,
Kein erseufzend Bitte-Wort,
Sie gedenken nie zurücke:
Was hin ist, das bleibet hin.
Dies beruht auf einem Blicke,
Daß ich froh und traurig bin.

Drum so brauch, mein Kind, der Zeiten,
Weil die Zeiten grünend sein.
Was uns bleibt sind Traurigkeiten,
Gehn uns diese Zeiten ein.

Ei wie plötzlich kommt die Stunde,
Daß uns Klotho in der Eil
Schießt die Rosen von dem Munde
Durch des Todes Frevel-Pfeil.

So sei mit den Scharlachs-Wangen,
Schöne, ferner nicht zu teur,
Linder meiner Qual Verlangen,
Kühl, ach kühl der Liebe Feur!
Wo von den besüßten Fluten,
Deines Zucker-Mündgens Naß,
Mir kein Tau ist zu vermuten,
Werd ich noch vor abends blaß.

Gib zwei Küßchen, gib mir eines,
Soll es ja kein mehrers sein,
Gib, mein Schatz, mir nur nicht keines,
Willt du mich dem Totenschrein
Auf ein wenigs noch ersparen.
Was nutzt denn ein kalter Kuß,
Wenn ich auf der Leichen-Bahren
Deiner Reu erst warten muß?

ANTON ULRICH VON BRAUNSCHWEIG

1633–1714

Sterbelied

Es ist genug! Mein matter Sinn
Sehnt sich dahin, wo meine Väter schlafen.
Ich hab es endlich guten Fug,
Es ist genug! Ich muß mir Rast verschaffen.

Ich bin ermüdt, ich hab geführt
Die Tages Bürd: Es muß einst Abend werden.
Erlös mich, Herr, spann aus den Pflug,
Es ist genug! Nimm von mir die Beschwerden.

Die große Last hat mich gedrückt,
Ja schier erstickt so viele lange Jahre.
Ach laß mich finden, was ich such.
Es ist genug! Mit solcher Kreuzes-Ware.

Nun gute Nacht, ihr meine Freund,
Ihr meine Feind, ihr Guten und ihr Bösen!
Euch folg die Treu, euch folg der Trug.
Es ist genug! Mein Gott will mich auflösen.

So nimm nun, Herr, hin meine Seel,
Die ich befehl in deine Hand und Pflege.
Schreib sie ein in dein Lebens Buch,
Es ist genug! Daß ich mich schlafen lege.

Nicht besser soll es mir ergehn,
Als wie geschehn den Vätern, die erworben
Durch ihren Tod des Lebens Ruch.
Es ist genug! Es sei also gestorben!

CHRISTIAN KNORR VON ROSENROTH

1636–1689

Morgenandacht

Morgenglanz der Ewigkeit,
Licht vom unerschöpften Lichte,
Schick uns diese Morgenzeit
Deine Strahlen zu Gesichte
Und vertreib durch deine Macht
Unsre Nacht.

Die bewölkte Finsternis
Müsse deinem Glanz entfliegen,
Die durch Adams Apfelbiß
Uns, die kleine Welt, bestiegen,
Daß wir, Herr, durch deinen Schein
Selig sein.

Deiner Güte Morgentau
Fall auf unser matt Gewissen:
Laß die dürre Lebensau
Lauter süßen Trost genießen
Und erquick uns, deine Schar,
Immerdar.

Gib, daß deiner Liebe Glut
Unsre kalten Werke töte
Und erweck uns Herz und Mut
Bei entstandner Morgenröte,
Daß wir, eh wir gar vergehn,
Recht aufstehn.

Laß uns ja das Sündenkleid
Durch des Bundes Blut vermeiden,
Daß uns die Gerechtigkeit

Mög als wie ein Rock bekleiden
Und wir so vor aller Pein
Sicher sein.

Ach! du Aufgang aus der Höh,
Gib, daß auch am Jüngsten Tage
Unser Leichnam aufersteh
Und, entfernt von aller Plage,
Sich auf jener Freudenbahn
Freuen kann.

Leucht uns selbst in jener Welt,
Du verklärte Gnadensonne;
Führ uns durch das Tränenfeld
In das Land der süßen Wonne,
Da die Lust, die uns erhöht,
Nie vergeht.

HANS ASSMANN VON ABSCHATZ

1646–1699

Wie ist die deutsche Welt

Wie ist die deutsche Welt in Neuigkeit ersoffen!
Man deckt und kleidet sich, man schreibet, singt und spricht,
Man reiset, schläft und ißt, man reitet, tanzt und ficht
Nach neu erwählter Art. Wer Glück und Gunst will hoffen,
Muß sich in allem Tun der Neuigkeit bequemen,
Sonst wird ihn Überwitz mit Hohn und Spott beschämen.

Es bleibet nicht darbei: Man ändert auch die Sitten,
Der Kittel alter Treu und deutscher Redlichkeit
Ist unsrer Modewelt ein viel zu schlechtes Kleid,
Die junge Neuigkeit will überall gebieten.
Was Wunder, wenn nun auch in manchem deutschen Lande
Der neue vor will gehn dem alten Adelstande!

Das Alter wird veracht, das doch so viel' begehren:
Doch will ich lieber alt- als junggeboren sein.
Mit Aufgeld tauschet man die alten Münzen ein;
Der Firnewein gilt mehr, als der noch soll verjähren.
Man sieht die Aloe nach hundert Jahren blühen,
Der jungen Tulpe Pracht in kurzer Zeit entfliehen.

Bellhumor im Garten begraben

Windfänger, Steigedach, Teichmesser, Entenfechter,
Luftspringer, Wagehals, Grundfischer, Flutverächter,
Steinträger, Büchsenhold, Nachtwächter, Bettlerfeind,
Zeitkürzer, Stundendieb, Lustmacher, Gästefreund,
Bringwieder, Tragenach, Postrenner, Suchverloren,
Klug von Verstande, zart von Nas und schön von Ohren,

Türöffner, Sperretor, Feldmauser, Schlüsselheld,
Wildstörer, Katzenmord, Wettlaufer, Springinsfeld:
Dies war mein wahrer Ruhm. Doch werden, die mich missen,
Noch mehr von kluger Treu mir nachzusagen wissen.
Als ich von Jahren satt mein müdes Leben schloß,
Gab mir Pomona selbst ein Grab in ihrem Schoß.

QUIRINUS KUHLMANN

1651–1689

Unio mystica

Recht dunkelt mich das Dunkel,
Weil Wesenheit so heimlichst anbeginnt!
O seltner Glückskarfunkel!
Es strömt, was äußerlich verrinnt,
Und wird ein Meer, was kaum ein Bächlein gründt.

Je dunkler, je mehr lichter:
Je schwärzet alls, je weißer weißt sein Sam.
Ein himmlisch Aug ist Richter:
Kein Irdscher lebt, der was vernahm;
Es glänzt je mehr, je finster es ankam.

Ach Nacht! Und Nacht, die taget!
O Tag, der Nacht vernünftiger Vernunft!
Ach Licht, das Kaine plaget
Und helle strahlt der Abelzunft!
Ich freue mich ob deiner finstern Kunft.

O längst erwart'tes Wunder,
Das durch den Kern des ganzen Baums auswächst!
Du fängst neu Edens Zunder,
Ei, Lieber, sieh, mein Herze lechzt!
Es ist genug! Hör, wie es innig ächzt!

O unaussprechlichst Blauen!
O lichtste Röt! O übergelbes Weiß!
Es bringt, was ewigst, schauen,
Beerdt die Erd als Paradeis;
Entflucht den Fluch, durchsegnet jeden Reis.

O Erdvier! Welches Strahlen!
Der Finsterst ist als vor die lichtste Sonn.

Kristallisiertes Prahlen!
Die Welt bewonnt die Himmelswonn:
Sie quillt zurück, als wäre sie der Bronn.

Welch wesentliches Bildnis?
Erscheinst du so, geheimste Kraftfigur?
Was richtigst, was doch Wildnis?
O was vor Zahl? Ach welche Spur?
Du bist, nicht ich! Dein ist Natur und Kur!

Die Kron ist ausgefüllet,
Die Tausend sind auch überall ersetzt:
Geschehen, was umhüllet;
Sehr hoher Röt, höchst ausgeätzt,
Daß alle Kunst an ihr sich ausgewetzt.

Die Lilien und Rosen
Sind durch sechs Tag gebrochen spät und früh:
Sie kränzen mit Liebkosen
Nun dich und mich aus deiner Müh.
Dein Will ist mein, mein Will ist dein, vollzieh.

Im jesuelschen Schimmer
Pfeil wir zugleich zur jesuelschen Kron:
Der Stolz ist durch dich nimmer!
Er liegt zu Fuß im höchsten Hohn.
Ein ander ist mit dir der Erb und Sohn.

Der XXIII Liebeskuß.
Die Geburtsnacht des Herrn

O Nacht! du große Nacht! die heller als der Tag!
O Nacht! ja Licht! und Licht, das Sonnen übersteiget!
O Nacht! dergleichen nie der Kreis zu sehen pflag!
O Nacht! darinnen sich das größte Wunder zeiget!

O Nacht! die schon dort pries der Patriarchen Sag!
O Nacht! da alles spricht! da Berg und Fels nicht schweiget!
O Nacht! die den umschloß, den nichts umschlüßen mag!
O Nacht! vor dessen Kind die Welt sich zitternd neiget!

O Nacht! der Himmel bebt ob dem ganz neuen Lauf!
O Nacht! daß der sein Mond, der Mond und Sonne blümet!
O Nacht! daß der dir scheint, den Mond und Sonne rühmet!

O Nacht! die ganz durchsternt der Cherubinenhauf!
Hier will ich Tycho sein und dies Gestirn erlernen,
Bis sich mein Geist gesellt zu solchen Himmelssternen!

Der Wechsel menschlicher Sachen

Auf Nacht, Dunst, Schlacht,
Frost, Wind, See, Hitz, Süd, Ost, West,
Nord, Sonn, Feur, und Plagen
Folgt Tag, Glanz, Blut, Schnee,
Still, Land, Blitz, Wärm, Hitz, Lust,
Kalt, Licht, Brand und Not
Auf Leid, Pein, Schmach, Angst,
Krieg, Ach, Kreuz, Streit, Hohn,
Schmerz, Qual, Tück, Schimpf als Spott
Will Freud, Zier, Ehr, Trost,
Sieg, Rat, Nutz, Fried, Lohn, Scherz,
Ruh, Glück, Glimpf stets tagen.

Der Mond, Glunst, Rauch, Gems,
Fisch, Gold, Perl, Baum, Flamm, Storch,
Frosch, Lamm, Ochs und Magen
Liebt Schein, Stroh, Dampf,
Berg, Flut, Glut, Schaum, Frucht, Asch,
Dach, Teich, Feld, Wies und Brot:

Der Schütz, Mensch, Fleiß, Müh, Kunst, Spiel,
Schiff, Mund, Prinz, Räch,

Sorg, Geiz, Treu und Gott
Suchts Ziel, Schlaf, Preis, Lob,
Gunst, Zank, Port, Kuß, Thron, Mord,
Sarg, Geld, Hold, Danksagen.

Was gut, stark, schwer, recht,
lang, groß, weiß, eins, ja, Luft, Feur,
hoch, weit genennt
Pflegt bös, schwach, leicht,
krumm, breit, klein, schwarz, drei, nein,
Erd, Flut, tief, nah zu meiden.
Auch Mut, lieb, klug, Witz,
Geist, Seel, Freund, Lust, Zier, Ruhm, Fried,
Scherz, Lob muß scheiden,
Wo Furcht, Haß, Trug, Wein,
Fleisch, Leib, Feind, Weh, Schmach, Angst,
Streit, Schmerz, Hohn schon rennt.

Alles wechselt; alles liebet; alles scheinet was zu hassen:
Wer nur diesem nach wird denken, muß der Menschen Weisheit fassen.

JOHANN CHRISTIAN GÜNTHER

1695–1723

Studentenlied

Brüder, laßt uns lustig sein,
Weil der Frühling währet
Und der Jugend Sonnenschein
Unser Laub verkläret.
Grab und Bahre warten nicht;
Wer die Rosen jetzo bricht,
Dem ist der Kranz bescheret.

Unsers Lebens schnelle Flucht
Leidet keinen Zügel,
Und des Schicksals Eifersucht
Macht ihr stetig Flügel.
Zeit und Jahre fliehn davon,
Und vielleichte schnitzt man schon
An unsers Grabes Riegel.

Wo sind diese, sagt es mir,
Die vor wenig Jahren
Eben also, gleich wie wir,
Jung und fröhlich waren?
Ihre Leiber deckt der Sand,
Sie sind in ein ander Land
Aus dieser Welt gefahren.

Wer nach unsern Vätern forscht,
Mag den Kirchhof fragen;
Ihr Gebein, so längst vermorscht,
Wird ihm Antwort sagen.
Kann uns doch der Himmel bald,
Eh die Morgenglocke schallt,
In unsre Gräber tragen.

Unterdessen seid vergnügt,
Laßt den Himmel walten,
Trinkt, bis euch das Bier besiegt,
Nach Manier der Alten!
Fort! Mir wässert schon das Maul,
Und, ihr andern, seid nicht faul,
Die Mode zu erhalten.

Dieses Gläschen bring ich dir,
Daß die Liebste lebe
Und der Nachwelt bald von dir
Einen Abriß gebe.
Setzt ihr andern gleichfalls an,
Und wenn dieses ist getan,
So lebt der edle Rebe.

Scherzhafte Gedanken über die Rosen

An Rosen such ich mein Vergnügen,
An Rosen, die die Herzen ziehn,
An Rosen, die den Frost besiegen
Und hier das ganze Jahr durch blühn,
An Rosen, die wir bei den Linden,
Sonst nirgends leicht so reizend finden.

Man lobt die bräunlichen Violen,
Sie sind auch ihres Lobes –wert;
Doch weil sie nur die Kinder holen,
So bin ich nicht vor sie erklärt
Und wähle mir die holden Strahlen,
Womit die vollen Rosen prahlen.

Erhebt mir nicht die Kaiserkronen,
Die sonder Kraft und Balsam sind;
Entfernt euch mit den Anemonen,
Ihr Nam und Ruhm ist nichts als Wind;
Narcissen sind im besten Lande
Ein Abriß von dem Unbestande.

Die Rose trägt das Blut der Götter
Und ist der Blumen Königin,
Ihr Antliz sticht das schönste Wetter
Und selbst Aurorens Wangen hin,
Sie ist ein Stern der milden Erden
Und kann von nichts verfinstert werden.

Die Ros erquickt die blöden Sinnen
Und hat das beste Zuckerrohr;
Ihr göldner Umfang bricht von innen
So wie die Sonn aus Nacht hervor;
Die Rose nährt die süßen Triebe
Und reizt die Liebe selbst zur Liebe.

Mit Rosen schmück ich Haupt und Haare,
Die Rosen tauch ich in den Wein,
Die Rose soll vor meine Jahre
Die allerbeste Stärkung sein,
Die Rose zieret meine Flöten
Und krönt mich mächtigen Poeten.

Auf Rosen mach ich gute Reime,
Auf Rosen schlafet meine Brust,
Auf Rosen hab ich sanfte Träume
Von still- und warm- und weicher Lust,
Und wenn ich einst von hinnen fahre,
So wünsch ich Rosen auf die Bahre.

O dörft ich nur bei einer Rose
Wie Bienen Honig naschen gehn!
Ich ließe wahrlich unserm Böse
Den schön- und teuren Garten stehn
Und wollt es mir bald angewöhnen,
Mich nie nach fremder Kost zu sehnen.

Mit dieser Rose will ich scherzen,
Und hier erschröckt mich nicht der Dorn;
Denn bei verliebt- und schönen Herzen

Ergötzt uns oft ein kleiner Zorn,
Und so viel Anmut abzubrechen,
Verachtet man ein kurzes Stechen.

Trostaria

Endlich bleibt nicht ewig aus,
Endlich wird der Trost erscheinen;
Endlich grünt der Hoffnungsstrauß,
Endlich hört man auf zu weinen.
Endlich bricht der Tränenkrug,
Endlich spricht der Tod: Genug!

Endlich wird aus Wasser Wein,
Endlich kommt die rechte Stunde,
Endlich fällt der Kerker ein,
Endlich heilt die tiefste Wunde,
Endlich macht die Sklaverei
Den gefangnen Joseph frei.

Endlich, endlich kann der Neid,
Endlich auch Herodes sterben,
Endlich Davids Hirtenkleid
Seinen Saum in Purpur färben,
Endlich macht die Zeit den Saul
Zur Verfolgung schwach und faul.

Endlich nimmt der Lebenslauf
Unsers Elends auch ein Ende,
Endlich steht der Heiland auf,
Der das Joch der Knechtschaft wende,
Endlich machen vierzig Jahr
Die Verheißung zeitig wahr.

Endlich blüht die Aloe,
Endlich trägt der Palmbaum Früchte,
Endlich schwindet Furcht und Weh,

Endlich wird der Schmerz zunichte,
Endlich sieht man Freudental,
Endlich, endlich kommt einmal.

Als er durch innerlichen Trost bei der Ungeduld gestärket wurde

Geduld, Gelassenheit, treu, fromm und redlich sein,
Und wie ihr Tugenden euch sonst noch alle nennet,
Verzeiht es, doch nicht mir, nein, sondern meiner Pein,
Die unaufhörlich tobt und bis zum Marke brennet,
Ich geb euch mit Vernunft und reifem Wohlbedacht,
Merkt dieses Wort nur wohl, von nun an gute Nacht;
Und daß ich euch gedient, das nenn ich eine Sünde,
Die ich mir selber kaum jemals vergeben kann.
Steckt künftig, wen ihr wollt, mit euren Strahlen an,
Ich schwöre, daß ich mich von eurem Ruhm entbinde.

Ihr Lügner, die ihr noch dem Pöbel Nasen dreht,
Von vieler Vorsicht schwatzt, des Höchsten Gnad erhebet,
Dem Armen Trost versprecht und, wenn ein Sünder fleht,
Ihm Rettung, Rat und Kraft, ja, mit dem Maule gebet,
Wo steckt denn nun der Gott, der helfen will und kann?
Er nimmt ja, wie ihr sprecht, die gröbsten Sünder an:
Ich will der gröbste sein, ich warte, schrei und leide;
Wo bleibt denn auch sein Sohn? Wo ist der Geist der Ruh?
Langt jenes Unschuldskleid und dieses Kraft nicht zu,
Daß beider Liebe mich vor Gottes Zorn bekleide?

Ha, blindes Fabelwerk, ich seh dein Larvenspiel.
Dies geb ich auch noch zu: Es ist ein ewig Wesen,
Das seine größte Macht an mir nur zeigen will
Und das mich obenhin zur Marter auserlesen;
Es führt, es leitet mich, doch stets auf meinen Fall,
Es gibt Gelegenheit, damit es überall
Mich rühmlich strafen kann und stets entschuldigt scheine.

Bisweilen zeigt es mir das Glücke, recht zu gehn,
Bald läßt es mich in mir dem Guten widerstehn,
Damit die frömmste Welt das Ärgste von mir meine.

Aus dieser Quelle springt mein langes Ungemach:
Viel Arbeit und kein Lohn als Krankheit, Haß und Schande.
Die Spötter pfeifen mir mit Neid und Lügen nach,
Die Armut jagt den Fuß aus dem und jenem Lande,
Die Eltern treiben mich den Feinden vor die Tür
Und stoßen mich – o Gott, gib acht, sie folgen dir –
Ohn Ursach in den Staub und ewig aus dem Herzen.
Mein Wissen wird verlacht, mein ehrlich Herz erdrückt,
Die Fehler, die ich hab, als Laster vorgerückt,
Und alles schickt sich recht, die Freunde zu verscherzen.

Ist einer in der Welt, er sei mir noch so feind,
An dem ich in der Not kein Liebeszeichen täte,
Und bin ich jedem nicht ein solcher wahrer Freund,
Als ich mir selbst von Gott, erhört er andre, bete,
Hat jemand auf mein Wort sein Unglück mehr gefühlt,
Hat bosheitsvoller Scherz mit fremder Not gespielt
Und hab ich unrecht Gut mit Vorsatz angezogen,
So greife mich sogleich der bösen Geister Bund
Mit allen Martern an, wovon der Christen Mund
Schon über tausend Jahr den Leuten vorgelogen.

Was wird mir nun davor? Ein Leben voller Not,
O daß doch nicht mein Zeug aus Rabenfleisch entsprossen,
O daß doch dort kein Fluch des Vaters Lust verbot,
O war doch seine Kraft auf kaltes Tuch geflossen!
O daß doch nicht das Ei, in dem mein Bildnüs hing,
Durch Fäulung oder Brand der Mutter Schoß entging,
Bevor mein armer Geist dies Angsthaus eingenommen!
Jetzt lag ich in der Ruh bei denen, die nicht sind,
Ich dürft, ich ärmster Mensch und größtes Elendskind,
Nicht stets bei jeder Not vor größrer Furcht umkommen.

Verflucht sei Stell und Licht! – Ach, ewige Geduld,
Was war das vor ein Ruck von deinem Liebesschlage!
Ach, fahre weiter fort, damit die große Schuld

Verzweiflungsvoller Angst mich nicht zu Boden schlage.
Ach Jesu, sage selbst, weil ich nicht fähig bin,
Die Beichte meiner Reu; ich weiß nicht mehr wohin
Und sinke dir allein vor Ohnmacht in die Armen.
Von außen quälet mich des Unglücks starke Flut,
Von innen Schröcken, Furcht und aller Sünden Wut;
Die Rettung ist allein mein Tod und dein Erbarmen.

BARTHOLD HEINRICH BROCKES

1680–1747

Die Welt ist allezeit schön

Im Frühling prangt die schöne Weit
In einem fast smaragdnen Schein.

Im Sommer glänzt das reife Feld
Und scheint dem Golde gleich zu sein.

Im Herbste sieht man, als Opalen,
Der Bäume bunte Blätter strahlen.

Im Winter schmückt ein Schein, wie Diamant
Und reines Silber, Flut und Land.

Ja kurz, wenn wir die Welt aufmerksam sehn,
Ist sie zu allen Zeiten schön.

[*als Opalen:* wie Halbedelsteine.]

Die Nachtigall und derselben Wettstreit gegeneinander

Im Frühling rührte mir das Innerste der Seelen
Der Büsche Königin, die holde Nachtigall,
Die aus so enger Brust und mit so kleiner Kehlen
Die größten Wälder füllt, durch ihren Wunderschall.
Derselben Fertigkeit, die Kunst, der Fleiß, die Stärke,
Veränderung und Ton sind lauter Wunderwerke
Der wirkenden Natur, die solchen starken Klang
In ein paar Federchen, die kaum zu sehen, senket
Und einen das Gehör bezaubernden Gesang
In solche dünne Haut und zarten Schnabel schränket.

Ihr Hälschen ist am Ton so unerschöpflich reich,
Daß sie tief, hoch, gelind und stark auf einmal singet.
Die kleine Gurgel lockt, schnarrt, zischt und pfeift zugleich,
Daß sie wie Quellen rauscht, wie helle Glocken klinget.
Sie zwitschert, stimmt und schlägt mit solcher Anmut an,
Mit solchem nach der Kunst gekräuselten Geschwirre,
Daß man darob erstaunt und nicht begreifen kann,
Ob sie nicht seufzend lach, ob sie nicht lachend girre.
Ihr Stimmchen ziehet sich in einer hohlen Länge
Von unten in die Höh, fällt, steigt aufs neu empor
Und schwebt nach Maß und Zeit; bald dränget eine Menge
Verschiedner Tön aus ihr als wie ein Strom hervor.
Zuweilen seufzet sie und winselt, daß man meinet,

Sie werde sterben; aber bald
Erhebet sie mit feuriger Gewalt
Den reinen Ton aufs neu. Dann eben scheinet,
Es woll ihr lieblich-scharfes Singen
Als wie ein Pfeil uns in die Seele dringen.

Zwitschern, seufzen, lachen, singen,
Girren, stöhnen, gurgeln, klingen,
Locken, schmeicheln, pfeifen, zucken,
Flöten, schlagen, zischen, glucken
Ist der holden Nachtigall
Wunderbar gemischter Schall.

Es scheint sogar der Nam allein
Ein Inbegriff der Frühlingslust zu sein.
Wenn etwa jemand spricht: Es sang die Nachtigall,
Kann fast des bloßen Wortes Schall
So viel zu wirken taugen,
Daß in der meisten Hörer Augen
Sich ein geheim Vergnügen zeiget.

Sie dreht und dehnt den Schall, zerreißt und fügt ihn wieder,
Singt sanft, singt ungestüm, bald grob, bald klar und hell.
Kein Pfeil verfliegt so rasch, kein Blitz verstreicht so schnell,
Die Winde können nicht so streng im Stürmen wehen,
Als ihre schmeichelnde verwunderliche Lieder

Mit wirbelndem Geräusch sich ändern, sich verdrehen.
Ein rollend Glucken quillt aus ihrer hohlen Brust,
Ein murmelnd Flöten labt der stillen Hörer Herzen.
Doch dies verdoppelt noch und mehrt die frohe Lust,
Wenn etwan ihrer zwo zugleich zusammen scherzen.
Die singt, wann jene ruft; wann diese lockt, singt jene
Mit solch anmutigem bezaubernden Getöne,
Daß diese wiederum aus Mißgunst, als ergrimmt,
In einem andern Ton die schlanke Zunge stimmt.
Die andre horcht indes und lauscht voll Unvergnügen,
Ja fängt zu ihres Feinds und Gegensängers Hohn,
Um durch noch künstlichem Gesang ihn zu besiegen,
Von neuem wieder an, in solchem scharfen Ton,
Mit solchem feurigen empfindlich-heilen Klang,
Mit so gewaltigem oft wiederholtem Schlagen,
Daß so durchdringenden und heftigen Gesang
Das menschliche Gehör kaum mächtig zu ertragen.

Wer nun so süßen Ton im frohen Frühling hört
Und nicht des Schöpfers Macht voll Brunst und Andacht ehrt,
Der Luft Beschaffenheit, das Wunder unsrer Ohren
Bewundernd nicht bedenkt, ist nur umsonst geboren
Und folglich nicht der Luft, nicht seiner Ohren wert.

JOHANN WILHELM LUDWIG GLEIM

1719–1803

An Leukon

Rosen pflücke, Rosen blühn,
Morgen ist nicht heut!
Keine Stunde laß entfliehn,
Flüchtig ist die Zeit!

Trinke, küsse! Sieh, es ist
Heut Gelegenheit!
Weißt du, wo du morgen bist?
Flüchtig ist die Zeit!

Aufschub einer guten Tat
Hat schon oft gereut!
Hurtig leben ist mein Rat;
Flüchtig ist die Zeit!

Der Hirsch. Der Hase. Der Esel

Ein Hirsch mit prächtigem Geweih
Von achtzehn Enden ging spazieren.
Ein Hase lief vorbei,
Sah ihn und stutzte.

Starr auf allen vieren
Steht er und gafft ihn an,
Macht Männchen, geht heran,
Sagt: »Lieber, sieh mich an!
Ich bin ein kleiner Hirsch!
Denn, spitz' ich meine Ohren,
So hab' ich solch Geweih wie du.«

Ein Esel hörte zu,
Sprach: »Häschen du hast recht,
Wir sind von einerlei Geschlecht,
Der Hirsch, und ich, und du!«

Der Hirsch tat einen Seitenblick,
Und ging in dicken Wald zurück.

Letztes Lied

Meine Blumen sind verblüht!
Sing es, kleines Lied! –
Meine Blumen sind verblüht,
Aber andre, hoff ich, werden
Schöner blühn auf schönern Erden,
Wo die kleinste nicht verblüht.
Sing es, kleines Lied!

FRIEDRICH GOTTLIEB KLOPSTOCK

1724–1803

Der Zürcher See

Schön ist, Mutter Natur, deiner Erfindung Pracht
Auf die Fluren verstreut, schöner ein froh Gesicht,
Das den großen Gedanken
Deiner Schöpfung noch einmal denkt.

Von des schimmernden Sees Traubengestaden her,
Oder, flohest du schon wieder zum Himmel auf,
Komm in rötendem Strahle
Auf dem Flügel der Abendluft,

Komm, und lehre mein Lied jugendlich heiter sein,
Süße Freude, wie du, gleich dem beseelteren
Schnellen Jauchzen des Jünglings,
Sanft, der fühlenden Fanny gleich.

Schon lag hinter uns weit Uto, an dessen Fuß
Zürch in ruhigem Tal freie Bewohner nährt;
Schon war manches Gebirge
Voll von Reben vorbeigeflohn.

Jetzt entwölkte sich fern silberner Alpen Höh,
Und der Jünglinge Herz schlug schon empfindender,
Schon verriet es beredter
Sich der schönen Begleiterin.

Hallers »Doris«, die sang, selber des Liedes wert,
Hirzels Daphne, den Kleist innig wie Gleimen liebt;
Und wir Jünglinge sangen,
Und empfanden, wie Hagedorn.

Jetzo nahm uns die Au in die beschattenden
Kühlen Arme des Walds, welcher die Insel krönt;

Da, da kämest du, Freude!
Volles Maßes auf uns herab!

Göttin Freude, du selbst! dich, wir empfanden dich!
Ja, du wärest es selbst, Schwester der Menschlichkeit,
Herr! Herr! Gott!
Barmherzig, und gnädig!
Angebetet, gepriesen
Sei dein herrlicher Name!

Und die Gewitterwinde? sie tragen den Donner!
Wie sie rauschen! wie sie mit lauter Woge den Wald durchströmen!
Und nun schweigen sie. Langsam wandelt
Die schwarze Wolke.

Seht ihr den neuen Zeugen des Nahen, den fliegenden Strahl?
Höret ihr hoch in der Wolke den Donner des Herrn?
Er ruft: Jehova! Jehova!
Und der geschmetterte Wald dampft!

Aber nicht unsere Hütte!
Unser Vater gebot
Seinem Verderber,
Vor unsrer Hütte vorüberzugehn!

Ach, schon rauscht, schon rauscht
Himmel, und Erde vom gnädigen Regen!
Nun ist, wie dürstete sie! die Erd erquickt,
Und der Himmel, der Segensfüll entlastet!

Siehe, nun kommt Jehova nicht mehr im Wetter,
In stillem, sanftem Säuseln
Kommt Jehova,
Und unter ihm neigt sich der Bogen des Friedens!

Das Rosenband

Im Frühlingsschatten fand ich sie;
Da band ich sie mit Rosenbändern.
Sie fühlt' es nicht, und schlummerte.

Ich sah sie an; mein Leben hing
Mit diesem Blick an ihrem Leben:
Ich fühlt' es wohl und wußt es nicht.

Doch lispelt ich ihr sprachlos zu,
Und rauschte mit den Rosenbändern:
Da wachte sie vom Schlummer auf.

Sie sah mich an; ihr Leben hing
Mit diesem Blick an meinem Leben.
Und um uns ward's Elysium.

MORITZ AUGUST VON THÜMMEL

1738–1817

Auf einen Mops

Dies grosse Warnungsbild, das ich mit ihm verloren,
So weit ich blicken kann, ersetzt ein anders nicht.
Belehrender ward nie ein Sonderling geboren,
Und keiner trug bei kürzern Ohren
Ein philosophischer Gesicht.

Zwar sah ich manche Stirn von Königsberg bis Leiden
Mit diesem mystischen gelehrten Überzug:
Doch sah ich keine je, die Runzeln so bescheiden
Von allen Weisen zu beneiden,
Als meines Hundes Stirne, trug.

Der schönsten Stadt entführt, wo der Beruf zu schlafen,
Durch Lindenluft verstärkt, das Bürgerrecht ihm gab,
Ward er, wie Epiktet, vom ungestalten Sklaven
Mein Freund – Er war's, dem Polygraphen
Der Schweiz zum Trotz – bis an sein Grab.

Er warf den hohen Ernst der kritischen Geberde
Nie auf ein Mitgeschöpf – nie ausser sich herum.
Der Schnarcher suchte nie, so weit ihn Gottes Erde
Auch trug, dass er bewundert werde,
Ein grösser Auditorium.

Nur still erbaut' er mich. Von seinem gelben Felle
Blickt' ich gestärkter auf in die beblümte Flur:
Mein krankes Auge stieg von seiner Lagerstelle
Gemach vom Dunkeln in das Helle,
Bis zu dem Lichtquell der Natur.

Wenn er sich schüttelte, las ich in seinen Blicken
Den herrlichen Beweis vortrefflich kommentiert,

Den einst, vom Übergang des Schmerzes zum Entzücken
Aus gleicher Notdurft sich zu jucken,
Der weise Sokrates geführt.

Kein unbequemer Freund, kein Trunkenbold, kein Fresser
In richtiger Mensur nicht stolz, nicht zu gemein,
Schlief er sein Leben durch, und wahrlich desto besser!
Er schläferte, wie ein Professor,
Auch seinen klügern Nachbar ein.

Lebt wohl ein Menschenfreund, der sich nicht seiner Hunde,
Nicht ihrer Tugenden und ihrer Liebe freut?
Sucht nicht selbst Friederich, kraft seiner Menschenkunde,
Das Spielwerk seiner Ruhestunde
In seines Hunds Geselligkeit?
Ulyß, von seinem Hof verkannt und ausgeschlossen,
Bewährt der Treue Ruhm, den sich sein Hund erwarb:
Alt, blind, kroch er zu dem, nach Jahren die verflossen,
Von dem er Wohltat einst genossen,
Zog seinen Duns noch ein – und starb. –

Wie hast, du guter Mops, nicht meiner Stirne Falten,
Sah ich dem Grillenspiel der deinen zu, gegleicht!
Gewarnter nun durch dich, frühzeitig zu veralten,
Sei immer dir mein Dank erhalten!
Auch dir sei Gottes Erde leicht! –

Die Eine schrie …

Die Eine schrie: »die feine Lebensart«
Die Andre schrie: »das freundliche Gesicht«
Die Dritte schrie: »und den Prophetenbart«
Und alle schrien: – »hat ein Betrüger nicht. –«

»Ein Mann,« erkläret die, »der, ohne auszuruhn,«
Und jene fiel ihr ein »so fremde Wege geht,« –

»Der,« – rief der ganze Zirkel nun:
»Ist wirklich ein Prophet! –«

»Wer«, fuhr noch Eine fort, »hat diesen Wundermann
Die seltne Kunst gelehrt,
Dass da, wohin kein Ohr, kein Auge dringen kann,
Er deutlich sieht und hört?«
»Ein Mann,« schrie nun das Chor, »der jede Weiberlist,
Den stillsten Mädchenwunsch versteht,
Der ist« – – – »ja!« rief auch ich – – – »der ist
Noch mehr als ein Prophet!«

Bedenk ich, meine ...

Bedenk' ich, meine Herren, die Unbeständigkeit
Der Menschen und der Welt, des Raumes und der Zeit,
Seh' ich in dem Bezirk vergänglicher Gestalten
Oft einen Irrwisch sich für einen Fixstern halten,
Seh', dass sich Licht und Recht um eigne Achsen dreht,
Was früh im Aufgang war, des Abends untergeht,
Dass mit erborgtem Glanz, wenn sich die Sonne wendet,
Ihr prahlender Trabant noch unsre Augen blendet;
Geh' ich die Vorzeit durch, und seh' am Tiberstrand
Dort einen Zwerg sich blähn, wo sonst ein Riese stand:
Hör' ich des Schicksals Ruf aus grossen Trümmern schallen,
Da selbst der Riese fiel, wird auch der Zwerg wohl fallen;
Des Bonzen Fischerring wird ein gemeiner Stein,
Als Splitter nur berühmt verlorner Künste sein;
Steig' ich dann in mich selbst, tief in mein Herz, und hebe
Sein flatterndes Gewand, sein blendendes Gewebe,
Und seh', aus welchem Teig von Trug und Heuchelei
Und Stolz die kleine Welt, der Mensch, geknetet sei,
Geh die Geschichte durch, und seh, dass mit einander
Wir, vom Thersites an bis zu dem Alexander,
Nur leichten Federn gleich in Ungewissem Wind,
Des Zufalls Gaukelspiel und niemals unser sind,

Und dass, so hoch ein Propst sein Hirtenämtchen achtet,
Und seine Schafe schiert, und ihre Milch verpachtet,
In mancher schwülen Nacht das Pallium schon trägt,
Und sich zum Bischof träumt und seine Kreuze schlägt,
Und wenn sich Mietlinge in seinen Schaf stall schleichen,
Die Hörner des Altars – – – Doch dixi! Es entweichen
Begriff' und Worte mir – Mein Engel zeigt sich jetzt
In stolzer Purpurtracht mit Hermelin besetzt.

Das gleiche Glück der Ehe

Es teilten Matz und Adelheide
Stets unter sich Verdruss und Freude;
Jung lachte sie bei seinem Gram,
Er lachte, da ihr Alter kam.

So rechnet man in unserm Lande
Sehr oft das Glück im Ehestande.
Wenn sie verliert, gewinnt der Mann,
Der sonst verlor, wenn sie gewann.

MATTHIAS CLAUDIUS

1740–1815

Kriegslied

's ist Krieg! 's ist Krieg! O Gottes Engel wehre,
Und rede du darein!
's ist leider Krieg – und ich begehre
Nicht schuld daran zu sein!

Was sollt ich machen, wenn im Schlaf mit Grämen
Und blutig, bleich und blaß,
Die Geister der Erschlagnen zu mir kämen,
Und vor mir weinten, was?

Wenn wackre Männer, die sich Ehre suchten,
Verstümmelt und halb tot
Im Staub sich vor mir wälzten, und mir fluchten
In ihrer Todesnot?

Wenn tausend, tausend Väter, Mütter, Bräute,
So glücklich vor dem Krieg,
Nun alle elend, alle arme Leute,
Wehklagten über mich?

Wenn Hunger, böse Seuch und ihre Nöten
Freund, Freund und Feind ins Grab
Versammleten, und mir zur Ehren krähten
Von einer Leich herab?

Was hülf mir Krön und Land und Gold und Ehre?
Die könnten mich nicht freun!
's ist leider Krieg – und ich begehre
Nicht schuld daran zu sein!

Abendlied

Der Mond ist aufgegangen,
Die goldnen Sternlein prangen
Am Himmel hell und klar;
Der Wald steht schwarz und schweiget,
Und aus den Wiesen steiget
Der weiße Nebel wunderbar.

Wie ist die Welt so stille
Und in der Dämmrung Hülle
So traulich und so hold!
Als eine stille Kammer,
Wo ihr des Tages Jammer
Verschlafen und vergessen sollt.

Seht ihr den Mond dort stehen? –
Er ist nur halb zu sehen,
Und ist doch rund und schön!
So sind wohl manche Sachen,
Die wir getrost belachen,
Weil unsre Augen sie nicht sehn.

Wir stolze Menschenkinder
Sind eitel arme Sünder,
Und wissen gar nicht viel;
Wir spinnen Luftgespinste
Und suchen viele Künste
Und kommen weiter von dem Ziel.

Gott, laß uns dein Heil schauen,
Auf nichts Vergänglichs trauen,
Nicht Eitelkeit uns freun!
Laß uns einfältig werden
Und vor dir hier auf Erden
Wie Kinder fromm und fröhlich sein!

Wollst endlich sonder Grämen
Aus dieser Welt uns nehmen

Durch einen sanften Tod!
Und wenn du uns genommen,
Laß uns in Himmel kommen,
Du, unser Herr und unser Gott.

So legt euch denn, ihr Brüder,
In Gottes Namen nieder!
Kalt ist der Abendhauch.
Verschon uns, Gott, mit Strafen
Und laß uns ruhig schlafen
Und unsern kranken Nachbarn auch!

Motett

Der Mensch lebt und bestehet
Nur eine kleine Zeit;
Und alle Welt vergehet
Mit ihrer Herrlichkeit.
Es ist nur einer ewig und an allen Enden,
Und wir in seinen Händen.

Ein Versuch in Versen

Die Römer, die vor vielen hundert Jahren
Das erste Volk der Erde waren,
Doch wenigstens sich dünkten, es zu sein;
Die große Schreiber ihrer Taten
Und Dichter auch und große Redner hatten
Und Weise, groß und klein;
Die stolz auf ihrer Helden Scharen,
Auf ihre Regulos und Scipione, waren
Und Ursach hatten, es zu sein
Die fingen endlich an und aßen Ochsenbraten
Frisierten sich und tranken fleißig Wein
Da war's geschehn um ihre Heldentaten,

Um ihrer Dichter edlen Reihn,
Um ihre Redner, ihre Schreiber;
Da wurden's große, dicke Leiber
Und Memoires- und Zeitungsschreiber,
Und ihre Seelen wurden klein;
Da kamen Oper und Kastraten
Und Ehebruch und Advokaten
Und nistelten sich ein.
O die verdammten Ochsenbraten!
O der verdammte Wein!

Die Sternseherin

Ich sehe oft um Mitternacht,
Wenn ich mein Werk getan
Und niemand mehr im Hause wacht,
Die Stern am Himmel an.

Sie gehn da, hin und her zerstreut
Als Lämmer auf der Flur;
In Rudeln auch, und aufgereiht
Wie Perlen an der Schnur;

Und funkeln alle weit und breit,
Und funkeln rein und schön;
Und seh die große Herrlichkeit,
Und kann mich satt nicht sehn.

Dann saget, unterm Himmelszelt,
Mein Herz mir in der Brust:
»Es gibt was bessers in der Welt
Als all ihr Schmerz und Lust.«

Ich werf mich auf mein Lager hin,
Und liege lange wach,
Und suche es in meinem Sinn,
Und sehne mich darnach.

Ein Lied hinter dem Ofen zu singen

Der Winter ist ein rechter Mann,
Kernfest und auf die Dauer;
Sein Fleisch fühlt sich wie Eisen an
Und schaut nicht süß noch sauer.
War je ein Mann gesund, ist ers;
Er krankt und kränkelt nimmer,
Weiß nichts von Nachtschweiß noch Vapeurs
Und schläft im kalten Zimmer.
Er zieht sein Hemd im Freien an
Und läßt's vorher nicht wärmen
Und spottet über Fluß und Zahn
Und Kolik in Gedärmen.
Aus Blumen und aus Vogelsang
Weiß er sich nichts zu machen,
Haßt warmen Drang und warmen Klang
Und alle warmen Sachen.
Doch wenn die Füchse bellen sehr,
Wenns Holz im Ofen knittert,
Und um den Ofen Knecht und Herr
Die Hände reibt und zittert;
Wenn Stein und Bein vor Frost zerbricht
Und Teich und Seen krachen,
Das klingt ihm gut, das haßt er nicht,
Dann will er tot sich lachen. –
Sein Schloß von Eis liegt ganz hinaus
Beim Nordpol an dem Strande;
Doch hat er auch ein Sommerhaus
Im lieben Schweizerlande.
Da ist er denn bald dort, bald hier
Gut Regiment zu führen,
Und wenn er durchzieht, stehen wir
Und sehn ihn an und frieren.

Urians Reise um die Welt

Mit Anmerkungen

Wenn jemand eine Reise tut,
So kann er was erzählen;
Drum nahm ich meinen Stock und Hut
Und tat das Reisen wählen.

Tutti

Da hat er gar nicht übel dran getan;
Verzähl' er doch weiter, Herr Urian!

Zuerst ging's an den Nordpol hin;
Da war es kalt bei Ehre!
Da dacht ich denn in meinem Sinn,
Daß es hier besser wäre.

Tutti

Da hat er gar nicht übel dran getan;
Verzähl' er doch weiter, Herr Urian!

In Grönland freuten sie sich sehr,
Mich ihres Orts zu sehen,
Und setzten mir den Trankrug her;
Ich ließ ihn aber stehen.

Tutti

Da hat er gar nicht übel dran getan;
Verzähl' er doch weiter, Herr Urian!

Die Eskimos sind wild und groß,
Zu allem Guten träge;
Da schalt ich einen einen Kloß
Und kriegte viele Schläge.

Tutti

Da hat er gar nicht übel dran getan;
Verzähl' er doch weiter, Herr Urian!

Nun war ich in Amerika;
Da sagt' ich zu mir: Lieber!
Nordwestpassage ist doch da;
Mach dich einmal darüber!

Tutti
Da hat er gar nicht übel dran getan;
Verzähl' er doch weiter, Herr Urian!

Flugs ich an Bord und aus ins Meer,
Den Tubus festgebunden,
Und suchte sie die kreuz und quer,
Und hab' sie nicht gefunden.

Tutti
Da hat er gar nicht übel dran getan;
Verzähl' er doch weiter, Herr Urian!

Von hier ging ich nach Mexiko,
Ist weiter als nach Bremen,
Da, dacht' ich, liegt das Gold wie Stroh,
Du sollst 'n Sack voll nehmen.

Tutti
Da hat er gar nicht übel dran getan;
Verzähl' er doch weiter, Herr Urian!

Allein, allein, allein, allein,
Wie kann ein Mensch sich trügen!
Ich fand da nichts als Sand und Stein
Und ließ den Sack da liegen.

Tutti
Da hat er gar nicht übel dran getan;
Verzähl' er doch weiter, Herr Urian!

Drauf kauft' ich etwas kalte Kost
Und Kieler Sprott' und Kuchen
Und setzte mich auf Extrapost,
Land Asia zu besuchen.

Tutti
Da hat er gar nicht übel dran getan;
Verzähl' er doch weiter, Herr Urian!

Der Mogul ist ein großer Mann
Und gnädig über Maßen
Und klug; er war itzt eben dran,
'n Zahn ausziehn zu lassen.

Tutti
Da hat er gar nicht übel dran getan;
Verzähl' er doch weiter, Herr Urian!

Hm, dacht' ich, der hat Zähnepein
Bei aller Groß' und Gaben!
Was hilft's denn auch noch, Mogul sein?
Die kann man so wohl haben.

Tutti
Da hat er gar nicht übel dran getan;
Verzähl' er doch weiter, Herr Urian!

Ich gab dem Wirt mein Ehrenwort,
Ihn nächstens zu bezahlen;
Und damit reist' ich weiter fort
Nach China und Bengalen.

Tutti
Da hat er gar nicht übel dran getan;
Verzähl' er doch weiter, Herr Urian!

Nach Java und nach Otaheit
Und Afrika nicht minder,
Und sah bei der Gelegenheit
Viel Stadt' und Menschenkinder.

Tutti
Da hat er gar nicht übel dran getan;
Verzähl' er doch weiter, Herr Urian!

Und fand es überall wie hier,
Fand überall 'n Sparren,
Die Menschen grade so wie wir
Und ebensolche Narren.

Tutti
Da hat er übel, übel dran getan;
Verzähl' er nicht weiter, Herr Urian!

JOHANN GOTTFRIED HERDER

1744–1803

Der Augenblick

Warum denn währt des Lebens Glück
Nur einen Augenblick?
Die zarteste der Freuden
Stirbt wie der Schmetterling,
Der, hangend an der Blume,
Verging, verging.

Wir ahnen, wir genießen kaum
Des Lebens kurzen Traum.
Nur im unselgen Leiden
Wird unser Herzeleid
In einer bangen Stunde
Zur Ewigkeit.

Das Flüchtigste

Tadle nicht der Nachtigallen
Bald verhallend süßes Lied;
Sieh, wie unter allen, allen
Lebensfreuden, die entfallen,
Stets zuerst die Schönste flieht.

Sieh, wie dort im Tanz der Hören
Lenz und Morgen schnell entweicht;
Wie die Rose, mit Auroren
Jetzt im Silbertau geboren,
Jetzt Auroren gleich erbleicht.

Höre, wie im Chor der Triebe
Bald der zarte Ton verklingt.

Sanftes Mitleid, Wahn der Liebe,
Ach, daß er uns ewig bliebe!
Aber auch sein Zauber sinkt.

Und die Frische dieser Wangen,
Deines Herzens rege Glut,
Und die ahnenden Verlangen,
Die am Wink der Hoffnung hangen –
Ach, ein fliehend, fliehend Gut!

Selbst die Blüte deines Strebens,
Aller Musen schönste Gunst,
Jede höchste Kunst des Lebens,
Freund, du fesselst sie vergebens;
Sie entschlüpft, die Zauberkunst.

Aus dem Meer der Götterfreuden
Ward ein Tropfe uns geschenkt,
Ward gemischt mit manchem Leiden,
Leerer Ahnung, falschen Freuden,
Ward im Nebelmeer ertränkt.

Aber auch im Nebelmeere
Ist der Tropfe Seligkeit;
Einen Augenblick ihn trinken,
Rein ihn trinken und versinken,
Ist Genuß der Ewigkeit.

Des Menschen Herz

In ein Gewebe wanden
Die Götter Freud und Schmerz;
Sie webten und erfanden
Daraus ein Menschenherz.
Du armes Herz, gewebet
Aus Lust und Traurigkeit,
Weißt du, was dich belebet?
Ists Freude? Ist es Leid?

Die Göttin selbst der Liebe
Sah es bedaurend an:
»O zweifelhafte Triebe,
Die dieses Herz gewann!
Im Wünschen nur und Sehnen
Wohnt seine Seligkeit,
Und selbst der Freude Tränen
Verkündigen ihr Leid.«

Mitleidig trat ihr Knabe
Hinzu mit seinem Pfeil;
»Auf! meine beste Gabe
Sie werde dir zuteil!
Dein unbezwinglich Streben
Sei Liebe dir, o Herz!
Sei deiner Freude Leben,
Und Süßigkeit dein Schmerz.«

Das Gesetz der Welten im Menschen

Schönes Sternengefild, ihr weiten unendlichen Auen,
Aus mir selber entzückt, hang ich mit Blicken an euch,
Schaue die goldene Herde der himmlischen Schafe da weiden
»uche den Hirten in ihr, der mit dem Stabe sie führt.
Suchst du den Hirten der Herde, die droben sich badet im Äther?
Suchst du das hohe Gesetz, welches die Welten bewegt?
Sterblicher, blick in dich selbst, da hast du die höhere Regel,
Die nicht die Welten allein, die auch sich selber regiert.«

Fragment

Was ich bin, Geist! ich Geist! – so bin ich Gott!
Ich denk, ich will, ich bins! Wie Gott, durch den ich bin,
Einst Geister rief aus dem Geisternichts
Und Körper rief aus dem Körpernichts,

Ruf ich Gedanken aus dem Gedankennichts!
Ich wills! – es schafft sich Wirkung aus dem Nichts!
O Gott, was gabst du mir! – all deine Welt
Schaff ich dir in mir nach! –

LUDEWIG HEINRICH CHRISTOPH HÖLTY

1748–1776

Mailied

Der Anger steht so grün, so grün,
Die blauen Veilchenglocken blühn,
Und Schlüsselblumen drunter,
Der Wiesengrund
Ist schon so bunt,
Und färbt sich täglich bunter.

Drum komme, wem der Mai gefällt,
Und freue sich der schönen Welt,
Und Gottes Vatergüte,
Die diese Pracht
Hervorgebracht,
Den Baum und seine Blüte.

Lebenspflichten

Rosen auf den Weg gestreut,
und des Harms vergessen!
Eine kleine Spanne Zeit
Ward uns zugemessen.

Heute hüpft im Frühlingstanz
Noch der frohe Knabe,
Morgen weht der Totenkranz
Schon auf seinem Grabe.

Wonne führt die junge Braut
Heute zum Altare;
Eh die Abendwolke taut
Ruht sie auf der Bahre.

Ungewisser, kurzer Daur
Ist dies Erdenleben;
Und zur Freude, nicht zur Traur
Uns von Gott gegeben.

Gebet Harm und Grillenfang,
Gebet ihn den Winden;
Ruht bei frohem Becherklang
Unter grünen Linden.

Lasset keine Nachtigall
Unbehorcht verstummen,
Keine Bien im Frühlingstal
Unbelauschet summen.

Fühlt, solang es Gott erlaubt,
Kuß und süße Trauben,
Bis der Tod, der alles raubt,
Kommt, sie euch zu rauben.

Unser schlummerndes Gebein,
In die Gruft gesäet,
Fühlet nicht den Rosenhain,
Der das Grab umwehet;

Fühlet nicht den Wonneklang
Angestoßner Becher,
Nicht den frohen Rundgesang
Weingelehrter Zecher.

Der alte Landmann an seinen Sohn

Üb immer Treu und Redlichkeit
Bis an dein kühles Grab
Und weiche keinen Finger breit
Von Gottes Wegen ab;

Dann wirst du wie aufgrünen Aun,
Durchs Pilgerleben gehn,
Dann kannst du sonder Furcht und Graun
Dem Tod ins Auge sehn.

Dann wird die Sichel und der Pflug
In deiner Hand so leicht,
Dann singest du beim Wasserkrug,
Als war dir Wein gereicht.
Dem Bösewicht wird alles schwer,
Er tue, was er tu.
Der Teufel treibt ihn hin und her
Und läßt ihm keine Ruh.

Der schöne Frühling lacht ihm nicht,
Ihm lacht kein Ährenfeld;
Er ist auf Lug und Trug erpicht
Und wünscht sich nichts als Geld.
Der Wind im Hain, das Laub am Baum
Saust ihm Entsetzen zu;
Er findet nach des Lebens Traum
Im Grabe keine Ruh.

Dann muß er in der Geisterstund
Aus seinem Grabe gehn
Und oft als schwarzer Kettenhund
Vor seiner Haustür stehn.
Die Spinnerinnen, die, das Rad
Im Arm, nach Hause gehn,
Erzittern wie ein Espenblatt,
Wenn sie ihn liegen sehn.

Und jede Spinnestube spricht
Von diesem Abenteu'r
Und wünscht den toten Bösewicht
Ins tiefste Höllenfeu'r.
Der alte Kunz war bis ans Grab
Ein rechter Höllenbrand;
Er pflügte seinem Nachbar ab
Und stahl ihm vieles Land.

Nun pflügt er als ein Feuermann
Auf seines Nachbars Flur
Und mißt das Feld hinab, hinan
Mit einer glühnden Schnur;
Er brennet wie ein Schober Stroh
Dem glühnden Pfluge nach
Und pflügt und brennet lichterloh
Bis an den hellen Tag.

Der Amtmann, der im Weine floß,
Der Bauern schlug halbkrumm,
Trabt nun auf einem glühnden Roß
In jenem Wald herum.
Der Pfarrer, der aufs Tanzen schalt
Und Filz und Wuchrer war,
Steht nun als schwarze Spukgestalt
Am nächtlichen Altar.

Üb immer Treu und Redlichkeit
Bis an dein kühles Grab,
Und weiche keinen Finger breit
Von Gottes Wegen ab;
Dann suchen Enkel deine Gruft
Und weinen Tränen drauf,
Und Sommerblumen, voll von Duft,
Blühn aus den Tränen auf.

Die Liebe

Eine Schale des Harms, eine der Freuden wog
Gott dem Menschengeschlecht; aber der lastende
Kummer senket die Schale,
Immer hebet die andre sich.

Irren, traurigen Tritts wanken wir unsern Weg
Durch das Leben hinab, bis sich die Liebe naht,
Eine Fülle der Freuden
In die steigende Schale streut.

Wie dem Pilger der Quell silbern entgegenrinnt,
Wie der Regen des Mais über die Blüten träuft,
Naht die Liebe; des Jünglings
Seele zittert, und huldigt ihr!

Nahm er Kronen und Gold, mißte der Liebe? Gold
Ist ihm fliegende Spreu; Kronen ein Flittertand;
Alle Hoheit der Erde,
Sonder herzliche Liebe, Staub!

Los der Engel! Kein Sturm düstert die Seelenruh
Des Beglückten! Der Tag hüllt sich in lichters Blau,
Kuß, und Flüstern und Lächeln
Flügelt Stunden an Stunden fort.

Herrscher neideten ihn, kosteten sie des Glücks,
Das dem Liebenden ward; würfen den Königsstab
Aus den Händen, und suchten
Sich ein friedliches Hüttendach.

Unter Rosengesträuch spielet ein Quell, und mischt
Dem begegnenden Bach Silber. So strömen flugs
Seel und Seele zusammen,
Wenn allmächtige Liebe naht.

LEOPOLD FRIEDRICH GÜNTHER GÖCKINGK

1748–1828

Nach dem ersten nächtlichen Besuche

Bin ich nüchtern, bin ich trunken?
Wach' ich oder träum' ich nur?
Bin ich aus der Weh gesunken?
Bin ich anderer Natur?
Fühlt' ein Mädchen schon so was?
Wie begreif ich alles das?

Weiss ich, dass die Rosen blühen?
Hör' ich jene Raben schrein?
Fühl' ich, wie die Wangen glühen?
Schmeck' ich einen Tropfen Wein?
Seh' ich dieses Morgenrot?
Tot sind alle Sinnen, tot!

Alle seid ihr denn gestillet?
Alle? Habet alle Dank!
Könnt' ich so in mich gehüllet,
Ohne Speis' und ohne Trank,
Nur so sitzen Tag für Tag
Bis zum letzten Herzensschlag.

In die Nacht der Freude fliehet
Meine Seele wieder hin!
Hört und schmeckt und fühlt und siehet
Mit dem feinen, innren Sinn;
O Gedächtnis! schon in dir
Liegt ein ganzer Himmel mir.

Worte, wie sie abgerissen
Kaum ein Seufzer von ihm stiess,
Hör' ich wieder, fühl' in küssen:
Welche Sprache sagt, wie süss?

Seh' ein Tränchen – Komm herab!
Meine Lippe küsst dich ab!

Wie ich noch so vor ihm stehe,
Immer spreche: gute Nacht!
Bald ihn stockend wieder flehe:
Bleibe, bis der Hahn erwacht!
Wie mein Fuß bei jedem Schritt
Wanket, und mein Liebster mit.

Wie ich nun, an seine Seite
Festgeklammert, küssend ihn
Durch den Garten hin begleite,
Bald uns halten, bald uns ziehn!
Wie da Mond und Sterne stehn
Unserm Abschied zuzusehn.

Ach, da sind wir an der Türe!
Bebend hält er in der Hand
Schon den Schlüssel. – Wart', ich spüre
Jemand gehn, Amarant!
Warte nur das Bißchen doch!
Einen Kuss zum Abschied noch!

Ich verliere, ich verliere
Mich in diesem Labyrinth!
Träumt' ich je, daß ich erführe,
Was für Freuden, Freuden sind?
Wenn die Freude töten kann,
Triffst du nie mich wieder an.

Der Winterabend

Welch ein Wetter! – Soll ich fort?
Oder soll ich bleiben?
Wie die düstern Wolken dort
Sich einander treiben!

Wie der Knopf am Kirchenturm
Schwankt auf seiner Stange!
Horch! wie, mehr vor Schnee und Sturm
Als vor Menschen bange,
Aller Raben Angstgeschrei
Um ein Obdach flehet,
Und der Kauz im Turme frei
Gegen sie sich blähet,
Wie von meinen Fenstern ab
Dicke Schlössen prallen,
Rasselnd von dem Dach herab
Morsche Ziegel fallen!
Sieh, wie selbst die Rosse dort
Fortzugehn sich sträuben!
Welch ein Wetter! – Soll ich fort?
Oder soll ich bleiben?

Was besinnen! – Heinrich! he!
Sattle noch den Rappen!
Sollt' ich auch in tiefem Schnee
Nach dem Wege tappen,
Sollt' ich auch an starrer Hand
Meinen Renner leiten,
Und zuerst vom Felsenrand
In die Tiefe gleiten,
Mag ich ganze Meilen mich
In dem Forst verirren,
Mag der Schuhu fürchterlich
Überm Kopf mir schwirren,
Und der Wind durch's trockne Laub
Alter Eichen rauschen,
Und ein Räuber auf den Raub
In dem Dickicht lauschen.
Was sind Räuber, Schnee und Wind!
Sie ist mein gewärtig!
Heinrich! Heinrich! o geschwind!
Ist der Rappen fertig?

JOHANN WOLFGANG VON GOETHE

1749–1832

Selige Sehnsucht

Sagt es niemand, nur den Weisen,
Weil die Menge gleich verhöhnet!
Das Lebendge will ich preisen,
Das nach Flammentod sich sehnet!

In der Liebesnächte Kühlung,
Die dich zeugte, wo du zeugtest,
Überfällt dich fremde Fühlung,
Wenn die stille Kerze leuchtet.

Nicht mehr bleibest du umfangen
In der Finsternis Beschattung,
Und dich reißet neu Verlangen
Auf zu höherer Begattung.

Keine Ferne macht dich schwierig,
Kommst geflogen und gebannt,
Und zuletzt, des Lichts begierig,
Bist du, Schmetterling, verbrannt.

Und solang du das nicht hast,
Dieses: Stirb und werde!
Bist du nur ein trüber Gast
Auf der dunklen Erde.

Natur und Kunst, sie scheinen sich zu fliehen

Natur und Kunst, sie scheinen sich zu fliehen
Und haben sich, eh man es denkt, gefunden;

Der Widerwille ist auch mir verschwunden,
Und beide scheinen gleich mich anzuziehen.

Es gilt wohl nur ein redliches Bemühen!
Und wenn wir erst in abgemeßnen Stunden
Mit Geist und Fleiß uns an die Kunst gebunden,
Mag frei Natur im Herzen wieder glühen.

So ists mit aller Bildung auch beschaffen:
Vergebens werden ungebundne Geister
Nach der Vollendung reiner Höhe streben.

Wer Großes will, muß sich zusammenraffen;
In der Beschränkung zeigt sich erst der Meister,
Und das Gesetz nur kann uns Freiheit geben.

Freudvoll und leidvoll

Freudvoll
Und leidvoll,
Gedankenvoll sein;
Langen
Und bangen
In schwebender Pein;
Himmelhoch jauchzend,
Zum Tode betrübt;
Glücklich allein
Ist die Seele, die liebt.

Willkommen und Abschied

Es schlug mein Herz, geschwind zu Pferde!
Es war getan, fast eh gedacht;
Der Abend wiegte schon die Erde,
Und an den Bergen hing die Nacht;

Schon stand im Nebelkleid die Eiche,
Ein aufgetürmter Riese, da,
Wo Finsternis aus dem Gesträuche
Mit hundert schwarzen Augen sah.

Der Mond von einem Wolkenhügel
Sah kläglich aus dem Duft hervor;
Die Winde schwangen leise Flügel,
Umsausten schauerlich mein Ohr;
Die Nacht schuf tausend Ungeheuer,
Doch frisch und fröhlich war mein Mut:
In meinen Adern, welches Feuer!
In meinem Herzen, welche Glut!

Dich sah ich, und die milde Freude
Floß von dem süßen Blick auf mich;
Ganz war mein Herz an deiner Seite,
Und jeder Atemzug für dich.
Ein rosenfarbnes Frühlingswetter
Umgab das liebliche Gesicht,
Und Zärtlichkeit für mich, – ihr Götter!
Ich hofft es, ich verdient es nicht!

Doch ach, schon mit der Morgensonne
Verengt der Abschied mir das Herz:
In deinen Küssen, welche Wonne!
In deinem Auge, welcher Schmerz!
Ich ging, du standst und sahst zur Erden,
Und sahst mir nach mit nassem Blick:
Und doch, welch Glück, geliebt zu werden!
Und lieben, Götter, welch ein Glück!

Heidenröslein

Sah ein Knab ein Röslein stehn,
Röslein auf der Heiden,
War so jung und morgenschön,
Lief er schnell, es nah zu sehn,

Sahs mit vielen Freuden.
Röslein, Röslein, Röslein rot,
Röslein auf der Heiden.

Knabe sprach: Ich breche dich,
Röslein auf der Heiden!
Röslein sprach: Ich steche dich,
Daß du ewig denkst an mich,
Und ich wills nicht leiden.
Röslein, Röslein, Röslein rot,
Röslein auf der Heiden.

Und der wilde Knabe brach
'sRöslein auf der Heiden;
Röslein wehrte sich und stach,
Half ihm doch kein Weh und Ach,
Mußt es eben leiden.
Röslein, Röslein, Röslein rot,
Röslein auf der Heiden.

Prometheus

Bedecke deinen Himmel, Zeus,
Mit Wolkendunst
Und übe, dem Knaben gleich,
Der Disteln köpft,
An Eichen dich und Bergeshöhn!
Mußt mir meine Erde
Doch lassen stehn
Und meine Hütte, die du nicht gebaut,
Und meinen Herd,
Um dessen Glut
Du mich beneidest.

Ich kenne nichts Ärmeres
Unter der Sonn, als euch, Götter!
Ihr nähret kümmerlich
Von Opfersteuern

Und Gebetshauch
Eure Majestät
Und darbtet, wären
Nicht Kinder und Bettler
Hoffnungsvolle Toren.

Da ich ein Kind war,
Nicht wußte, wo aus noch ein,
Kehrt ich mein verirrtes Auge
Zur Sonne, als wenn drüber war
Ein Ohr, zu hören meine Klage,
Ein Herz, wie meins,
Sich des Bedrängten zu erbarmen.

Wer half mir
Wider der Titanen Übermut?
Wer rettete vom Tode mich,
Von Sklaverei?
Hast du nicht alles selbst vollendet,
Heilig glühend Herz?
Und glühtest jung und gut,
Betrogen, Rettungsdank
Dem Schlafenden da droben?

Ich dich ehren? Wofür?
Hast du die Schmerzen gelindert
Je des Beladenen?
Hast du die Tränen gestillet
Je des Geängsteten?
Hat nicht mich zum Manne geschmiedet
Die allmächtige Zeit
Und das ewige Schicksal,
Meine Herrn und deine?
Wähntest du etwa,
Ich sollte das Leben hassen,
In Wüsten fliehen,
Weil nicht alle
Blütenträume reiften?

Hier sitz ich, forme Menschen
Nach meinem Bilde,
Ein Geschlecht, das mir gleich sei,
Zu leiden, zu weinen,
Zu genießen und zu freuen sich
Und dein nicht zu achten,
Wie ich!

Feiger Gedanken

Feiger Gedanken
Bängliches Schwanken,
Weibisches Zagen,
Ängstliches Klagen
Wendet kein Elend,
Macht dich nicht frei.

Allen Gewalten
Zum Trutz sich erhalten
Nimmer sich beugen,
Kräftig sich zeigen
Rufet die Arme
Der Götter herbei.

Warum gabst du uns die tiefen Blicke?

Warum gabst du uns die tiefen Blicke?
Unsre Zukunft ahndungsvoll zu schaun.
Unsrer Liebe, unserm Erdenglücke,
Wähnend selig nimmer hinzutraun?
Warum gabst uns, Schicksal, die Gefühle,
Uns einander in das Herz zu sehn,
Um durch all die seltenen Gewühle
Unser wahr Verhältnis auszuspähn?

Ach, so viele tausend Menschen kennen,
Dumpf sich treibend, kaum ihr eigen Herz,
Schweben zwecklos hin und her und rennen
Hoffnungslos in unversehnem Schmerz;
Jauchzen wieder, wenn der schnellen Freuden
Unerwart'te Morgenröte tagt.
Nur uns armen liebevollen beiden
Ist das wechselseitge Glück versagt,
Uns zu lieben, ohn uns zu verstehen,
In dem andern sehn, was er nie war,
Immer frisch auf Traumglück auszugehen
Und zu schwanken auch in Traumgefahr.

Glücklich, den ein leerer Traum beschäftigt,
Glücklich, dem die Ahnung eitel war!
Jede Gegenwart und jeder Blick bekräftigt
Traum und Ahnung leider uns noch mehr.
Sag, was will das Schicksal uns bereiten?
Sag, wie band es uns so rein genau?
Ach, du warst in abgelebten Zeiten
Meine Schwester oder meine Frau.

Kanntest jeden Zug in meinem Wesen,
Spähtest, wie die reinste Nerve klingt,
Konntest mich mit einem Blicke lesen,
Den so schwer ein sterblich Aug durchdringt.
Tropftest Mäßigung dem heißen Blute,

Richtetest den wilden, irren Lauf,
Und in deinen Engelsarmen ruhte
Die zerstörte Brust sich wieder auf;
Hieltest zauberleicht ihn angebunden
Und vergaukeltest ihm manchen Tag.
Welche Seligkeit glich jenen Wonnestunden,
Da er dankbar dir zu Füßen lag,
Fühlt' sein Herz an deinem Herzen schwellen,
Fühlte sich in deinem Auge gut,
Alle seine Sinnen sich erhellen
Und beruhigen sein brausend Blut!

Und von allem dem schwebt ein Erinnern
Nur noch um das Ungewisse Herz,
Fühlt die alte Wahrheit ewig gleich im Innern,
Und der neue Zustand wird ihm Schmerz.
Und wir scheinen uns nur halb beseelet,
Dämmernd ist um uns der hellste Tag.
Glücklich, daß das Schicksal, das uns quälet,
Uns doch nicht verändern mag!

An den Mond

Füllest wieder Busch und Tal
Still mit Nebelglanz,
Lösest endlich auch einmal
Meine Seele ganz;

Breitest über mein Gefild
Lindernd deinen Blick,
Wie des Freundes Auge mild
Über mein Geschick.

Jeden Nachklang fühlt mein Herz
Froh und trüber Zeit,
Wandle zwischen Freud und Schmerz
In der Einsamkeit.

Fließe, fließe, lieber Fluß!
Nimmer werd ich froh;
So verrauschte Scherz und Kuß
Und die Treue so.

Ich besaß es doch einmal,
Was so köstlich ist!
Daß man doch zu seiner Qual
Nimmer es vergißt!

Rausche, Fluß, das Tal entlang,
Ohne Rast und Ruh,

Rausche, flüstre meinem Sang
Melodien zu,

Wenn du in der Winternacht
Wütend überschwillst,
Oder um die Frühlingspracht
Junger Knospen quillst.

Selig, wer sich vor der Welt
Ohne Haß verschließt,
Einen Freund am Busen hält
Und mit dem genießt,

Was, von Menschen nicht gewußt
Oder nicht bedacht,
Durch das Labyrinth der Brust
Wandelt in der Nacht.

Gesang der Geister über den Wassern

Des Menschen Seele
Gleicht dem Wasser:
Vom Himmel kommt es,
Zum Himmel steigt es,
Und wieder nieder
Zur Erde muß es,
Ewig wechselnd.

Strömt von der hohen,
Steilen Felswand
Der reine Strahl,

Dann stäubt er lieblich
In Wolkenwellen
Zum glatten Fels,
Und leicht empfangen,
Wallt er verschleiernd,

Leis rauschend
Zur Tiefe nieder.

Ragen Klippen
Dem Sturz entgegen,
Schäumt er unmutig
Stufenweise
Zum Abgrund.

Im flachen Bette
Schleicht er das Wiesental hin,
Und in dem glatten See
Weiden ihr Antlitz
Alle Gestirne.

Wind ist der Welle
Lieblicher Buhler;
Wind mischt vom Grund aus
Schäumende Wogen.

Seele des Menschen,
Wie gleichst du dem Wasser!
Schicksal des Menschen,
Wie gleichst du dem Wind!

Das Göttliche

Edel sei der Mensch,
Hilfreich undd gut!
Denn das allein
Unterscheidet ihn
Von allen Wesen,
Die wir kennen.

Heil den unbekannten
Höhern Wesen,
Die wir ahnen!

Ihnen gleiche der Mensch;
Sein Beispiel lehr uns
Jene glauben.

Denn unfühlend
Ist die Natur:
Es leuchtet die Sonne
Über Bös und Gute,
Und dem Verbrecher
Glänzen, wie dem Besten,
Der Mond und die Sterne.

Wind und Ströme,
Donner und Hagel
Rauschen ihren Weg
Und ergreifen
Vorübereilend
Einen um den andern.

Auch so das Glück
Tappt unter die Menge,
Faßt bald des Knaben
Lockige Unschuld,
Bald auch den kahlen
Schuldigen Scheitel.

Nach ewigen, ehrnen,
Großen Gesetzen
Müssen wir alle
Unseres Daseins
Kreise vollenden.

Nur allein der Mensch
Vermag das Unmögliche:
Er unterscheidet,
Wählet und richtet;
Er kann dem Augenblick
Dauer verleihen.

Er allein darf
Den Guten lohnen,

Den Bösen strafen,
Heilen und retten,
Alles Irrende, Schweifende
Nützlich verbinden.

Und wir verehren
Die Unsterblichen,
Als wären sie Menschen,
Täten im großen
Was der Beste im kleinen
Tut oder möchte.

Der edle Mensch
Sei hilfreich und gut!
Unermüdet schaff er
Das Nützliche, Rechte,
Sei uns ein Vorbild
Jener geahneten Wesen!

Mignon

Kennst du das Land, wo die Zitronen blühn,
Im dunkeln Laub die Gold-Orangen glühn,
Ein sanfter Wind vom blauen Himmel weht,
Die Myrte still und hoch der Lorbeer steht?
Kennst du es wohl?
Dahin! Dahin
Möcht ich mit dir, o mein Geliebter, ziehn.

Kennst du das Haus? Auf Säulen ruht sein Dach,
Es glänzt der Saal, es schimmert das Gemach,
Und Marmorbilder stehn, und sehn mich an:
Was hat man dir, du armes Kind, getan?
Kennst du es wohl?
Dahin! Dahin
Möcht ich mit dir, o mein Beschützer, ziehn.

Kennst du den Berg und seinen Wolkensteg?
Das Maultier sucht im Nebel seinen Weg;
In Höhlen wohnt der Drachen alte Brut;
Es stürzt der Fels und über ihn die Flut.
Kennst du ihn wohl?
Dahin! Dahin
Geht unser Weg! o Vater, laß uns ziehn!

Derselbe

Wer nie sein Brot mit Tränen aß,
Wer nie die kummervollen Nächte
Auf seinem Bette weinend saß,
Der kennt euch nicht, ihr himmlischen Mächte.

Ihr führt ins Leben uns hinein,
Ihr laßt den Armen schuldig werden,
Dann überlaßt ihr ihn der Pein:
Denn alle Schuld rächt sich auf Erden.

Erinnerung

Willst du immer weiter schweifen?
Sieh, das Gute liegt so nah.
Lerne nur das Glück ergreifen,
Denn das Glück ist immer da.

Erster Verlust

Ach, wer bringt die schönen Tage,
Jene Tage der ersten Liebe,
Ach, wer bringt nur eine Stunde
Jener holden Zeit zurück!

Einsam nähr ich meine Wunde,
Und mit stets erneuter Klage
Traur' ich ums verlorne Glück.

Ach, wer bringt die schönen Tage,
Jene holde Zeit zurück!

Die Frösche

Ein großer Teich war zugefroren;
Die Fröschlein, in der Tiefe verloren,
Durften nicht ferner quaken noch springen,
Versprachen sich aber im halben Traum,
Fänden sie nur da oben Raum,
Wie Nachtigallen wollten sie singen.
Der Tauwind kam, das Eis zerschmolz,
Nun ruderten sie und landeten stolz
Und saßen am Ufer weit und breit
Und – quakten wie vor alter Zeit.

Eins und Alles

Im Grenzenlosen sich zu finden,
Wird gern der einzelne verschwinden,
Da löst sich aller Überdruß;
Statt heißem Wünschen, wildem Wollen,
Statt lästgem Fordern, strengem Sollen,
Sich aufzugeben ist Genuß.

Weltseele, komm uns zu durchdringen!
Dann mit dem Weltgeist selbst zu ringen
Wird unsrer Kräfte Hochberuf.
Teilnehmend führen gute Geister,
Gelinde leitend, höchste Meister,
Zu dem, der alles schafft und schuf.

Und umzuschaffen das Geschaffne,
Damit sichs nicht zum Starren waffne,
Wirkt ewiges, lebendiges Tun.
Und was nicht war, nun will es werden,
Zu reinen Sonnen, farbigen Erden
in keinem Falle darf es ruhn.

Es soll sich fegen, schaffend handeln,
Erst sich gestalten, dann verwandeln,
Nur scheinbar stehts Momente still.
Das Ewige regt sich fort in allen:
Denn alles muß in nichts zerfallen,
Wenn es im Sein beharren will.

Osterspaziergang (Aus »Faust«)

Vom Eise befreit sind Strom und Bäche
Durch des Frühlings holden, belebenden Blick;
Im Tale grünet Hoffnungsglück!
Der alte Winter in seiner Schwäche
Zog sich in rauhe Berge zurück.
Von dorther sendet er, fliehend, nur
Ohnmächtige Schauer körnigen Eises
In. Streifen über die grünende Flur;
Aber die Sonne duldet kein Weißes;
Überall regt sich Bildung und Streben,
Alles will sie mit Farben beleben,
Doch an Blumen fehlts im Regier,
Sie nimmt geputzte Menschen dafür.
Kehre dich um, von diesen Höhen
Nach der Stadt zurückzusehen.
Aus dem hohlen finstern Tor
Dringt ein buntes Gewimmel hervor.
Jeder sonnt sich heute so gern;
Sie feiern die Auferstehung des Herrn.
Denn sie sind selber auferstanden,
Aus niedriger Häuser dumpfen Gemächern,

Aus Handwerks- und Gewerbesbanden,
Aus dem Druck von Giebeln und Dächern,
Aus der Straße quetschender Enge,
Aus der Kirchen ehrwürdiger Nacht
Sind sie alle ans Licht gebracht.
Sieh nur, sieh! wie behend sich die Menge
Durch die Gärten und Felder zerschlägt,
Wie der Fluß, in Breit und Länge,
So manchen lustigen Nachen bewegt;
Und, bis Zum Sinken überladen,
Entfernt sich dieser letzte Kahn.
Selbst von des Berges fernen Pfaden
Blicken uns farbige Kleider an.
Ich höre schon des Dorfs Getümmel;
Hier ist des Volkes wahrer Himmel,
Zufrieden jauchzet groß und klein:
Hier bin ich Mensch, hier darf ichs sein.

Gefunden

Ich ging im Walde
So für mich hin,
Und nichts zu suchen,
Das war mein Sinn.

Im Schatten sah ich
Ein Blümchen stehn,
Wie Sterne leuchtend,
Wie Äuglein schön.

Ich wollt es brechen,
Da sagt es fein:
Soll ich zum Welken
Gebrochen sein?

Ich grubs mit allen
Den Würzlein aus,

Zum Garten trug ichs
Am hübschen Haus.

Und pflanzt es wieder
Am stillen Ort;
Nun zweigt es immer
Und blüht so fort.

Buch der Liebe

Wunderlichstes Buch der Bücher
Ist das Buch der Liebe;
Aufmerksam hab ichs gelesen:
Wenig Blätter Freuden,
Ganze Hefte Leiden;
Einen Abschnitt macht die Trennung.
Wiedersehn! ein klein Kapitel,
Fragmentarisch. Bände Kummers,
Mit Erklärungen verlängert,
Endlos, ohne Maß …
… doch am Ende
Hast den rechten Weg gefunden;
Unauflösliches, wer löst es?
Liebende, sich wiederfindend.

Der Zauberlehrling

Hat der alte Hexenmeister
Sich doch einmal wegbegeben!
Und nun sollen seine Geister
Auch nach meinem Willen leben.
Seine Wort' und Werke
Merkt ich und den Brauch,
Und mit Geistesstärke
Tu ich Wunder auch.

Walle! walle
Manche Strecke,
Daß, zum Zwecke,
Wasser fließe
Und mit reichem, vollem Schwalle
Zu dem Bade sich ergieße.

Und nun komm, du alter Besen!
Nimm die schlechten Lumpenhüllen;
Bist schon lange Knecht gewesen:
Nun erfülle meinen Willen!
Auf zwei Beinen stehe,
Oben sei ein Kopf,
Eile nun und gehe
Mit dem Wassertopf!

Walle! walle
Manche Strecke,
Daß, zum Zwecke,
Wasser fließe
Und mit reichem, vollem Schwalle
Zu dem Bade sich ergieße.

Seht, er läuft zum Ufer nieder,
Wahrlich! ist schon an dem Flusse,
Und mit Blitzesschnelle wieder
Ist er hier mit raschem Gusse.
Schon zum zweiten Male!
Wie das Becken schwillt!
Wie sich jede Schale
Voll mit Wasser füllt!

Stehe! Stehe!
Denn wir haben
Deiner Gaben
Vollgemessen! –
Ach, ich merk es! Wehe! wehe!
Hab ich doch das Wort vergessen!

Ach, das Wort, worauf am Ende
Er das wird, was er gewesen.

Ach, er läuft und bringt behende!
Wärst du doch der alte Besen!
Immer neue Güsse
Bringt er schnell herein,
Ach! und hundert Flüsse
Stürzen auf mich ein.

Nein, nicht länger
Kann ichs lassen;
Will ihn fassen.
Das ist Tücke!
Ach! nun wird mir immer bänger!
Welche Miene! welche Blicke!

O, du Ausgeburt der Hölle!
Soll das ganze Haus ersaufen?
Seh ich über jede Schwelle
Doch schon Wasserströme laufen.
Ein verruchter Besen,
Der nicht hören will!
Stock, der du gewesen,
Steh doch wieder still!

Willsts am Ende
Gar nicht lassen?
Will dich fassen,
Will dich halten
Und das alte Holz behende
Mit dem scharfen Beile spalten.

Seht, da kommt er schleppend wieder!
Wie ich mich nur auf dich werfe,
Gleich, o Kobold, liegst du nieder;
Krachend trifft die glatte Schaffe.
Wahrlich! brav getroffen!
Seht, er ist entzwei!
Und nun kann ich hoffen,
Und ich atme frei!

Wehe! wehe!
Beide Teile

Stehn in Eile
Schon als Knechte
Völlig fertig in die Höhe!
Helft mir, ach! ihr hohen Mächte!

Und sie laufen! Naß und nässer
Wird's im Saal und auf den Stufen.
Welch entsetzliches Gewässer!
Herr und Meister! hör mich rufen! –
Ach, da kommt der Meister!
Herr, die Not ist groß!
Die ich rief die Geister
Werd ich nun nicht los.

»In die Ecke,
Besen! Besen!
Seids gewesen.
Denn als Geister
Ruft euch nur, zu diesem Zwecke,
Erst hervor der alte Meister.«

Beherzigung

Ach, was soll der Mensch verlangen?
Ist es besser, ruhig bleiben,
Klammernd fest sich anzuhangen?
Ist es besser, sich zu treiben?

Soll er sich ein Häuschen bauen?
Soll er unter Zelten leben?
Soll er auf die Felsen trauen?
Selbst die festen Felsen beben.

Eines schickt sich nicht für alle!
Sehe jeder, wie er's treibe,
Sehe jeder, wo er bleibe,
Und wer steht, daß er nicht falle.

Eigentum

Ich weiß, daß mir nichts angehört,
Als der Gedanke, der ungestört
Aus meiner Seele will fließen,
Und jeder günstige Augenblick,
Den mich ein liebendes Geschicke
Von Grund aus läßt genießen.
Halte dich nur im stillen rein
Und laß es um dich wettern;
Je mehr du fühlst ein Mensch zu sein,
Desto ähnlicher bist du den Göttern.

Grenzen der Menschheit

Wenn der uralte,
Heilige Vater
Mit gelassener Hand
Aus rollenden Wolken
Segnende Blitze
Über die Erde sät,
Küß ich den letzten
Saum seines Kleides,
Kindliche Schauer
Treu in der Brust.

Denn mit Göttern
Soll sich nicht messen
Irgend ein Mensch.
Hebt er sich aufwärts
Und berührt
Mit dem Scheitel die Sterne,
Nirgends haften dann
Die unsichern Sohlen,
Und mit ihm spielen
Wolken und Winde.

Steht er mit festen,
Markigen Knochen
Auf der wohlgegründeten
Dauernden Erde,
Reicht er nicht auf,
Nur mit der Eiche
Oder der Rebe
Sich zu vergleichen.

Was unterscheidet
Götter von Menschen?
Daß viele Wellen
Vor jenen wandeln,
Ein ewiger Strom:
Uns hebt die Welle,
Verschlingt die Welle,
Und wir versinken.

Ein kleiner Ring
Begrenzt unser Leben,
Und viele Geschlechter
Reihen sich dauernd
An ihres Daseins
Unendliche Kette.

Zum Sehen geboren

Zum Sehen geboren,
Zum Schauen bestellt,
Dem Turme geschworen,
Gefällt mir die Welt.
Ich blick in die Ferne,
Ich seh in der Näh
Den Mond und die Sterne,
Den Wald und das Reh.
So seh ich in allen
Die ewige Zier,

Und wie mirs gefallen,
Gefall ich auch mir.
Ihr glücklichen Augen,
Was je ihr gesehn,
Es sei wie es wolle,
Es war doch so schön!

Ein Gleiches

Über allen Gipfeln
Ist Ruh;
In allen Wipfeln
Spürest du
Kaum einen Hauch;
Die Vögelein schweigen im Walde.
Warte nur, balde
Ruhest du auch.

Rastlose Liebe

Dem Schnee, dem Regen,
Dem Wind entgegen,
Im Dampf der Klüfte,
Durch Nebeldüfte,
Immer zu! Immer zu!
Ohne Rast und Ruh!

Lieber durch Leiden
Möcht ich mich schlagen,
Als so viel Freuden
Des Lebens ertragen.
Alle das Neigen
Von Herzen zu Herzen,
Ach, wie so eigen
Schaffet das Schmerzen!

Wie, soll ich fliehen?
Wälderwärts ziehen?
Alles vergebens!
Krone des Lebens,
Glück ohne Ruh,
Liebe, bist du!

Erlkönig

Wer reitet so spät durch Nacht und Wind?
Es ist der Vater mit seinem Kind;
Er hat den Knaben wohl in dem Arm,
Er faßt ihn sicher, er hält ihn warm. –

Mein Sohn, was birgst du so bang dein Gesicht? –
Siehst, Vater, du den Erlkönig nicht?
Den Erlenkönig mit Krön' und Schweif? –
Mein Sohn, es ist ein Nebelstreif. –

»Du liebes Kind, komm, geh mit mir!
Gar schöne Spiele spiel' ich mit dir;
Manch' bunte Blumen sind an dem Strand;
Meine Mutter hat manch' gülden Gewand.«

Mein Vater, mein Vater, und hörest du nicht,
Was Erlenkönig mir leise verspricht? –
Sei ruhig, bleibe ruhig, mein Kind!
In dürren Blättern säuselt der Wind. –

»Willst, feiner Knabe du mit mir gehn?
Meine Töchter sollen dich warten schön;
Meine Töchter führen den nächtlichen Reihn
Und wiegen und tanzen und singen dich ein.«

Mein Vater, mein Vater, und siehst du nicht dort
Erlkönigs Töchter am düstern Ort? –
Mein Sohn, mein Sohn, ich seh' es genau;
Es scheinen die alten Weiden so grau. –

»Ich liebe dich, mich reizt deine schöne Gestalt;
Und bist du nicht willig, so brauch' ich Gewalt.« –
Mein Vater, mein Vater, jetzt faßt er mich an!
Erlkönig hat mir ein Leids getan! –

Dem Vater grauset's, er reitet geschwind,
Er hält in Armen das ächzende Kind,
Erreicht den Hof mit Mühe und Not;
In seinen Armen das Kind war tot.

JAKOB MICHAEL REINHOLD LENZ

1751–1792

An das Herz

Kleines Ding, um uns zu quälen,
Hier in diese Brust gelegt!
Ach, wer's vorsah, was er trägt,
Würde wünschen, tatst ihm fehlen!

Deine Schläge, wie so selten
Mischt sich Lust in sie hinein!
Und wie augenblicks vergelten
Sie ihm jede Lust mit Pein!

Ach! und weder Lust noch Qualen
Sind ihm schrecklicher als das:
Kalt und fühllos! O ihr Strahlen,
Schmelzt es lieber mir zu Glas!

Lieben, hassen, fürchten, zittern,
Hoffen, zagen bis ins Mark
Kann das Leben zwar verbittern,
Aber ohne sie – wär's Quark!

JOHANN HEINRICH VOSS

1751–1826

Frühlingsliebe

Die Lerche sang, die Sonne schien,
Es färbte sich die Wiese grün,
Und braungeschwollne Keime
Verschönten Busch und Bäume.
Da pflückt ich am bedornten See
Zum Strauß ihr, unter spätem Schnee
Blau, rot und weißen Güldenklee.
Das Mägdlein nahm des Busens Ziel
Und nickte freundlich Dank dafür.

Nur einzeln grünten noch im Hain
Die Buchen und die jungen Mai'n,
Und Kresse wankt in hellen
Umblümten Wiesenquellen.
Auf kühlem Moose, weich und prall,
Am Buchbaum horchten wir dem Schall
Des Quelles und der Nachtigall.
Sie pflückte Moos, wo wir geruht,
Und kränzte sich den Schäferhut.

Wir gingen atmend, Arm in Arm,
Am Frühlingsabend still und warm,
Im Schatten grüner Schlehen
Uns Veilchen zu erspähen.
Rot schien der Himmel und das Meer;
Mit einmal strahlte groß und hehr
Der liebe volle Mond daher,
Das Mägdlein stand und ging und stand
Und drückte sprachlos mir die Hand.

Rotwangig, leichtgekleidet saß
Sie neben mir auf Klee und Gras,

Wo ringsum helle Blüten
Der Apfelbäume glühten.
Ich schwieg; das Zittern meiner Hand
Und mein betränter Blick gestand
Dem Mägdlein, was mein Herz empfand.
Sie schwieg und aller Wonn Erguß
Durchströmt uns beid im ersten Kuß.

Klingsonate

Grave	*Scherzando*
Mit	Aus Moor-
Prall-	Gewimmel
Hall	Und Schimmel
Sprüht	Hervor
Süd	Dringt, Chor,
Tral-	Dein Bimmel-
Lal-	Getümmel
Lied.	Im Ohr.
Kling-	O höre
Klang	Mein kleines
Singt;	Sonett.
Sing-	Auf Ehre!
Sang	Klingt deines
Klingt.	So nett?

FRIEDRICH VON SCHILLER

1759–1805

Resignation

Auch ich war in Arkadien geboren,
Auch mir hat die Natur
An meiner Wiege Freude zugeschworen;
Auch ich war in Arkadien geboren,
Doch Tränen gab der kurze Lenz mir nur.

Des Lebens Mai blüht einmal und nicht wieder,
Mir hat er abgeblüht.
Der stille Gott – o weinet, meine Brüder –
Der stille Gott taucht meine Fackel nieder,
Und die Erscheinung flieht.

Da steh ich schon auf deiner finstern Brücke,
Furchtbare Ewigkeit.
Empfange meinen Vollmachtbrief zum Glücke!
Ich bring ihn unerbrochen dir zurücke,
Ich weiß nichts von Glückseligkeit.

Vor deinem Thron erheb ich meine Klage,
Verhüllte Richterin.
Auf jenem Stern ging eine frohe Sage,
Du thronest hier mit des Gerichtes Wage
Und nennest Dich Vergelterin.

Hier, spricht man, warten Schrecken auf den Bösen
Und Freuden auf den Redlichen.
Des Herzens Krümmen werdest du entblößen,
Der Vorsicht Rätsel werdest du mir lösen
Und Rechnung halten mit dem Leidenden.

Hier öffne sich die Heimat dem Verbannten,
Hier endige des Dulders Dornenbahn.

Ein Götterkind, das sie mir Wahrheit nannten,
Die meisten flohen, wenige nur kannten,
Hielt meines Lebens raschen Zügel an:

»Ich zahle dir in einem andern Leben,
Gib deine Jugend mir!
Nichts kann ich dir als diese Weisung geben.«
Ich nahm die Weisung auf das andre Leben,
Und meiner Jugend Freuden gab ich ihr.

»Gib mir das Weib, so teuer deinem Herzen,
Gib deine Laura mir!
Jenseits der Gräber wuchern deine Schmerzen.«
Ich riß sie blutend aus dem wunden Herzen
Und weinte laut und gab sie ihr.

»Die Schuldverschreibung lautet an die Toten«,
Hohnlächelte die Welt,
»Die Lügnerin, gedungen von Despoten,
Hat für die Wahrheit Schatten dir geboten,
Du bist nicht mehr, wenn dieser Schein verfällt.«

Frech witzelte das Schlangenheer der Spötter:
»Vor einem Wahn, den nur Verjährung weiht,
Erzitterst du? Was sollen deine Götter,
Des kranken Weltplans schlau erdachte Retter,
Die Menschenwitz des Menschen Notdurft leiht?

»Was heißt die Zukunft, die uns Gräber decken?
Die Ewigkeit, mit der du eitel prangst?
Ehrwürdig nur, weil Hüllen sie verstecken,
Der Riesenschatten unsrer eignen Schrecken
Im hohlen Spiegel der Gewissensangst.

»Ein Lügenbild lebendiger Gestalten,
Die Mumie der Zeit,
Vom Balsamgeist der Hoffnung in den kalten
Behausungen des Grabes hingehalten,
Das nennt dein Fieberwahn Unsterblichkeit?

»Für Hoffnungen –Verwesung straft sie Lügen –
Gabst du gewisse Güter hin?
Sechstausend Jahre hat der Tod geschwiegen;
Kam je ein Leichnam aus der Gruft gestiegen,
Der Meldung tat von der Vergelterin?«

Ich sah die Zeit nach deinen Ufern fliegen,
Die blühende Natur
Blieb hinter ihr, ein welker Leichnam, liegen,
Kein Toter kam aus seiner Gruft gestiegen,
Und fest vertraut ich auf den Götterschwur.

All meine Freuden hab ich dir geschlachtet,
Jetzt werf ich mich vor deinen Richterthron.
Der Menge Spott hab ich beherzt verachtet,
Nur deine Güter hab ich groß geachtet,
Vergelterin, ich fordre meinen Lohn.

»Mit gleicher Liebe lieb ich meine Kinder!«
Rief unsichtbar ein Genius.
»Zwei Blumen«, rief er, »hört es, Menschenkinder,
Zwei Blumen blühen für den weisen Finder,
Sie heißen Hoffnung und Genuß.«

»Wer dieser Blumen eine brach, begehre
Die andre Schwester nicht.
Genieße, wer nicht glauben kann. Die Lehre
Ist ewig wie die Welt. Wer glauben kann, entbehre.
Die Weltgeschichte ist das Weltgericht.«

»Du hast gehofft, dein Lohn ist abgetragen,
Dein Glaube war dein zugewognes Glück.
Du konntest deine Weisen fragen:
Was man von der Minute ausgeschlagen,
Gibt keine Ewigkeit zurück.«

An die Freude

Freude, schöner Götterfunken,
Tochter aus Elysium,
Wir betreten feuertrunken,
Himmlische, dein Heiligtum.
Deine Zauber binden wieder,
Was die Mode streng geteilt,
Alle Menschen werden Brüder,
Wo dein sanfter Flügel –weilt.
Seid umschlungen, Millionen!
Diesen Kuß der ganzen Welt!
Brüder – überm Sternenzelt
Muß ein lieber Vater wohnen.

Wem der große Wurf gelungen,
Eines Freundes Freund zu sein,
Wer ein holdes Weib errungen,
Mische seinen Jubel ein!
Ja – wer auch nur eine Seele
Sein nennt auf dem Erdenrund!
Und wers nie gekonnt, der stehle
Weinend sich aus diesem Bund.
Was den großen Ring bewohnet,
Huldige der Sympathie!
Zu den Sternen leitet sie,
Wo der Unbekannte thronet.

Freude trinken alle Wesen
An den Brüsten der Natur,
Alle Guten, alle Bösen
Folgen ihrer Rosenspur.
Küsse gab sie uns und Reben,
Einen Freund, geprüft im Tod,
Wollust ward dem Wurm gegeben,
Und der Cherub steht vor Gott.
Ihr stürzt nieder, Millionen?
Ahnest du den Schöpfer, Welt?

Such ihn überm Sternenzelt!
Über Sternen muß er wohnen.

Freude heißt die starke Feder
In der ewigen Natur.
Freude, Freude treibt die Räder
In der großen Weltenuhr.
Blumen lockt sie aus den Keimen,
Sonnen aus dem Firmament,
Sphären rollt sie in den Räumen,
Die des Sehers Rohr nicht kennt.
Froh, wie seine Sonnen fliegen
Durch des Himmels prächtgen Plan,
Wandelt, Brüder, eure Bahn,
Freudig wie ein Held zum Siegen.

Aus der Wahrheit Feuerspiegel
Lächelt sie den Forscher an.
Zu der Tugend steilem Hügel
Leitet sie des Dulders Bahn.
Auf des Glaubens Sonnenberge
Sieht man ihre Fahnen wehn,
Durch den Riß gesprengter Särge
Sie im Chor der Engel stehn.
Duldet mutig, Millionen!
Duldet für die beßre Welt!
Droben überm Sternenzelt
Wird ein großer Gott belohnen.

Göttern kann man nicht vergelten,
Schön ists, ihnen gleich zu sein.
Gram und Armut soll sich melden,
Mit den Frohen sich erfreun.
Groll und Rache sei vergessen,
Unserm Todfeind sei verziehn,
Keine Träne soll ihn pressen,
Keine Reue nage ihn.
Unser Schuldbuch sei vernichtet!
Ausgesöhnt die ganze Welt!

Brüder – überm Sternenzelt
Richtet Gott, wie wir gerichtet.

Freude sprudelt in Pokalen,
In der Traube goldnem Blut
Trinken Sanftmut Kannibalen,
Die Verzweiflung Heldenmut.
Brüder, fliegt von euren Sitzen,
Wenn der volle Römer kreist,
Laßt den Schaum zum Himmel spritzen
Dieses Glas dem guten Geist!
Den der Sterne Wirbel loben,
Den des Seraphs Hymne preist.
Dieses Glas dem guten Geist
Überm Sternenzelt dort oben!

Festen Mut in schweren Leiden,
Hilfe, wo die Unschuld weint,
Ewigkeit geschwornen Eiden,
Wahrheit gegen Freund und Feind,
Männerstolz vor Königsthronen –
Brüder, galt es Gut und Blut:
Dem Verdienste seine Kronen,
Untergang der Lügenbrut!
Schließt den heilgen Zirkel dichter,
Schwört bei diesem goldnen Wein,
Dem Gelübde treu zu sein,
Schwört es bei dem Sternenrichter!

Nänie

Auch das Schöne muß sterben! Das Menschen und Götter bezwinget,
Nicht die eherne Brust rührt es des stygischen Zeus.
Einmal nur erweichte die Liebe den Schattenbeherrscher,
Und an der Schwelle noch, streng, rief er zurück sein Geschenk.
Nicht stillt Aphrodite dem schönen Knaben die Wunde,
Die in den zierlichen Leib grausam der Eber geritzt.

Nicht errettet den göttlichen Held die unsterbliche Mutter,
Wann er, am skäischen Tor fallend, sein Schicksal erfüllt.
Aber sie steigt aus dem Meer mit allen Töchtern des Nereus,
Und die Klage hebt an um den verherrlichten Sohn.
Siehe! Da weinen die Götter, es weinen die Göttinnen alle,
Daß das Schöne vergeht, daß das Vollkommene stirbt.
Auch ein Klaglied zu sein im Mund der Geliebten, ist herrlich,
Denn das Gemeine geht klanglos zum Orkus hinab.

Die Bürgschaft

Zu Dionys, dem Tyrannen, schlich
Damon, den Dolch im Gewande;
Ihn schlugen die Häscher in Bande.
»Was wolltest du mit dem Dolche, sprich!«
Entgegnet ihm finster der Wüterich.
»Die Stadt vom Tyrannen befreien!«
»Das sollst du am Kreuze bereuen.«

»Ich bin«, spricht jener, »zu sterben bereit
Und bitte nicht um mein Leben,
Doch willst du Gnade mir geben,
Ich flehe dich um drei Tage Zeit,
Bis ich die Schwester dem Gatten gefreit,
Ich lasse den Freund dir als Bürgen,
Ihn magst du, entrinn ich, erwürgen.«

Da lächelt der König mit arger List
Und spricht nach kurzem Bedenken:
»Drei Tage will ich dir schenken.
Doch wisse! Wenn sie verstrichen, die Frist,
Eh du zurück mir gegeben bist,
So muß er statt deiner erblassen,
Doch dir ist die Strafe erlassen.«

Und er kommt zum Freunde: »Der König gebeut,
Daß ich am Kreuz mit dem Leben

Bezahle das frevelnde Streben,
Doch will er mir gönnen drei Tage Zeit,
Bis ich die Schwester dem Gatten gefreit,
So bleib du dem König zum Pfände,
Bis ich komme, zu lösen die Bande.«

Und schweigend umarmt ihn der treue Freund
Und liefert sich aus dem Tyrannen,
Der andere ziehet von dannen.
Und ehe das dritte Morgenrot scheint,
Hat er schnell mit dem Gatten die Schwester vereint,
Eilt heim mit sorgender Seele,
Damit er die Frist nicht verfehle.

Da gießt unendlicher Regen herab,
Von den Bergen stürzen die Quellen,
Und die Bäche, die Ströme schwellen.
Und er kommt ans Ufer mit wanderndem Stab;
Da reißet die Brücke der Strudel hinab,
Und donnernd sprengen die Wogen
Des Gewölbes krachenden Bogen.

Und trostlos irrt er an Ufers Rand,
Wie weit er auch spähet und blicket
Und die Stimme, die rufende, schicket,
Da stoßet kein Nachen vom sichern Strand,
Der ihn setze an das gewünschte Land,
Kein Schiffer lenket die Fähre,
Und der wilde Strom wird zum Meere.

Da sinkt er ans Ufer und weint und fleht,
Die Hände zum Zeus erhoben:
»O hemme des Stromes Toben!
Es eilen die Stunden, im Mittag steht
Die Sonne, und wenn sie niedergeht
Und ich kann die Stadt nicht erreichen,
So muß der Freund mir erbleichen.«

Doch wachsend erneut sich des Stromes Wut,
Und Welle auf Welle zerrinnet,

Und Stunde an Stunde entrinnet.
Da treibt ihn die Angst, da faßt er sich Mut
Und wirft sich hinein in die brausende Flut
Und teilt mit gewaltigen Armen
Den Strom, und ein Gott hat Erbarmen.

Und gewinnt das Ufer und eilet fort
Und danket dem rettenden Gotte,
Da stürzet die raubende Rotte
Hervor aus des Waldes nächtlichem Ort,
Den Pfad ihm sperrend, und schnaubet Mord
Und hemmet des Wanderers Eile
Mit drohend geschwungener Keule.

»Was wollt ihr?« ruft er, für Schrecken bleich,
»Ich habe nichts als mein Leben,
Das muß ich dem Könige geben!«
Und entreißt die Keule dem nächsten gleich:
»Um des Freundes willen erbarmet euch!«
Und drei mit gewaltigen Streichen
Erlegt er, die andern entweichen.

Und die Sonne versendet glühenden Brand,
Und von der unendlichen Mühe
Ermattet sinken die Kniee.
»O hast du mich gnädig aus Räubershand,
Aus dem Strom mich gerettet ans heilige Land,
Und soll hier verschmachtend verderben,
Und der Freund mir, der liebende, sterben!«

Und horch! da sprudelt es silberhell,
Ganz nahe, wie rieselndes Rauschen,
Und stille hält er zu lauschen,
Und sieh, aus dem Felsen, geschwätzig, schnell,
Bringt murmelnd hervor ein lebendiger Quell
Und freudig bückt er sich nieder
Und erfrischet die brennenden Glieder.

Und die Sonne blickt durch der Zweige Grün
Und malt auf den glänzenden Matten

Der Bäume gigantische Schatten;
Und zwei Wanderer sieht er die Straße ziehn,
Will eilenden Laufes vorüberfliehn,
Da hört er die Worte sie sagen:
»Jetzt wird er ans Kreuz geschlagen.«

Und die Angst beflügelt den eilenden Fuß,
Ihn jagen der Sorge Qualen,
Da schimmern in Abendrots Strahlen
Von ferne die Zinnen von Syrakus,
Und entgegen kommt ihm Philostratus,
Des Hauses redlicher Hüter,
Der erkennet entsetzt den Gebieter:

»Zurück! du rettest den Freund nicht mehr,
So rette das eigene Leben!
Den Tod erleidet er eben.
Von Stunde zu Stunde gewartet' er
Mit hoffender Seele der Wiederkehr,
Ihm konnte den mutigen Glauben
Der Hohn des Tyrannen nicht rauben.«

»Und ist es zu spät, und kann ich ihm nicht
Ein Retter willkommen erscheinen,
So soll mich der Tod ihm vereinen.
Des rühme der blutge Tyrann sich nicht,
Daß der Freund dem Freunde gebrochen die Pflicht,
Er schlachte der Opfer zweie
Und glaube an Liebe und Treue.«

Und die Sonne geht unter, da steht er am Tor
Und sieht das Kreuz schon erhöhet,
Das die Menge gaffend umstehet,
An dem Seile schon zieht man den Freund empor,
Da zertrennt er gewaltig den dichten Chor:
»Mich, Henker!« ruft er, »erwürget!
Da bin ich, für den er gebürget!«

Und Erstaunen ergreifet das Volk umher,
In den Armen liegen sich beide

Und weinen für Schmerzen und Freude.
Da sieht man kein Auge tränenleer,
Und zum Könige bringt man die Wundermär,
Der fühlt ein menschliches Rühren,
Läßt schnell vor den Thron sie führen.

Und blicket sie lange verwundert an.
Drauf spricht er: »Es ist euch gelungen,
Ihr habt das Herz mir bezwungen,
Und die Treue, sie ist doch kein leerer Wahn,
So nehmet auch mich zum Genossen an,
Ich sei, gewährt mir die Bitte,
In eurem Bunde der Dritte.«

Ich drehe mich auf einer Scheibe,
Ich wandle ohne Rast und Ruh,
Klein ist das Feld, das ich umschreibe,
Du deckst es mit zwei Händen zu.
Doch brauch ich viele tausend Meilen,
Bis ich das kleine Feld durchzogen,
Flieg ich gleich fort mit Sturmes Eilen
Und schneller als der Pfeil vom Bogen.

Was schneller läuft als wie der Pfeil vom Bogen
Und, dreht sichs auch auf kleiner Scheibe nur,
Doch viele tausend Meilen hat durchflogen,
Eh es den kleinen Raum durchzogen –
Der *Schatten* ist es an der Sonnenuhr.

Das Lied von der Glocke

Vivos voco
Mortuos plango
Fulgura frango

Fest gemauert in der Erden
Steht die Form, aus Lehm gebrannt.

Heute muß die Glocke werden,
Frisch, Gesellen, seid zur Hand.
Von der Stirne heiß
Rinnen muß der Schweiß,
Soll das Werk den Meister loben,
Doch der Segen kommt von oben.

Zum Werke, das wir ernst bereiten,
Geziemt sich wohl ein ernstes Wort;
Wenn gute Reden sie begleiten,
Dann fließt die Arbeit munter fort.
So laßt uns jetzt mit Fleiß betrachten,
Was durch die schwache Kraft entspringt,
Den schlechten Mann muß man verachten,
Der nie bedacht, was er vollbringt.
Das ists ja, was den Menschen zieret,
Und dazu ward ihm der Verstand,
Daß er im innern Herzen spüret,
Was er erschafft mit seiner Hand.

Nehmet Holz vom Fichtenstamme,
Doch recht trocken laßt es sein,
Daß die eingepreßte Flamme
Schlage zu dem Schwalch hinein.
Kocht des Kupfers Brei,
Schnell das Zinn herbei,
Daß die zähe Glockenspeise
Fließe nach der rechten Weise.

Was in des Dammes tiefer Grube
Die Hand mit Feuers Hülfe baut,
Hoch auf des Turmes Glockenstube
Da wird es von uns zeugen laut.
Noch dauern wirds in späten Tagen
Und rühren vieler Menschen Ohr
Und wird mit dem Betrübten klagen
Und stimmen zu der Andacht Chor.
Was unten tief dem Erdensohne
Das wechselnde Verhängnis bringt,

Das schlägt an die metallne Krone,
Die es erbaulich weiterklingt.

Weiße Blasen seh ich springen,
Wohl! die Massen sind im Fluß.
Laßts mit Aschensalz durchdringen,
Das befördert schnell den Guß.
Auch von Schaume rein
Muß die Mischung sein,
Daß vom reinlichen Metalle
Rein und voll die Stimme schalle.

Denn mit der Freude Feierklange
Begrüßt sie das geliebte Kind
Auf seines Lebens erstem Gange,
Den es in Schlafes Arm beginnt;
Ihm ruhen noch im Zeitenschoße
Die schwarzen und die heitern Lose,
Der Mutterliebe zarte Sorgen
Bewachen seinen goldnen Morgen. –

Die Jahre fliehen pfeilgeschwind.
Vom Mädchen reißt sich stolz der Knabe,
Er stürmt ins Leben wild hinaus,
Durchmißt die Welt am Wanderstabe,
Fremd kehrt er heim ins Vaterhaus,
Und herrlich, in der Jugend Prangen,
Wie ein Gebild aus Himmelshöhn,
Mit züchtigen, verschämten Wangen
Sieht er die Jungfrau vor sich stehn.
Da faßt ein namenloses Sehnen
Des Jünglings Herz, er irrt allein,
Aus seinen Augen brechen Tränen,
Er flieht der Brüder wilden Reihn.
Errötend folgt er ihren Spuren
Und ist von ihrem Gruß beglückt,
Das Schönste sucht er auf den Fluren,
Womit er seine Liebe schmückt,
O! zarte Sehnsucht, süßes Hoffen,
Der ersten Liebe goldne Zeit,

Das Auge sieht den Himmel offen,
Es schwelgt das Herz in Seligkeit,
O! daß sie ewig grünen bliebe,
Die schöne Zeit der jungen Liebe!

Wie sich schon die Pfeifen bräunen!
Dieses Stäbchen tauch ich ein,
Sehn wirs überglast erscheinen,
Wirds zum Gusse zeitig sein.
Jetzt, Gesellen, frisch!
Prüft mir das Gemisch,
Ob das Spröde mit dem Weichen
Sich vereint zum guten Zeichen.

Denn wo das Strenge mit dem Zarten,
Wo Starkes sich und Mildes paarten,
Da gibt es einen guten Klang.
Drum prüfe, wer sich ewig bindet,
Ob sich das Herz zum Herzen findet!
Der Wahn ist kurz, die Reu ist lang.
Lieblich in der Bräute Locken
Spielt der jungfräuliche Kranz,
Wenn die hellen Kirchenglocken
Laden zu des Festes Glanz.
Ach! des Lebens schönste Feier
Endigt auch den Lebensmai,
Mit dem Gürtel, mit dem Schleier
Reißt der schöne Wahn entzwei.
Die Leidenschaft flieht!
Die Liebe muß bleiben,
Die Blume verblüht,
Die Frucht muß treiben.
Der Mann muß hinaus
Ins feindliche Leben,

Muß wirken und streben
Und pflanzen und schaffen,
Erlisten, erraffen,
Muß wetten und wagen,
Das Glück zu erjagen.

Da strömet herbei die unendliche Gabe,
Es füllt sich der Speicher mit köstlicher Habe,
Die Räume wachsen, es dehnt sich das Haus.
Und drinnen waltet
Die züchtige Hausfrau,
Die Mutter der Kinder,
Und herrschet weise
Im häuslichen Kreise,
Und lehret die Mädchen
Und wehret den Knaben,
Und reget ohn Ende
Die fleißigen Hände,
Und mehrt den Gewinn
Mit ordnendem Sinn.
Und füllet mit Schätzen die duftenden Laden,
Und dreht um die schnurrende Spindel den Faden,
Und sammelt im reinlich geglätteten Schrein
Die schimmernde Wolle, den schneeigten Lein,
Und füget zum Guten den Glanz und den Schimmer,
Und ruhet nimmer
Und der Vater mit frohem Blick
Von des Hauses weitschauendem Giebel
Überzählet sein blühend Glück,
Siehet der Pfosten ragende Bäume
Und der Scheunen gefüllte Räume
Und die Speicher, vom Segen gebogen,
Und des Kornes bewegte Wogen,
Rühmt sich mit stolzem Mund:
Fest, wie der Erde Grund,
Gegen des Unglücks Macht
Steht mir des Hauses Pracht!
Doch mit des Geschickes Mächten
Ist kein ewger Bund zu flechten,
Und das Unglück schreitet schnell.

Wohl! Nun kann der Guß beginnen,
Schön gezacket ist der Bruch.
Doch, bevor wirs lassen rinnen,
Betet einen frommen Spruch!
Stoßt den Zapfen aus!

Gott bewahr das Haus.
Rauchend in des Henkels Bogen
Schießts mit feuerbraunen Wogen.

Wohltätig ist des Feuers Macht,
Wenn sie der Mensch bezähmt, bewacht,
Und was er bildet, was er schafft,
Das dankt er dieser Himmelskraft;
Doch furchtbar wird die Himmelskraft,
Wenn sie der Fessel sich entrafft,
Einhertritt auf der eignen Spur
Die freie Tochter der Natur.
Wehe, wenn sie losgelassen
Wachsend ohne Widerstand
Durch die volkbelebten Gassen
Wälzt den ungeheuren Brand!
Denn die Elemente hassen
Das Gebild der Menschenhand.
Aus der Wolke
Quillt der Segen,
Strömt der Regen,
Aus der Wolke, ohne Wahl,
Zuckt der Strahl!

Hört ihrs wimmern hoch vom Turm?
Das ist Sturm!
Rot wie Blut
Ist der Himmel,
Das ist nicht des Tages Glut!
Welch Getümmel
Straßen auf!
Dampf wallt auf!
Flackernd steigt die Feuersäule,
Durch der Straße lange Zeile
Wächst es fort mit Windeseile,
Kochend wie aus Ofens Rachen
Glühn die Lüfte, Balken krachen,
Pfosten stürzen, Fenster klirren,
Kinder jammern, Mütter irren,
Tiere wimmern

Unter Trümmern,
Alles rennet, rettet, flüchtet,
Taghell ist die Nacht gelichtet,
Durch der Hände lange Kette
Um die Wette
Fliegt der Eimer, hoch im Bogen
Sprützen Quellen, Wasserwogen.
Heulend kommt der Sturm geflogen,
Der die Flamme brausend sucht.
Prasselnd in die dürre Frucht
Fällt sie, in des Speichers Räume,
In der Sparren dürre Bäume,
Und als wollte sie im Wehen
Mit sich fort der Erde Wucht
Reißen, in gewaltger Flucht,
Wächst sie in des Himmels Höhen
Riesengroß!
Hoffnungslos
Weicht der Mensch der Götterstärke,
Müßig sieht er seine Werke
Und bewundernd untergehen.

Leergebrannt
Ist die Stätte,
Wilder Stürme rauhes Bette,
In den öden Fensterhöhlen
Wohnt das Grauen,
Und des Himmels Wolken schauen
Hoch hinein.

Einen Blick
Nach dem Grabe
Seiner Habe
Sendet noch der Mensch zurück –
Greift fröhlich dann zum Wanderstabe,
Was Feuers Wut ihm auch geraubt,
Ein süßer Trost ist ihm geblieben,
Er zählt die Häupter seiner Lieben,
Und sieh! ihm fehlt kein teures Haupt.

In die Erd ists aufgenommen,
Glücklich ist die Form gefüllt,
Wirds auch schön zutage kommen,
Daß es Fleiß und Kunst vergilt?
Wenn der Guß mißlang?
Wenn die Form zersprang?
Ach! vielleicht, indem wir hoffen,
Hat uns Unheil schon getroffen.

Dem dunkeln Schoß der heilgen Erde
Vertrauen wir der Hände Tat,
Vertraut der Sämann seine Saat
Und hofft, daß sie entkeimen werde
Zum Segen, nach des Himmels Rat.
Noch köstlicheren Samen bergen
Wir traurend in der Erde Schoß
Und hoffen, daß er aus den Särgen
Erblühen soll zu schönerm Los.

Von dem Dome,
Schwer und bang,
Tönt die Glocke
Grabgesang.
Ernst begleiten ihre Trauerschläge
Einen Wandrer auf dem letzten Wege.

Ach! die Gattin ists, die teure,
Ach! es ist die treue Mutter,
Die der schwarze Fürst der Schatten
Wegführt aus dem Arm des Gatten,
Aus der zarten Kinder Schar,
Die sie blühend ihm gebar,
Die sie an der treuen Brust
Wachsen sah mit Mutterlust –
Ach! des Hauses zarte Bande
Sind gelöst auf immerdar,
Denn sie wohnt im Schattenlande,
Die des Hauses Mutter war,
Denn es fehlt ihr treues Walten,
Ihre Sorge wacht nicht mehr,

An verwaister Stätte schalten
Wird die Fremde, liebeleer.

Bis die Glocke sich verkühlet,
Laßt die strenge Arbeit ruhn,
Wie im Laub der Vogel spielet,
Mag sich jeder gütlich tun.
Winkt der Sterne Licht,
Ledig aller Pflicht
Hört der Pursch die Vesper schlagen,
Meister muß sich immer plagen.

Munter fördert seine Schritte
Fern im wilden Forst der Wandrer
Nach der lieben Heimathütte.
Blökend ziehen
Heim die Schafe,
Und der Rinder
Breitgestirnte, glatte Scharen
Kommen brüllend,
Die gewohnten Ställe füllend.
Schwer herein
Schwankt der Wagen,
Kornbeladen,
Bunt von Farben
Auf den Garben
Liegt der Kranz,
Und das junge Volk der Schnitter
Fliegt zum Tanz.
Markt und Straße werden stiller,
Um des Lichts gesellge Flamme
Sammeln sich die Hausbewohner,
Und das Stadttor schließt sich knarrend.
Schwarz bedecket
Sich die Erde,
Doch den sichern Bürger schrecket
Nicht die Nacht,
Die den Bösen gräßlich wecket,
Denn das Auge des Gesetzes wacht.

Heilge Ordnung, segenreiche
Himmelstochter, die das Gleiche
Frei und leicht und freudig bindet,
Die der Städte Bau gegründet,
Die herein von den Gefilden

Rief den ungesellgen Wilden,
Eintrat in der Menschen Hütten,
Sie gewöhnt zu sanften Sitten
Und das teuerste der Bande
Wob, den Trieb zum Vaterlande!

Tausend fleißge Hände regen,
Helfen sich in munterm Bund,
Und in feurigem Bewegen
Werden alle Kräfte kund.
Meister rührt sich und Geselle
In der Freiheit heilgem Schutz.
Jeder freut sich seiner Stelle,
Bietet dem Verächter Trutz.
Arbeit ist des Bürgers Zierde,
Segen ist der Mühe Preis,
Ehrt den König seine Würde,
Ehret uns der Hände Fleiß.

Holder Friede,
Süße Eintracht,
Weilet, weilet
Freundlich über dieser Stadt!
Möge nie der Tag erscheinen,
Wo des rauhen Krieges Horden
Dieses stille Tal durchtoben,
Wo der Himmel,
Den des Abends sanfte Röte
Lieblich malt,
Von der Dörfer, von der Städte
Wildem Brande schrecklich strahlt!

Nun zerbrecht mir das Gebäude,
Seine Absicht hats erfüllt,

Daß sich Herz und Auge weide
An dem wohlgelungnen Bild.
Schwingt den Hammer, schwingt,
Bis der Mantel springt,
Wenn die Glock soll auferstehen,
Muß die Form in Stücken gehen.

Der Meister kann die Form zerbrechen
Mit weiser Hand, zur rechten Zeit,
Doch wehe, wenn in Flammenbächen
Das glühnde Erz sich selbst befreit!
Blindwütend mit des Donners Krachen
Zersprengt es das geborstne Haus,
Und wie aus offnem Höllenrachen
Speit es Verderben zündend aus;
Wo rohe Kräfte sinnlos walten,
Da kann sich kein Gebild gestalten,
Wenn sich die Völker selbst befrein,
Da kann die Wohlfahrt nicht gedeihn.
Weh, wenn sich in dem Schoß der Städte
Der Feuerzunder still gehäuft,
Das Volk, zerreißend seine Kette,
Zur Eigenhilfe schrecklich greift!
Da zerret an der Glocke Strängen
Der Aufruhr, daß sie heulend schallt
Und, nur geweiht zu Friedensklängen,
Die Losung anstimmt zur Gewalt.

Freiheit und Gleichheit! hört man schallen,
Der ruhge Bürger greift zur Wehr,
Die Straßen füllen sich, die Hallen,
Und Würgerbanden ziehn umher,
Da werden Weiber zu Hyänen
Und treiben mit Entsetzen Scherz,
Noch zuckend, mit des Panthers Zähnen,
Zerreißen sie des Feindes Herz.
Nichts Heiliges ist mehr, es lösen
Sich alle Bande frommer Scheu,
Der Gute räumt den Platz dem Bösen,
Und alle Laster walten frei.

Gefährlich ists, den Leu zu wecken,
Verderblich ist des Tigers Zahn,
Jedoch der schrecklichste der Schrecken,
Das ist der Mensch in seinem Wahn.
Weh denen, die dem Ewigblinden
Des Lichtes Himmelsfackel leihn!
Sie strahlt ihm nicht, sie kann nur zünden
Und äschert Stadt und Länder ein.

Freude hat mir Gott gegeben!
Sehet! wie ein goldner Stern
Aus der Hülse, blank und eben,
Schält sich der metallne Kern.
Von dem Helm zum Kranz
Spielts wie Sonnenglanz,
Auch des Wappens nette Schilder
Loben den erfahrnen Bilder.

Herein! herein!
Gesellen alle, schließt den Reihen,
Daß wir die Glocke taufend weihen,
Concordia soll ihr Name sein,
Zur Eintracht, zu herzinnigem Vereine
Versammle sie die liebende Gemeine.
Und dies sei fortan ihr Beruf,
Wozu der Meister sie erschuf!
Hoch überm niedern Erdenleben
Soll sie in blauem Himmelszelt
Die Nachbarin des Donners schweben
Und grenzen an die Sternenwelt,
Soll eine Stimme sein von oben,
Wie der Gestirne helle Schar,
Die ihren Schöpfer wandelnd loben
Und führen das bekränzte Jahr.
Nur ewigen und ernsten Dingen
Sei ihr metallner Mund geweiht,
Und stündlich mit den schnellen Schwingen
Berühr im Fluge sie die Zeit,
Dem Schicksal leihe sie die Zunge,
Selbst herzlos, ohne Mitgefühl,

Begleite sie mit ihrem Schwünge
Des Lebens wechselvolles Spiel.
Und wie der Klang im Ohr vergehet,
Der mächtig tönend ihr entschallt,
So lehre sie, daß nichts bestehet,
Daß alles Irdische verhallt.

Jetzo mit der Kraft des Stranges
Wiegt die Glock mir aus der Gruft,
Daß sie in das Reich des Klanges
Steige, in die Himmelsluft.
Ziehet, ziehet, hebt!
Sie bewegt sich, schwebt,
Freude dieser Stadt bedeute,
Friede sei ihr erst Geläute.

Die Kraniche des Ibykus

Zum Kampf der Wagen und Gesänge,
Der auf Korinthus' Landesenge
Der Griechen Stämme froh vereint,
Zog Ibykus, der Götterfreund.
Ihm schenkte des Gesanges Gabe,
Der Lieder süßen Mund Apoll,
So wandert' er, an leichtem Stabe,
Aus Rhegium, des Gottes voll.

Schon winkt auf hohem Bergesrücken
Akrokorinth des Wandrers Blicken,
Und in Poseidons Fichtenhain
Tritt er mit frommem Schauder ein.
Nichts regt sich um ihn her, nur Schwärme
Von Kranichen begleiten ihn,
Die fernhin nach des Südens Wärme
In graulichtem Geschwader ziehn.

»Seid mir gegrüßt, befreundte Scharen!
Die mir zur See Begleiter waren,

Zum guten Zeichen nehm ich euch,
Mein Los, es ist dem euren gleich.
Von fernher kommen wir gezogen
Und flehen um ein wirtlich Dach.
Sei uns der Gastliche gewogen,
Der von dem Fremdling wehrt die Schmach!«

Und munter fördert er die Schritte
Und sieht sich in des Waldes Mitte,
Da sperren, auf gedrangem Steg,
Zwei Mörder plötzlich seinen Weg.
Zum Kampfe muß er sich bereiten,
Doch bald ermattet sinkt die Hand,
Sie hat der Leier zarte Sairen,
Doch nie des Bogens Kraft gespannt.

Er ruft die Menschen an, die Götter,
Sein Flehen dringt zu keinem Retter,
Wie weit er auch die Stimme schickt,
Nichts Lebendes wird hier erblickt.
»So muß ich hier verlassen sterben,
Auf fremdem Boden, unbeweint,
Durch böser Buben Hand verderben,
Wo auch kein Rächer mir erscheint!«

Und schwer getroffen sinkt er nieder,
Da rauscht der Kraniche Gefieder,
Er hört, schon kann er nicht mehr sehn,
Die nahen Stimmen furchtbar krähn.
»Von euch, ihr Kraniche dort oben!
Wenn keine andre Stimme spricht,
Sei meines Mordes Klag erhoben!«
Er ruft es, und sein Auge bricht.

Der nackte Leichnam wird gefunden,
Und bald, obgleich entstellt von Wunden,
Erkennt der Gastfreund in Korinth
Die Züge, die ihm teuer sind.
»Und muß ich so dich wiederfinden,
Und hoffte mit der Fichte Kranz

Des Sängers Schläfe zu umwinden,
Bestrahlt von seines Ruhmes Glanz!«

Und jammernd hörens alle Gäste,
Versammelt bei Poseidons Feste,
Ganz Griechenland ergreift der Schmerz,
Verloren hat ihn jedes Herz.
Und stürmend drängt sich zum Prytanen
Das Volk, es fodert seine Wut,
Zu rächen des Erschlagncn Manen,
Zu sühnen mit des Mörders Blut.

Doch wo die Spur, die aus der Menge,
Der Völker flutendem Gedränge,
Gelocket von der Spiele Pracht,
Den schwarzen Täter kenntlich macht?
Sinds Räuber, die ihn feig erschlagen?
Tats neidisch ein verborgner Feind?
Nur Helios vermags zu sagen,
Der alles Irdische bescheint.

Er geht vielleicht mit frechem Schritte
Jetzt eben durch der Griechen Mitte,
Und während ihn die Rache sucht,
Genießt er seines Frevels Frucht.
Auf ihres eignen Tempels Schwelle
Trotzt er vielleicht den Göttern, mengt
Sich dreist in jene Menschenwelle,
Die dort sich zum Theater drängt.

Denn Bank an Bank gedränget sitzen,
Es brechen fast der Bühne Stützen,
Herbeigeströmt von fern und nah,
Der Griechen Völker wartend da,
Dumpfbrausend wie des Meeres Wogen;
Von Menschen wimmelnd, wächst der Bau
In weiter stets geschweiftem Bogen
Hinauf bis in des Himmels Blau.

Wer zählt die Völker, nennt die Namen,
Die gastlich hier zusammenkamen?

Von Theseus' Stadt, von Aulis' Strand,
Von Phokis, vom Spartanerland,
Von Asiens entlegner Küste,
Von allen Inseln kamen sie
Und horchen von dem Schaugerüste
Des Chores grauser Melodie,

Der streng und ernst, nach alter Sitte,
Mit langsam abgemeßnem Schritte,
Hervortritt aus dem Hintergrund,
Umwandelnd des Theaters Rund.
So schreiten keine irdschen Weiber,
Die zeugete kein sterblich Haus!
Es steigt das Riesenmaß der Leiber
Hoch über menschliches hinaus.

Ein schwarzer Mantel schlägt die Lenden,
Sie schwingen in entfleischten Händen
Der Fackel düsterrote Glut,
In ihren Wangen fließt kein Blut.
Und wo die Haare lieblich flattern,
Um Menschenstirnen freundlich wehn,
Da sieht man Schlangen hier und Nattern
Die giftgeschwollnen Bäuche blähn.

Und schauerlich gedreht im Kreise
Beginnen sie des Hymnus Weise,
Der durch das Herz zerreißend dringt,
Die Bande um den Frevler schlingt.
Besinnungraubend, herzbetörend
Schallt der Erinnyen Gesang,
Er schallt, des Hörers Mark verzehrend,
Und duldet nicht der Leier Klang:

»Wohl dem, der frei von Schuld und Fehle
Bewahrt die kindlich reine Seele!
Ihm dürfen wir nicht rächend nahn,
Er wandelt frei des Lebens Bahn.
Doch wehe, wehe, wer verstohlen
Des Mordes schwere Tat vollbracht,

Wir heften uns an seine Sohlen,
Das furchtbare Geschlecht der Nacht!

Und glaubt er fliehend zu entspringen,
Geflügelt sind wir da, die Schlingen
Ihm werfend um den flüchtgen Fuß,
Daß er zu Boden fallen muß.
So jagen wir ihn, ohn Ermatten,
Versöhnen kann uns keine Reu,
Ihn fort und fort bis zu den Schatten,
Und geben ihn auch dort nicht frei.«

So singend, tanzen sie den Reigen,
Und Stille wie des Todes Schweigen
Liegt überm ganzen Hause schwer,
Als ob die Gottheit nahe war.
Und feierlich, nach alter Sitte
Umwandelnd des Theaters Rund
Mit langsam abgemeßnem Schritte,
Verschwinden sie im Hintergrund.

Und zwischen Trug und Wahrheit schwebet
Noch zweifelnd jede Brust und bebet
Und huldiget der furchtbarn Macht,
Die richtend im Verborgnen wacht,
Die unerforschlich, unergründet
Des Schicksals dunkeln Knäuel flicht,
Dem tiefen Herzen sich verkündet,
Doch fliehet vor dem Sonnenlicht.

Da hört man auf den höchsten Stufen
Auf einmal eine Stimme rufen:
»Sieh da! Sieh da, Timotheus,
Die Kraniche des Ibykus!« –
Und finster plötzlich wird der Himmel,
Und über dem Theater hin
Sieht man in schwärzlichtem Gewimmel
Ein Kranichheer vorüberziehn.

»Des Ibykus!« – Der teure Name
Rührt jede Brust mit neuem Grame,

Und, wie im Meere Well auf Well,
So läufts von Mund zu Munde schnell:
»Des Ibykus, den wir beweinen,
Den eine Mörderhand erschlug!
Was ists mit dem? Was kann er meinen?
Was ists mit diesem Kranichzug?« –

Und lauter immer wird die Frage,
Und ahnend fliegts mit Blitzesschlage
Durch alle Herzen. »Gebet acht!
Das ist der Eumeniden Macht!
Der fromme Dichter wird gerochen,
Der Mörder bietet selbst sich dar!
Ergreift ihn, der das Wort gesprochen,
Und ihn, an dens gerichtet war.«

Doch dem war kaum das Wort entfahren,
Möcht ers im Busen gern bewahren;
Umsonst, der schreckenbleiche Mund
Macht schnell die Schuldbewußten kund.
Man reißt und schleppt sie vor den Richter,
Die Szene wird zum Tribunal,
Und es gestehn die Bösewichter,
Getroffen von der Rache Strahl.

ERNST MORITZ ARNDT

1769–1860

Das Lügenmärchen

Ich will euch erzählen und will auch nicht lügen:
Ich sah zwei gebratene Ochsen fliegen,
Sie flogen gar ferne –
Sie hatten den Rücken gen Himmel gekehrt,
Die Füße wohl gegen die Sterne.

Ein Amboß und ein Mühlenstein
Die schwammen bei Köln wohl über den Rhein,
Sie schwammen gar leise –
Ein Frosch verschlang sie alle beid'
Zu Pfingsten wohl auf dem Eise.

Es wollten vier einen Hasen fangen,
Sie kamen auf Stelzen und Krücken gegangen,
Der erste konnte nicht sehen,
Der zweite war stumm, der dritte war taub,
Der vierte konnte nicht gehen.

Nun denke sich einer, wie dieses geschah:
Als nun der Blinde den Hasen sah
Auf grüner Wiese grasen,
Da rief's der Stumme dem Tauben zu,
Und der Lahme erhaschte den Hasen.

Es fuhr ein Schiff auf trockenem Land,
Es hatte die Segel gen Wind gespannt
Und segelt' im vollen Laufen –
Da stieß es an einen hohen Berg,
Da tat das Schiff ersaufen.

In Straßburg stand ein hoher Turm,
Der trotzete Regen, Wind und Sturm

Und stand fest über die Maßen,
Den hat der Kuhhirt mit seinem Hörn
Eines Morgens umgeblasen.

Ein altes Weib auf dem Rücken lag,
Sein Maul wohl hundert Klaftern weit auftat,
's ist wahr und nicht erlogen,
Drin hat der Storch fünfhundert Jahr
Seine Jungen groß gezogen.

So will ich hiemit mein Liedlein beschließen,
Und sollt's auch die werte Gesellschaft verdrießen,
Will trinken und nicht mehr lügen:
Bei mir zu Land sind die Mücken so groß,
Als hier die größesten Ziegen.

FRIEDRICH HÖLDERLIN

1770–1843

Lebenslauf

Größers wolltest auch du, aber die Liebe zwingt
All uns nieder, das Leid beuget gewaltiger,
Doch es kehret umsonst nicht
Unser Bogen, woher er kommt.

Aufwärts oder hinab! herrschet in heiiger Nacht,
Wo die stumme Natur werdende Tage sinnt,
Herrscht im schiefesten Orkus
Nicht ein Grades, ein Recht noch auch?

Dies erfuhr ich. Denn nie, sterblichen Meistern gleich,
Habt ihr Himmlischen, ihr Alleserhaltenden,
Daß ich wüßte, mit Vorsicht
Mich des ebenen Pfads geführt.

Alles prüfe der Mensch, sagen die Himmlischen,
Daß er, kräftig genährt, danken für alles lern,
Und verstehe die Freiheit,
Aufzubrechen, wohin er will.

Hälfte des Lebens

Mit gelben Birnen hänget
Und voll mit wilden Rosen
Das Land in den See,
Ihr holden Schwäne,
Und trunken von Küssen
Tunkt ihr das Haupt
Ins heilignüchterne Wasser.

Weh mir, wo nehm ich, wenn
Es Winter ist, die Blumen, und wo
Den Sonnenschein,
Und Schatten der Erde?
Die Mauern stehn
Sprachlos und kalt, im Winde
Klirren die Fahnen.

Patmos

Dem Landgrafen von Homburg

Nah ist
Und schwer zu fassen der Gott.
Wo aber Gefahr ist, wächst
Das Rettende auch.
Im Finstern wohnen
Die Adler und furchtlos gehn
Die Söhne der Alpen über den Abgrund weg
Auf leichtgebaueten Brücken.
Drum, da gehäuft sind rings
Die Gipfel der Zeit, und die Liebsten
Nah wohnen, ermattend auf
Getrenntesten Bergen,
So gib unschuldig Wasser,
O Fittige gib uns, treuesten Sinns
Hinüberzugehn und wiederzukehren.

So sprach ich, da entführte
Mich schneller, denn ich vermutet
Und weit, wohin ich nimmer
Zu kommen gedacht, ein Genius mich
Vom eigenen Haus. Es dämmerten
Im Zwielicht, da ich ging,
Der schattige Wald
Und die sehnsüchtigen Bäche

Der Heimat; nimmer kannt ich die Länder;
Doch bald, in frischem Glänze,
Geheimnisvoll
Im goldenen Rauche, blühte
Schnellaufgewachsen,
Mit Schritten der Sonne,
Mit tausend Gipfeln duftend,
Mir Asia auf, und geblendet sucht
Ich eines, das ich kennete, denn ungewohnt
War ich der breiten Gassen, wo herab
Vom Tmolus fährt
Der goldgeschmückte Pactol
Und Taurus stehet und Messogis,
Und voll von Blumen der Garten,
Ein stilles Feuer; aber im Lichte
Blüht hoch der silberne Schnee;
Und Zeug' unsterblichen Lebens
An unzugangbaren Wänden
Uralt der Epheu wächst und getragen sind
Von lebenden Säulen, Cedern und Lorbeern
Die feierlichen,
Die göttlichgebauten Paläste.

Es rauschen aber um Asias Tore
Hinziehend da und dort
In Ungewisser Meeresebene
Der schattenlosen Straßen genug,
Doch kennt die Inseln der Schiffer.
Und da ich hörte
Der nahegelegenen eine
Sei Patmos,
Verlangte mich sehr
Dort einzukehren und dort
Der dunkeln Grotte zu nahn.
Denn nicht, wie Cypros,
Die quellenreiche, oder
Der anderen eine
Wohnt herrlich Patmos,

Gastfreundlich aber ist
Im ärmeren Hause
Sie dennoch,
Und wenn vom Schiffbruch oder klagend
Um die Heimat oder
Den abgeschiedenen Freund
Ihr nahet einer
Der Fremden, hört sie es gern, und ihre Kinder
Die Stimmen des heißen Hains,
Und wo der Sand fällt, und sich spaltet
Des Feldes Fläche, die Laute
Sie hören ihn, und liebend tönt
Es wieder von den Klagen des Manns. So pflegte
Sie einst des gottgeliebten,
Des Sehers, der in seliger Jugend war

Gegangen mit
Dem Sohne des Höchsten, unzertrennlich, denn
Es liebte der Gewittertragende die Einfalt
Des Jüngers und es sähe der achtsame Mann
Das Angesicht des Gottes genau,
Da, beim Geheimnisse des Weinstocks, sie
Zusammensaßen, zu der Stunde des Gastmahls,
Und in der großen Seele, ruhigahnend den Tod
Aussprach der Herr und die letzte Liebe, denn nie genug
Hatt' er von Güte zu sagen
Der Worte, damals, und zu erheitern, da
Ers sähe, das Zürnen der Welt.
Denn alles ist gut. Drauf starb er. Vieles wäre
Zu sagen davon. Und es sahn ihn, wie er siegend blickte
Den Freudigsten die Freunde noch zuletzt,

Doch trauerten sie, da nun
Es Abend worden, erstaunt,
Denn Großentschiedenes hatten in der Seele
Die Männer, aber sie liebten unter der Sonne
Das Leben und lassen wollten sie nicht
Vom Angesichte des Herrn

Und der Heimat. Eingetrieben war,
Wie Feuer im Eisen, das, und ihnen ging
Zur Seite der Schatte des Lieben.
Drum sandt er ihnen
Den Geist, und freilich bebte
Das Haus und die Wetter Gottes rollten
Ferndonnernd über
Die ahnenden Häupter, da, schwersinnend
Versammelt waren die Todeshelden,

Itzt, da er scheidend
Noch einmal ihnen erschien.
Denn itzt erlosch der Sonne Tag
Der Königliche und zerbrach
Den geradestrahlenden,
Den Zepter, göttlichleidend, von selbst,
Denn wiederkommen sollt es
Zu rechter Zeit. Nicht war es gut
Gewesen, später, und schroffabbrechend, untreu,
Der Menschen Werk, und Freude war es
Von nun an,
Zu wohnen in liebender Nacht, und bewahren
In einfältigen Augen, unverwandt
Abgründe der Weisheit. Und es grünen
Tief an den Bergen auch lebendige Bilder,

Doch furchtbar ist, wie da und dort
Unendlich hin zerstreut das Lebende Gott.
Denn schon das Angesicht
Der teuern Freunde zu lassen
Und fernhin über die Berge zu gehn
Allein, wo zweifach
Erkannt, einstimmig
War himmlischer Geist; und nicht geweissagt war es, sondern
Die Locken ergriff es, gegenwärtig,
Wenn ihnen plötzlich
Ferneilend zurück blickte
Der Gott und schwörend,
Damit er halte, wie an Seilen golden

Gebunden hinfort
Das Böse nennend, sie die Hände sich reichten –

Wenn aber stirbt alsdenn,
An dem am meisten
Die Schönheit hing, daß an der Gestalt
Ein Wunder war und die Himmlischen gedeutet
Auf ihn, und wenn, ein Rätsel ewig füreinander
Sie sich nicht fassen können
Einander, die zusammenlebten
Im Gedächtnis, und nicht den Sand nur oder
Die Weiden es hinwegnimmt und die Tempel
Ergreift, wenn die Ehre
Des Halbgotts und der Seinen
Verweht und selber sein Angesicht
Der Höchste wendet
Darob, daß nirgend ein
Unsterbliches mehr am Himmel zu sehn ist oder
Auf grüner Erde, was ist dies?

Es ist der Wurf des Säemanns, wenn er faßt
Mit der Schaufel den Weizen,
Und wirft, dem Klaren zu, ihn schwingend über die Tenne.
Ihm fällt die Schale vor den Füßen, aber
Ans Ende kommet das Korn,
Und nicht ein Übel ists, wenn einiges
Verloren gehet und von der Rede
Verhallet der lebendige Laut,
Denn göttliches Werk auch gleichet dem unsern,
Nicht alles will der Höchste zumal.
Zwar Eisen traget der Schacht,
Und glühende Harze der Ätna,
So hätt ich Reichtum,
Ein Bild zu bilden, und ähnlich
Zu schaun, wie er gewesen, den Christ,

Wenn aber einer spornte sich selbst,
Und traurig redend, unterweges, da ich wehrlos wäre
Mich überfiele, daß ich staunt' und von dem Gotte
Das Bild nachahmen möcht ein Knecht –

Im Zorne sichtbar sah ich einmal
Des Himmels Herrn, nicht, daß ich sein sollt etwas, sondern
Zu lernen. Gütig sind sie, ihr Verhaßtestes aber ist,
So lange sie herrschen, das Falsche, und es gilt
Dann Menschliches unter Menschen nicht mehr.
Denn sie nicht walten, es waltet aber
Unsterblicher Schicksal und es wandelt ihr Werk
Von selbst, und eilend geht es zu Ende.
Wenn nämlich höher gehet himmlischer
Triumphgang, wird genennet, der Sonne gleich
Von Starken der frohlockende Sohn des Höchsten,

Ein Losungszeichen, und hier ist der Stab
Des Gesanges, niederwinkend,
Denn nichts ist gemein. Die Toten wecket
Er auf, die noch gefangen nicht
Vom Rohen sind. Es warten aber
Der scheuen Augen viele
Zu schauen das Licht. Nicht wollen
Am scharfen Strahle sie blühn,
Wiewohl den Mut der goldene Zaum hält.
Wenn aber, als
Von schwellenden Augenbraunen
Der Welt vergessen
Stilleuchtende Kraft aus heiliger Schrift fällt, mögen
Der Gnade sich freuend, sie
Am stillen Blicke sich üben.

Und wenn die Himmlischen jetzt
So, wie ich glaube, mich lieben,
Wie viel mehr Dich,
Denn Eines weiß ich,
Daß nämlich der Wille
Des ewigen Vaters viel
Dir gilt. Still ist sein Zeichen
Am donnernden Himmel. Und Einer stehet darunter
Sein Leben lang. Denn noch lebt Christus.
Es sind aber die Helden, seine Söhne
Gekommen all und heilige Schriften
Von ihm, und den Blitz erklären

Die Taten der Erde bis itzt,
Ein Wettlauf unaufhaltsam. Er ist aber dabei. Denn seine Werke sind
Ihm alle bewußt von jeher.

Zu lang, zu lang schon ist
Die Ehre der Himmlischen unsichtbar.
Denn fast die Finger müssen sie
Uns führen und schmählich
Entreißt das Herz uns eine Gewalt.
Denn Opfer will der Himmlischen jedes,
Wenn aber eines versäumt ward,
Nie hat es Gutes gebracht.
Wir haben gedienet der Mutter Erd
Und haben jüngst dem Sonnenlichte gedient,
Unwissend, der Vater aber liebt,
Der über allen waltet,
Am meisten, daß gepfleget werde
Der feste Buchstab, und Bestehendes gut
Gedeutet. Dem folgt deutscher Gesang.
... wenn aber Verwegnes geschah,
Und Undankbare haben
Das Ärgernis ... gegeben
Zu gerne blickt
Dann ... zum
Und tatenscheu
Unendliche Reue und es haßt das Alte die Kinder.

Darum beschütze
Du Himmlische sie
Die jungen Pflanzen und wenn
Der Nord kömmt oder giftiger Tau weht oder
...

Mnemosyne

Ein Zeichen sind wir, deutungslos
Schmerzlos sind wir und haben fast
Die Sprache in der Fremde verloren.
...

… Blumen auch Wasser und fühlen
Ob mit ist der Gott. Schön ist
Der Brauttag, bange sind wir aber
Der Ehre wegen. Denn furchtbar gehet
Es ungestalt, wenn Eines uns
Zu gierig genommen. Zweifellos
Ist aber der Höchste. Der kann täglich
Es ändern. Kaum bedarf er
Gesetz, wie nämlich es
Bei Menschen bleiben soll. Viel Männer möchten da
Sein, wahre Sache. Nicht vermögen
Die Himmlischen alles. Nämlich es reichen
Die Sterblichen eh' in den Abgrund. Also wendet es sich
Mit diesen. Lang ist
Die Zeit, es ereignet sich aber
Das Wahre.

Wie aber liebes? Sonnenschein
Am Boden sehen wir und trockenen Staub
Und heimatlich die Schatten der Wälder und es blühet
An Dächern der Rauch, bei alter Krone
Der Türme friedsam; und es girren
Verloren in der Luft die Lerchen und unter dem Tage weiden
Wohlangeführt die Schafe des Himmels.
Und Schnee, wie Maienblumen
Das Edelmütige, wo
Es seie, bedeutend, glänzet mit
Der grünen Wiese
Der Alpen, da, vom Kreuze redend, das
Gesetzt ist unterwegs einmal
Gestorbenen, geht auf hoher Straß'
Ein Wandersmann mit
Dem andern, aber was ist dies?

Am Feigenbaum ist mein
Achilles mir gestorben,
Und Ajax liegt
An den Grotten, nahe der See,
An Bächen, benachbart dem Skamandros.
Vom Genius kühn

Der unbewegten Salamis steter
Gewohnheit, in der Fremd', ist groß
Ajax gestorben,
Patroklos aber in des Königes Harnisch. Lind es starben
Noch andere viel. Am Kithäron aber lag
Eleutherä, der Mnemosyne Stadt, der auch, als
Den Mantel ablegt' der abendliche Gott nachher löste
Die Locken. Himmlische nämlich sind
Unwillig, wenn einer nicht die Seele schonend sich
Zusammengenommen, aber er muß doch; dem
Gleich fehlet die Trauer.

Reif sind

Reif sind, in Feuer getaucht, gekochet
Die Frücht und auf der Erde geprüfet und ein Gesetz ist
Daß alles hineingeht, Schlangen gleich,
Prophetisch, träumend auf
Den Hügeln des Himmels. Und vieles
Wie auf den Schultern eine
Last von Scheitern ist
Zu behalten. Aber bös sind
Die Pfade. Nämlich unrecht,
Wie Rosse, gehn die gefangenen
Element und alten
Gesetze der Erd. Und immer
Ins Ungebundene gehet eine Sehnsucht. Vieles aber ist
Zu behalten. Und Not die Treue.
Vorwärts aber und rückwärts wollen wir
Nicht sehn. Uns wiegen lassen, wie
Auf schwankem Kahne der See.

Da ich ein Knabe war

DA ICH ein Knabe war,
Rettet' ein Gott mich oft

Vom Geschrei und der Rute der Menschen,
Da spielt' ich sicher und gut
Mit den Blumen des Hains,
Und die Lüftchen des Himmels
Spielten mit mir.

Und wie du das Herz
Der Pflanzen erfreust,
Wenn sie entgegen dir
Die zarten Arme strecken,

So hast du mein Herz erfreut,
Vater Helios! und, wie Endymion,
War ich dein Liebling,
Heilige Luna!

O all ihr treuen
Freundlichen Götter!
Daß ihr wüßtet,
Wie euch meine Seele geliebt!

Zwar damals rief ich noch nicht
Euch mit Namen, auch ihr
Nanntet mich nie, wie die Menschen sich nennen,
Als kennten sie sich.

Doch kannt ich euch besser,
Als ich je die Menschen gekannt,
Ich verstand die Stille des Äthers,
Der Menschen Worte verstand ich nie.

Mich erzog der Wohllaut
Des säuselnden Hains,
Und lieben lernt ich
Unter den Blumen.

Im Arme der Götter wuchs ich groß.

SOPHIE MEREAU

1770–1806

An ein Abendlüftchen

Sei mir gegrüßt aus deinen reinen Höhen,
Du Himmelsluft!
O! säume nicht mich liebend anzuwehen
Mit süßem Duft!

Es lauscht in dir der hingeflohnen Zeiten
Geliebtes Bild,
Des Herzens Tausch, die Welt voll Seligkeiten,
Wie du so mild!

Die goldnen Ähren sanken schweigend nieder
Beim Sichelschall,
Da gingen wir und sangen frohe Lieder
Durch Feld und Tal.

Du säuseltest aus blauem Äther nieder
Sanft zu uns hin,
Und küßtest uns; – wir küßten froh dich wieder
Mit leichtem Sinn.

Uns war so wohl, von deinem Hauch durchdrungen
Wie du so leicht,
Und in der Ahndung süßem Traum verschlungen,
Dem keiner gleicht.

Du kehrst zurück zu deiner fernen Quelle –
Woher? wohin?
Wer weiß es? – So bewegt der Zeiten Welle
Den leichten Sinn.

Ach! fern, ach fern, wie deine Ätherschwingen,
Entfloh das Glück,

Und deine leichten stillen Flügel bringen
Es nie zurück!

Statt jener Ruhe, die dein Hauch mir sandte,
Verglimmt dein Herz,
Das einst in reger Lebensglut entbrannte,
In stillem Schmerz.

Du kehrst zurück mit himmlischem Gefieder
Im Abendschein,
Und küssest mich mit süßem Atem wieder;
Doch ach! allein!

FRIEDRICH VON HARDENBERG (NOVALIS)

1772–1801

Wenn nicht mehr Zahlen

Wenn nicht mehr Zahlen und Figuren
Sind Schlüssel aller Kreaturen,
Wenn die, so singen oder küssen
Mehr als die Tiefgelehrten wissen
Wenn sich die Welt ins freie Leben,
Und in die Welt wird zurückbegeben.
Wenn dann sich wieder Licht und Schatten
Zu echter Klarheit wieder galten
Und man in Märchen und Gedichten
Erkennt die wahren Weltgeschichten,
Dann fliegt vor einem geheimen Wort
Das ganze verkehrte Wesen fort.

Lobt doch unsre stillen Feste

Lobt doch unsre stillen Feste,
Unsre Gärten, unsre Zimmer,
Das bequeme Hausgeräte,
Unser Hab' und Gut.
Täglich kommen neue Gäste,
Diese früh, die andern späte,
Auf den weiten Herden immer
Lodert neue Lebensglut.

Tausend zierliche Gefäße
Einst betaut mit tausend Tränen,
Goldne Ringe, Sporen, Schwerter,
Sind in unserm Schatz:
Viel Kleinodien und Juwelen

Wissen wir in dunkeln Höhlen,
Keiner kann den Reichtum zählen,
Zählt' er auch ohn' Unterlaß.

Kinder der Vergangenheiten,
Helden aus den grauen Zeiten,
Der Gestirne Riesengeister,
Wunderlich gesellt,
Holde Frauen, ernste Meister,
Kinder und verlebte Greise
Sitzen hier in *einem* Kreise,
Wohnen in der alten Welt.

Keiner wird sich je beschweren,
Keiner wünschen fortzugehen,

Wer an unsern vollen Tischen
Einmal fröhlich saß.
Klagen sind nicht mehr zu hören,
Keine Wunden mehr zu sehen,
Keine Tränen abzuwischen;
Ewig läuft das Stundenglas.

Tiefgerührt von heil'ger Güte
Und versenkt in sel'ges Schauen
Steht der Himmel im Gemüte,
Wolkenloses Blau;
Lange fliegende Gewände
Tragen uns durch Frühlingsauen,
Und es weht in diesem Lande
Nie ein Lüftchen kalt und rauh.

Süßer Reiz der Mitternächte,
Stiller Kreis geheimer Mächte,
Wollust rätselhafter Spiele,
Wir nur kennen euch.
Wir nur sind am hohen Ziele,
Bald in Strom uns zu ergießen
Dann in Tropfen zu zerfließen
Und zu nippen auch zugleich.

Uns ward erst die Liebe, Leben;
Innig wie die Elemente
Mischen wir des Daseins Fluten,
Brausend Herz mit Herz.
Lüstern scheiden sich die Fluten,
Denn der Kampf der Elemente
Ist der Liebe höchstes Leben
Und des Herzens eignes Herz.

Leiser Wünsche süßes Plaudern
Hören wir allein, und schauen
Immerdar in sel'ge Augen,
Schmecken nichts als Mund und Kuß.
Alles was wir nur berühren
Wird zu heißen Balsamfrüchten,
Wird zu weichen zarten Brüsten,
Opfer kühner Lust.

Immer wächst und blüht Verlangen
Am Geliebten festzuhangen,
Ihn im Innern zu empfangen,
Eins mit ihm zu sein,
Seinem Durste nicht zu wehren,
Sich im Wechsel zu verzehren,
Voneinander sich zu nähren,
Voneinander nur allein.

So in Lieb' und hoher Wollust
Sind wir immerdar versunken,
Seit der wilde trübe Funken
Jener Welt erlosch;
Seit der Hügel sich geschlossen,
Und der Scheiterhaufen sprühte,
Und dem schauernden Gemüte
Nun das Erdgesicht zerfloß.

Zauber der Erinnerungen,
Heil'ger Wehmut süße Schauer
Haben innig uns durchklungen,
Kühlen unsre Glut.

Wunden gibt's, die ewig schmerzen,
Eine göttlich liefe Trauer
Wohnt in unser aller Herzen,
Löst uns auf in eine Flut.

Und in dieser Flut ergießen
Wir uns auf geheime Weise
In den Ozean des Lebens
Tief in Gott hinein;
Und aus seinem Herzen fließen
Wir zurück zu unserm Kreise,
Und der Geist des höchsten Strebens
Taucht in unsre Wirbel ein.

Schüttelt eure goldnen Ketten
Mit Smaragden und Rubinen,
Und die blanken säubern Spangen,
Blitz und Klang zugleich.
Aus des feuchten Abgrunds Betten,
Aus den Gräbern und Ruinen,
Himmelsrosen auf den Wangen
Schwebt ins bunte Fabelreich.

Könnten doch die Menschen wissen,
Unsre künftigen Genossen,
Daß bei allen ihren Freuden
Wir geschäftig sind:
Jauchzend würden sie verscheiden,
Gern das bleiche Dasein missen –
O! die Zeit ist bald verflossen,
Kommt, Geliebte, doch geschwind!

Helft uns nur den Erdgeist binden,
Lernt den Sinn des Todes fassen
Und das Wort des Lebens finden;
Einmal kehrt euch um.
Deine Macht muß bald verschwinden,
Dein erborgtes Licht verblassen,
Werden dich in kurzem binden,
Erdgeist, deine Zeit ist um.

Sechstes geistliches Lied

Wenn alle untreu werden,
So bleib' ich dir doch treu;
Daß Dankbarkeit auf Erden
Nicht ausgestorben sei.
Für mich umfing dich Leiden,
Vergingst für mich in Schmerz;
Drum geb' ich dir mit Freuden
Auf ewig dieses Herz.

Oft muß ich bitter weinen,
Daß du gestorben bist
Und mancher von den Deinen
Dich lebenslang vergißt.
Von Liebe nur durchdrungen
Hast du so viel getan,
Und doch bist du verklungen,
Und keiner denkt daran.

Du stehst voll treuer Liebe
Noch immer jedem bei,
Und wenn dir keiner bliebe,
So bleibst du dennoch treu;
Die treuste Liebe sieget,
Am Ende fühlt man sie,
Weint bitterlich und schmieget
Sich kindlich an dein Knie.

Ich habe dich empfunden,
O! lasse nicht von mir;
Laß innig mich verbunden
Auf ewig sein mit dir.
Einst schauen meine Brüder
Auch wieder himmelwärts,
Und sinken liebend nieder,
Und fallen, dir ans Herz.

Zehntes geistliches Lied

Es gibt so bange Zeilen,
Es gibt so trüben Mut,
Wo alles sich von weilen
Gespenstisch zeigen tut.

Es schleichen wilde Schrecken
So ängstlich leise her,
Und tiefe Nächte decken
Die Seele zentnerschwer.

Die sichern Stützen schwanken,
Kein Halt der Zuversicht;
Der Wirbel der Gedanken
Gehorcht dem Willen nicht.

Der Wahnsinn naht und locket
Unwiderstehlich hin.
Der Puls des Lebens stocket,
Und stumpf ist jeder Sinn.

Wer hat das Kreuz erhoben
Zum Schutz für jedes Herz?
Wer wohnt im Himmel droben,
Und hilft in Angst und Schmerz?

Geh zu dem Wunderstamme,
Gib stiller Sehnsucht Raum,
Aus ihm geht eine Flamme
Und zehrt den schweren Traum.

Ein Engel zieht dich wieder
Gerettet auf den Strand,
Und schaust voll Freuden nieder
In das gelobte Land.

Hymne

Wenige wissen
Das Geheimnis der Liebe,
Fühlen Unersättlichkeit
Und ewigen Durst.
Des Abendmahls
Göttliche Bedeutung
Ist den irdischen Sinnen Rätsel;
Aber wer jemals
Von heißen, geliebten Lippen
Atem des Lebens sog,
Wem heilige Glut
In zitternde Wellen das Herz schmolz,
Wem das Auge aufging,
Daß er des Himmels
Unergründliche Tiefe maß,
Wird essen von seinem Leibe
Und trinken von seinem Blute
Ewiglich.
Wer hat des irdischen Leibes
Hohen Sinn erraten?
Wer kann sagen,
Daß er das Blut versteht?
Einst ist alles Leib,
Ein Leib,
In himmlischem Blute
Schwimmt das selige Paar. –
O! daß das Weltmeer
Schon errötete,
Und in duftiges Fleisch
Aufquölle der Fels!
Nie endet das süße Mahl,
Nie sättigt die Liebe sich.
Nicht innig, nicht eigen genug
Kann sie haben den Geliebten.
Von immer zarteren Lippen
Verwandelt wird das Genossene
Inniglicher und näher.

Heißere Wollust
Durchbebt die Seele.
Durstiger und hungriger
Wird das Herz:
Und so währet der Liebe Genuß
Von Ewigkeit zu Ewigkeit.
Hätten die Nüchternen
Einmal gekostet,
Alles verließen sie,
Und setzten sich zu uns
An den Tisch der Sehnsucht,
Der nie leer wird.
Sie erkennten der Liebe
Unendliche Fülle,
Und priesen die Nahrung
Von Leib und Blut.

Fünfzehntes geistliches Lied

Ich sehe dich in tausend Bildern,
Maria, lieblich ausgedrückt,
Doch keins von allen kann dich schildern,
Wie meine Seele dich erblickt.

Ich weiß nur, daß der Welt Getümmel
Seitdem mir wie ein Traum verweht,
Und ein unnennbar süßer Himmel
Mir ewig im Gemüte steht.

LUDWIG TIECK

1773–1853

Abend

Wie ist es denn, daß trüb und schwer
So alles kömmt, vorüberzieht,
Und wechselnd, quälend, immer leer,
Das arme Herz in sich verglüht?

Kaum gekommen
Soll ich scheiden,
Kaum entglommen
Löschen wieder
Alle Freuden,
Und der Leiden
Dunkle Wolke senkt sich nieder.

Aus den Lichtern in die Nacht,
Aus den Augen, die mir tagen,
Die mein ganzes Herz durchlacht,
Bin ich wieder allen Plagen,
Dem dürren Leben
Zurück gegeben.

Wie flücht'ge Augenblicke
Mein Glücke!
Wie lange, lange Dauer
Der Trennung düstre schwere Trauer!
Zurückzukehren
Und dich entbehren!

Die Liebende

Wie die Schatten gehn und kommen
Und die Sonne wechselnd blicket,
Ist die trunkne Flur entzücket,
Doch von Schatten überschwommen
Ist der Glanz hinweggenommen
Und es bleibt ein ernstes Grün:
Also auch mein Herz und Sinn,
Freude bald und stille Schmerzen
Wechseln im verborgenen Herzen,
Wandeln her und wandeln hin.
Ist es Trauer? ist es Freude?
Nein, es ist ein süß Ermatten,
Wie das Kühl' im Waldesschatten,
Wie die Blumen auf der Heide,
Wenn sie mit beglänztem Kleide
Ungewiß im Strome spiegeln:
Wie von waldumwachs'nen Hügeln
Heimlich eine Quelle springt,
Ungesehn durch Büsche dringt
Mit kristallnen weichen Flügeln.
Seht! wie süß der Frühling pranget,
Wie die lauen Lüfte spielen
In bewegten Blumen wühlen,
Wie der Baum voll Blüten hanget,
Und den Schmetterling verlanget
Und die Biene nach dem Glänze,
Und die Wiese wächst zum Kranze,
Und die kleinen blauen Quellen
Rennen mit den lust'gen Wellen
Eilig, eilig, wie zum Tanze.
Und die Waldung rauschet süße,
Alle grünen Blätter regen
Zur Umarmung sich entgegen,
Tönen nur und flüstern Küsse,
Laut verkünden die Genüsse
Alle Vögel aus dem Wald,
Und das grüne Dickicht schallt

Von den Nachtigallgesängen,
Daß den wollustvollen Klängen
Rings das Echo widerhallt.
Sind die Blumen nicht wie Sterne
In das grüne Gras gesunken?
Locken sie den Blick nicht trunken
Nach dem lichten Brande gerne?
Alles ist so nah und ferne;
Möcht ich nicht, mich zu beglücken,
An die Brust den Frühling drücken?
Und ihm sagen, wie ich fühle,
Daß er diese Sehnsucht kühle,
Oder ende dies Entzücken.

Liebe

Liebe läßt sich suchen, finden,
Niemals lernen, oder lehren,
Wer da will die Flamm' entzünden,
ohne selbst sich zu versehren,
Muß sich reinigen der Sünden.
Alles schläft, weil er noch wacht,
Wann der Stern der Liebe lacht,
Goldne Augen auf ihn blicken
Schaut er trunken von Entzücken
Mondbeglänzte Zaubernacht.

Liebe und Treue

Seht die Wasser, wie sie gleiten,
Und sich in der Flut die Bäume
Still beschauen; goldne Träume
Seh' ich durch die Wolken schreiten.
Wie die Wogen ringend streiten,
Sich entfliehen und vereinen,

Spielen mit den Widerscheinen,
Und die Blumen rot und gold
Sich bespiegeln, und so hold
Tau in diese Wellen weinen!

Sich, es ist ein Liebesringen;
Welle hascht die flücht'ge Welle,
Und sie lacht so fröhlich, helle;
Glänzend sie sich all verschlingen.
Alle liebend sich durchdringen,
Im Ergötzen lieblich spielen;
Wie sie durcheinander wühlen
Scheint der reine blaue Himmel
In das hüpfende Getümmel,
Seine Wange abzukühlen.

Also spiegelt Liebestreue
Sich im wechselnden Empfinden,
Wie Gefühle kommen, schwinden,
Im Erinnern baden, neue
Sich vermischen in die Reihe
Wandeln vor und gern zurück;
Doch der innerlichste Blick
Sieht Gestalten fortgeschwommen,
Und die andern nahe kommen,
Und in allen nur ein Glück.

Darum wechselt nur Gedanken,
Wie ihr wandelt in Gestalten;
Weiß ich eins doch fest zu halten
Ohne Wandel, ohne Wanken:
Denn nie darf der Glaub' erkranken.
Glaube ist das Element,
In dem nur die Liebe brennt.
Und des Herzens reinste Bläue
Klärt sich hell und heller, Treue
In der Liebe sich erkennt.

Liebe denkt in süßen Tönen

Weht ein Ton vom Feld herüber,
Grüß', ich immer einen Freund,
Spricht zu mir: Was weinst du, Lieber?
Sieh, wie Sonn' die Liebe scheint:
Herz am Herzen stets vereint,
Gehn die bösen Stunden über.

Liebe denkt in süßen Tönen,
Denn Gedanken stehn zu fern,
Nur in Tönen mag sie gern
Alles, was sie will, verschönen.
Drum ist ewig uns zugegen
Wenn Musik mit Klängen spricht,
Ihr die Sprache nicht gebricht,
Holde Lieb' auf allen Wegen,
Liebe kann sich nicht bewegen,
Leihet sie den Odem nicht.

Sehnsucht

Warum Schmachten?
Warum Sehnen?
Alle Tränen,
Ach! sie trachten
Weit nach Ferne,
Wo sie wähnen
Schönre Sterne.

Leise Lüfte
Wehen linde,
Durch die Klüfte
Blumendüfte.
Gesang im Winde,
Geisterscherzen,
Leichte Herzen!

Ach! ach! wie sehnt sich für und für,
O fremdes Land, mein Herz nach dir!
Werd' ich nie dir näher kommen,
Da mein Sinn so zu dir steht?
Kommt kein Schifflein angeschwommen,
Das dann unter Segel geht?
Unentdeckte ferne Lande, –
Ach, mich halten ernste Bande,
Nur wenn Träume um mich dämmern
Seh' ich deine Ufer schimmern,
Seh' von dorther mir was winken, –
Ist es Freund, ist's Menschgestalt?
Schnell muß alles untersinken,
Rückwärts hält mich die Gewalt. –
Warum Schmachten?
Warum Sehnen?
Alle Tränen,
Ach! sie trachten
Nach der Ferne,
Wo sie wähnen
Schönre Sterne. – –

Scherz

Mit Leiden
Und Freuden
Gleich lieblich zu spielen,
Und Schmerzen
Im Scherzen
So leise zu fühlen,
Ist Wen'gen beschieden;
Sie wählen zum Frieden
Das eine von beiden,
Sind nicht zu beneiden:
Ach gar zu bescheiden
Sind doch ihre Freuden
Und kaum von Leiden
Zu unterscheiden. –

FRIEDRICH DE LA MOTTE FOUQUE

1777–1843

Trost

Wenn alles eben käme,
Wie du gewollt es hast,
Und Gott dir gar nichts nähme,
Und gab dir keine Last,
Wie wär's da um dein Sterben,
Du Menschenkind, bestellt?
Du müßtest fast verderben,
So lieb war dir die Welt!

Nun fällt – ein's nach dem andern –
Manch süßes Band dir ab,
Und heiter kannst du wandern
Gen Himmel durch das Grab.
Dein Zagen ist gebrochen,
Und deine Seele hofft; –
Dies ward schon oft gesprochen,
Doch spricht man's nie zu oft.

Spruch

Jedwedes reine Leid,
Und sei es noch so herbe,
Und ob man dran ersterbe,
Hegt viel der Süßigkeit,
Und rein wird jedes Leid
Vor Herzensreinigkeit.
Halt rein, o Mensch, dein Herz,
Und süß wird jeder Schmerz.

CLEMENS VON BRENTANO

1778–1842

Sprich aus der Ferne

Sprich aus der Ferne,
Heimliche Welt,
Die sich so gerne
Zu mir gesellt!

Wenn das Abendrot niedergesunken,
Keine freudige Farbe mehr spricht,
Und die Kränze still leuchtender Funken
Die Nacht um die schattichte Stirne flicht:
Wehet der Sterne
Heiliger Sinn
Leis' durch die Ferne
Bis zu mir hin.

Wenn des Mondes still lindernde Tränen
Lösen der Nächte verborgenes Weh,
Dann wehet Friede. In goldenen Kähnen
Schiffen die Geister im himmlischen See.
Glänzender Lieder
Klingender Lauf
Ringelt sich nieder,
Wallet hinauf.

Wenn der Mitternacht heiliges Grauen
Bang durch die dunklen Wälder hinschleicht
Und die Büsche gar wundersam schauen,
Alles sich finster, tiefsinnig bezeugt:
Wandelt im Dunkeln
Freundliches Spiel,
Still Lichter funkeln
Schimmerndes Ziel.

Alles ist freundlich wohlwollend verbunden,
Bietet sich tröstend und traurend die Hand,
Sind durch die Nächte die Lichter gewunden
Alles ist ewig im Innern verwandt.
Sprich aus der Ferne,
Heimliche Welt,
Die sich so gerne
Zu mir gesellt!

Lore Lay

Zu Bacharach am Rheine
Wohnt' eine Zauberin;
Sie war so schön und feine
Und riß viel Herzen hin.

Und brachte viel' zu Schanden
Der Männer rings umher;
Aus ihren Liebesbanden
War keine Rettung mehr.

Der Bischof ließ sie laden
Vor geistliche Gewalt –
Und mußte sie begnaden,
So schön war ihr' Gestalt!

Er sprach zu ihr gerühret:
»Du arme Lore Lay!
Wer hat dich denn verführet
Zu böser Zauberei?« –

»Herr Bischof, laßt mich sterben,
Ich bin des Lebens müd',
Weil jeder muß verderben,
Der meine Augen sieht.

Die Augen sind zwei Flammen,
Mein Arm ein Zauberstab, –

O, legt mich in die Flammen!
O, brechet mir den Stab!«

»Ich kann dich nicht verdammen,
Bis du mir erst bekennt,
Warum in diesen Flammen
Mein eigen Herz schon brennt!

Den Stab kann ich nicht brechen,
Du schöne Lore Lay!
Ich müßte dann zerbrechen
Mein eigen Herz entzwei!« –

»Her Bischof, mit mir Armen
Treibt nicht so bösen Spott,
Und bittet um Erbarmen
Für mich den lieben Gott!

Ich darf nicht länger leben,
Ich liebe keinen mehr, –
Den Tod sollt ihr mir geben,
Drum kam ich zu Euch her!

Mein Schatz hat mich betrogen,
Hat sich von mir gewandt,
Ist fort von hier gezogen,
Fort in ein fremdes Land!

Die Augen sanft und wilde,
Die Wangen rot und weiß,
Die Worte still und milde,
Das ist mein Zauberkreis.

Ich selbst muß drin verderben,
Das Herz tut mir so weh;
Vor Schmerzen möcht' ich sterben,
Wenn ich mein Bildnis seh'.

Drum laßt mein Recht mich finden,
Mich sterben wie ein Christ,

Denn alles muß verschwinden,
Weil er nicht bei mir ist!«

Drei Ritter läßt er holen:
»Bringt sie ins Kloster hin!
Geh, Lore! – Gott befohlen
Sei dein berückter Sinn!

Du sollst ein Nönnchen werden,
Ein Nönnchen schwarz und weiß,
Bereite dich auf Erden
Zu deines Todes Reis'!«

Zum Kloster sie nun ritten,
Die Ritter alle drei,
Und traurig in der Mitten
Die schöne Lore Lay.

»O Ritter, laßt mich gehen
Auf diesen Felsen groß,
Ich will noch einmal sehen
Nach meines Lieben Schloß!

Ich will noch einmal sehen
Wohl in den tiefen Rhein,
Und dann ins Kloster gehen
Und Gottes Jungfrau sein!«

Der Felsen ist so jähe,
So steil ist seine Wand,
Doch klimmt sie in die Höhe,
Bis daß sie oben stand,

Es binden die drei Ritter
Die Rosse unten an,
Und klettern immer weiter
Zum Felsen auch hinan.

Die Jungfrau sprach: »Da gehet
Ein Schifflein auf dem Rhein,

Der in dem Schifflein stehet,
Der soll mein Liebster sein!

Mein Herz wird mir so munter,
Er muß mein Liebster sein!« –
Da lehnt sie sich hinunter
Und stürzet in den Rhein.

Die Ritter mußten sterben,
Sie konnten nicht hinab;
Sie mußten all' verderben,
Ohn' Priester und ohn' Grab!

Wer hat dies Lied gesungen?
Ein Schiffer auf dem Rhein,
Und immer hat's geklungen
Von dem Dreiritterstein:
Lore Lay!
Lore Lay!
Lore Lay!
Als wären es meiner drei!

Auf dem Rhein

Ein Fischer saß im Kahne,
Ihm war das Herz so schwer,
Sein Lieb war ihm gestorben,
Das glaubt er nimmermehr.

Und bis die Sternlein blinken,
Und bis zum Mondenschein
Harrt er, sein Lieb zu fahren
Wohl auf dem tiefen Rhein.

Da kömmt sie bleich geschlichen,
Und schwebet in den Kahn,
Und schwanket in den Knien,
Hat nur ein Hemdlein an.

Sie schwimmen auf den Wellen,
Hinab in tiefer Ruh',
Da zittert sie und wankel –
»Feinsliebchen, frierest du?

Dein Hemdlein spielt im Winde,
Das Schifflein treibt so schnell,
Hüll' dich in meinen Mantel,
Die Nacht ist kühl und hell.«

Stumm streckt sie nach den Bergen
Die weißen Arme aus
Und lächelt, da der Vollmond
Aus Wolken blickt heraus;

Und nickt den alten Türmen
Und will den Sternenschein
Mit ihren schlanken Händlein
Erfassen in dem Rhein.

»O, halte dich doch stille,
Herzallerliebstes Gut,
Dein Hemdlein spielt im Winde
Und reißt dich in die Flut!«

Da fliegen große Städte
An ihrem Kahn vorbei,
Und in den Städten klingen
Wohl Glocken mancherlei.

Da kniet das Mägdlein nieder
Und faltet seine Hand';
Aus seinen hellen Augen
Ein tiefes Feuer brennt.

»Feinsliebchen, bet' hübsch stille,
Schwank' nicht so hin und her,
Der Kahn möcht' uns versinken,
Der Wirbel reißt so sehr!«

In einem Nonnenkloster
Da singen Stimmen fein,
Und aus dem Kirchenfenster
Bricht her der Kerzenschein.

Da singt Feinslieb gar helle
Die Metten in dem Kahn,
Und sieht dabei mit Tränen
Den Fischerknaben an.

Da singt der Knab' gar traurig
Die Metten in dem Kahn,
Und sieht dazu Feinsliebchen
Mit stummen Blicken an.

Und rot und immer röter
Wird nun die tiefe Flut,
Und bleich und immer bleicher
Feinsliebchen werden tut.

Der Mond ist schon zerronnen,
Kein Sternlein mehr zu sehn,
Und auch dem lieben Mägdlein
Die Augen schon vergehn.

»Lieb Mägdlein, guten Morgen!
Lieb Mägdlein, gute Nacht!
Warum willst du nun schlafen,
Da schon der Tag erwacht?«

Die Türme blinken sonnig,
Es rauscht der grüne Wald,
In wildentbrannten Weisen
Der Vogelsang erschallt.

Du will er sie erwecken,
Daß sie die Freude hör',
Er schaut zu ihr hinüber
Und findet sie nicht mehr.

Ein Schwälblein strich vorüber
Und netzte seine Brust,
Woher, wohin geflogen,
Das hat kein Mensch gewußt.

Der Knabe liegt im Kahne,
Läßt alles Rudern sein,
Und treibet weiter, weiter
Bis in die See hinein.

Ich schwamm im Meeresschiffe
Aus fremder Welt einher
Und dacht' an Lieb und Leben
Und sehnte mich so sehr.

Ein Schwälbchen flog vorüber,
Der Kahn schwamm still einher,
Der Fischer sang dies Liedchen,
Als ob ich's selber war.

Ich wollt ein Sträußlein binden

Ich wollt' ein Sträußlein binden,
Da kam die dunkle Nacht,
Kein Blümlein war zu finden,
Sonst hätt' ich dir's gebracht.

Da flössen von den Wangen
Mir Tränen in den Klee,
Ein Blümlein aufgegangen
Ich nun im Garten seh'.

Das wollte ich dir brechen
Wohl in dem dunklen Klee,
Doch fing es an zu sprechen:
»Ach«, tue mir nicht weh!

Sei freundlich in dem Herzen,
Betracht' dein eigen Leid,
Und lasse mich in Schmerzen
Nicht sterben vor der Zeit!

Und hätt's nicht so gesprochen,
Im Garten ganz allein,
So hätt' ich dir's gebrochen;
Nun aber darf's nicht sein.

Mein Schatz ist ausgeblieben,
Ich bin so ganz allein,
Im Lieben wohnt Betrüben,
Und kann nicht anders sein.

Wiegenlied

Singet leise, leise, leise,
Singt ein flüsternd Wiegenlied,
Von dem Monde lernt die Weise,
Der so still am Himmel zieht.

Singt ein Lied so süß gelinde,
Wie die Quellen auf den Kieseln,
Wie die Bienen um die Linde
Summen, murmeln, flüstern, rieseln.

Hörst du, wie die Brunnen rauschen

Hörst du, wie die Brunnen rauschen?
Hörst du, wie die Grille zirpt?
Stille, stille, laß uns lauschen!
Selig, wer in Träumen stirbt;

Selig, wen die Wolken wiegen,
Wem der Mond ein Schlaflied singt!
O, wie selig kann der fliegen,
Dem der Traum den Flügel schwingt,
Daß an blauer Himmelsdecke
Sterne er wie Blumen pflückt:
Schlafe, träume, flieg, ich wecke
Bald dich auf und bin beglückt!

Eingang

Was reif in diesen Zeilen steht,
Was lächelnd winkt und sinnend fleht,
Das soll kein Kind betrüben;
Die Einfalt hat es ausgesät,
Die Schwermut hat hindurch geweht,
Die Sehnsucht hat's getrieben.
Und ist das Feld einst abgemäht,
Die Armut durch die Stoppeln geht,
Sucht Ähren, die geblieben;
Sucht Lieb', die für sie untergehl,
Sucht Lieb', die mit ihr aufersteht,
Sucht Lieb', die sie kann lieben.
Und hat sie einsam und verschmäht
Die Nacht durch, dankend in Gebet,
Die Körner ausgerieben,
Liest sie, als früh der Hahn gekräht,
Was Lieb' erhielt, was Leid verweht,
Ans Feldkreuz angeschrieben:
»O, Stern und Blume, Geist und Kleid,
Lieb', Leid und Zeit und Ewigkeit!«

Puppenschlaflied

Hast du gleich kein Herz im Leib,
Hast du doch zwei ganze Schuhe.
Schlummre, schlummre, ruhe, ruhe,
Träume von der bunten Kuhe!

Schlaf, mein Püppchen, schlafe ein!
Herdesglut ist eingesunken,
Und das Heimchen grillt im Dunkel
Nun das Märchen von den Funken.

Schlummre, süßes Püppchen, schlummre,
Bist du dumm, es gibt noch Dummre,
Bist du stumm, es gibt noch Stummre,
Schlummre, schlummre, Püppchen, ein!

Bald miau! Die Katzen schrein,
Machen Diebs- und Liebesrunde,
Brünstig, günstig ist die Stunde,
Zu dem Mondmann heulen Hunde.

Sieh! Dort auf dem Wiesengrunde
Tanzen jetzt die Elfen munter
Unterm Knabenkraut hinunter,
Das die Blätter niederstreut.

Kind, sie spielen Lotto neut,
Schreiben auf die Blättchen Nummern,
Und du darfst nur kühnlich schlummern,
Denn dir kommt dein Glück im Schlummer.

Du gewinnst die beste Nummer,
Eine Braut wirst du im Schlummer,
Und dich wecket ohne Kummer
Hochzeit, Hochzeit, hohe Zeit!

Mondschein deckt dein Bettlein breit,
Tu dich zu dem Bräutgam ducken,
Wenn die Wichtlein Jubel rufend
Auf den Stufen ihre Krucken

Brechen, durch die Ritzen gucken
Und zum Schlüsselloch einschlupfen:
Wenn sie an der Decke zupfen,
Strecke nur heraus kein Bein!

Ei, die Nacht ist wunderfein!
Vor der Kröt auf hohem Stuhle
Singen Frosch und Unk im Pfuhle,
Eine heilge Judenschule.

Und der Irrwisch hüpft betrunken,
Wo der Musikant versunken.
Brünstig glühn Johannisfunken,
Wo jüngst fiel ein Jungfräulein,

Als ihr Buhl ihr stellt ein Bein
Und ihr Kränzlein ohn Vermuten
Fiel in eines Schatzes Gluten,
Der im Acker eingetruhet

Blank zu ihren Füßen ruhet.
Heim trug sie den Schatz zur Stunde,
Schwerer war noch viele Pfunde
Ihr lebendger Edelstein.

Schlaf, mein Püppchen, schlafe ein!

Wenn der lahme Weber träumt

Wenn der lahme Weber träumt, er webe,
Träumt die kranke Lerche auch, sie schwebe,
Träumt die stumme Nachtigall, sie singe,
Daß das Herz des Widerhalls zerspringe,
Träumt das blinde Huhn, es zähl die Kerne,
Und, der drei je zählte kaum, die Sterne;
Träumt das starre Erz, gar linde tau es,
Und das Eisenherz, ein Kind vertrau es;

Träumt die taube Nüchternheit, sie lausche,
Wie der Traube Schüchternheit berausche. –
Kommt dann Wahrheit mutternackt gelaufen,
Führt der hellen Töne Glanzgefunkel
Und der grellen Lichter Tanz durchs Dunkel,
Rennt den Traum sie schmerzlich übern Haufen.
Horch, die Fackel lacht, horch, Schmerz-Schalmeien
Der erwachten Nacht ins Herz all schreien! –
Weh, ohn Opfer gehn die süßen Wunder,
Gehn die armen Herzen einsam unter!

Verzweiflung an der Liebe in der Liebe

In Liebeskampf? in Todeskampf gesunken?
Ob Atem noch von ihren Lippen fließt?
Ob ihr der Krampf den kleinen Mund verschließt?
Kein Öl die Lampe? oder keinen Funken?

Der Jüngling – betend? tot? in Liebe trunken?
Ob er der Jungfrau höchste Gunst genießt?
Was ists, das der gefallne Becher gießt?
Hat Gift, hat Wein, hat Balsam sie getrunken?

Des Jünglings Arme Engelsflügel werden –
Nein Mantels Falten – Leichentuches Falten.
Um sie strahlt Heilgenschein – zerraufte Haare.

Strahl, Himmelslicht! flamm, Hölle, zu der Erden!
Brich der Verzweiflung rasende Gewaltenl
Enthüll! verhüll – das Freudenbett – die Bahre!

KAROLINE VON GÜNDERRODE

1780–1806

Die eine Klage

Wer die tiefste aller Wunden
Hat in Geist und Sinn empfunden,
Bittrer Trennung Schmerz;
Wer geliebt was er verloren,
Lassen muß was er erkoren,
Das geliebte Herz.

Der versteht in Lust die Tränen
Und der Liebe ewig Sehnen
Eins in Zwei zu sein,
Eins im Andern sich zu finden,
Daß der Zweiheit Grenzen schwinden
Und des Daseins Pein.

Wer so ganz in Herz und Sinnen
Könnt ein Wesen lieb gewinnen,
Oh! den tröstet's nicht,
Daß für Freuden, die verloren,
Neue werden neu geboren:
Jene sind's doch nicht.

Das geliebte, süße Leben,
Dieses Nehmen und dies Geben,
Wort und Sinn und Blick,
Dieses Suchen und dies Finden,
Dieses Denken und Empfinden
Gibt kein Gott zurück.

Ist alles stumm und leer

Ist alles stumm und leer,
Nichts macht mir Freude mehr.
Düfte, sie duften nicht,
Lüfte, die lüften nicht.
Mein Herz so schwer!

Ist alles öd' und hin,
Bange mein Geist und Sinn,
Wollte, nicht weiß ich was;
Jagt mich ohne Unterlaß,
Wüßt' ich wohin?

Ein Bild von Meisterhand
Hat mir den Sinn gebannt.
Seit ich das Holde sah,
Ist's fern und ewig nah
Mir anverwandt.

Ein Klang im Herzen ruht,
Der noch erfüllt den Mut,
Wie Flötenhauch ein Wort,
Tönet noch leise fort,
Stillt Tränenflut.

Frühlinges Blumen treu
Kommen zurück aufs neu';
Nicht so der Liebe Glück!
Ach, es kommt nicht zurück,
Schön, doch nicht treu.

Kann Lieb so unlieb sein,
Von mir so fern, was mein?
Kann Lust so schmerzlich sein,
Untreu so herzlich sein? –
O Wonn, o Pein!

Phönix der Lieblichkeit,
Dich trägt dein Fittich weit

Hin zu der Sonne Strahl –
Ach, was ist dir zumal
Mein einsam Leid?

Liebe

O reiche Armut! Gebend, seliges Empfangen!
In Zagheit Mut! in Freiheit doch gefangen.
In Stummheit Sprache,
Schüchtern bei Tage,
Siegend mit zaghaftem Bangen!

Lebendiger Tod, im Einen selges Leben
Schwelgend in Not, im Widerstand ergeben,
Genießend schmachten,
Nie satt betrachten
Leben im Traum und doppelt Leben.

ACHIM VON ARMIN

1781–1831

Der Mensch ist bald vergessen

Der Mensch ist bald vergessen,
Der Mensch vergißt so bald,
Der Mensch hat nichts besessen,
Er sterb' jung oder alt.

Der Mensch ist bald vergessen,
Nur Gott vergißt uns nicht,
Hat unser Herz ermessen,
Wenn es in Schmerzen bricht.

Wir steigen im Gebete
Zu ihm, wie aus dem Tod,
Sein Hauch, der uns durchwehte,
Tat unserm Herzen not.

ADELBERT VON CHAMISSO

1781–1838

Seit ich ihn gesehen

1.

Seit ich ihn gesehen,
Glaub ich blind zu sein;
Wo ich hin nur blicke,
Seh ich ihn allein;
Wie im wachen Traume
Schwebt sein Bild mir vor,
Taucht aus tiefstem Dunkel
Heller nur empor.

Sonst ist licht- und farblos
Alles um mich her,
Nach der Schwestern Spiele
Nicht begehr ich mehr,
Möchte lieber weinen
Still im Kämmerlein;
Seit ich ihn gesehen,
Glaub ich blind zu sein.

2.

Er, der Herrlichste von allen,
Wie so milde, wie so gut!
Holde Lippen, klares Auge,
Heller Sinn und fester Mut.

So wie dort in blauer Tiefe,
Hell und herrlich, jener Stern,
Also er an meinem Himmel,
Hell und herrlich, hoch und fern.

Wandle, wandle deine Bahnen;
Nur betrachten deinen Schein;
Nur in Demut ihn betrachten,
Selig nur und traurig sein!

Höre nicht mein stilles Beten,
Deinem Glücke nur geweiht;
Darfst mich niedre Magd nicht kennen,
Hoher Stern der Herrlichkeit!

Nur die Würdigste von allen
Soll beglücken deine Wahl,
Und ich will die Hohe segnen
Segnen viele tausendmal.
Will mich freuen dann und weinen,
Selig, selig bin ich dann;
Sollte mir das Herz auch brechen,
Brich, o Herz, was liegt daran.

3.

Ich kann's nicht fassen, nicht glauben,
Es hat ein Traum mich berückt;
Wie hätt er doch unter allen
Mich Arme erhöht und beglückt?

Mir war's, er habe gesprochen:
Ich bin auf ewig dein –
Mir war's – ich träume noch immer,
Es kann ja nimmer so sein.

O, laß im Traume mich sterben,
Gewieget an seiner Brust,
Den seligsten Tod mich schlürfen,
In Tränen unendlicher Lust.

Geh du nur hin!

Ich war auch jung und bin jetzt alt,
Der Tag ist heiß, der Abend kalt,
Geh du nur hin, geh du nur hin
Und schlag dir solches aus dem Sinn.

Du steigst hinauf, ich steig hinab,
Wer geht im Schritt, wer geht im Trab?
Sind dir die Blumen eben recht,
Sind doch sechs Bretter auch nicht schlecht.

Kanon

Das ist die Not der schweren Zeit!
Das ist die schwere Zeit der Not!
Das ist schwere Not der Zeit!
Das ist die Zeit der schweren Not!

Tragische Geschichte

's war einer, dem's zu Herzen ging,
Daß ihm der Zopf so hinten hing,
Er wollt es anders haben.

So denkt er denn: wie fang ich's an?
Ich dreh mich um, so ist's getan –
Der Zopf, der hängt ihm hinten.

Da hat er flink sich umgedreht,
Und wie es stund, es annoch steht –
Der Zopf, der hängt ihm hinten.

Da dreht er schnell sich anders rum,
's wird aber noch nicht besser drum –
Der Zopf, der hängt ihm hinten.

Er dreht sich links, er dreht sich rechts,
Es tut nichts Guts, es tut nichts Schlechts –
Der Zopf, der hängt ihm hinten.

Er dreht sich wie ein Kreisel fort,
Es hilft zu nichts, in einem Wort –
Der Zopf, der hängt ihm hinten.

Und seht, er dreht sich immer noch
Und denkt: es hilft am Ende doch –
Der Zopf, der hängt ihm hinten.

KARL THORBECKE

1785–1837

Schlummerlied für mein Herz

Schlummre armes, schlummre süß,
Armes Herz!
Hast so oft und bang' geschlagen,
Hast so schwer und viel getragen!
Sollst nun schlummern, schlummern süß,
Armes Herz!

Flattre weg, du Mückenschwarm,
Flattre weg!
Hast mein armes oft betrogen,
Hast so hart an ihm gesogen!
Flattre weg, du Sorgenschwarm,
Flattre weg!

Sternlein, scheidet nicht zu früh!
Nicht zu früh!
Sonnenlicht tut's Kindlein schrecken,
Will es selbst schon zeitig wecken!
Scheidet, Sternlein, nicht zu früh,
Nicht zu früh!

Liebeselement

Was willst du singen?
Willst du singen ein lustig Lied?

Kein lustig Lied! Ich fliege nicht auf dem Wasser,
Geschwind, geschwind mit Well' und Freude.
Lustig Lied ist wie 'ne Wasserfahrt:

Das Schiffchen läuft aus,
Kommt wieder nach Haus'.
Ich fliege nicht auf dem Wasser
Mit Well' und Freude.

Was willst du singen?
Willst du singen ein traurig Lied?

Kein traurig Lied! Ich stehe nicht am Ufer
Und schau hinab, ich senke nicht mein Herz
Wie einen Eimer in die Tiefe,
Verlornes zu schöpfen!
Sänger traurigen Liedes
Stehet im segelnden Schiffe still,
Meinet, meinet nicht fortzugehn.

Kein lustig Lied, kein traurig Lied
Willst du singen?
Schweigen will dein Herz?

Nicht Schweigen!
Singen will es ein sehnend Lied!
Wer singet ein sehnend Lied,
Solche stille Schauer erfährt,
Als wer von Land und Freunden schied
Und das weite Meer befährt.
Lustig Lied ist wie 'ne Wasserfahrt,
Traurig Lied hält das segelnde Schiff an,
Sehnend Lied ist mitten auf der See:
Unten Liebe, oben Himmel,
Nirgend Land!
Und aus Wolken und aus Wasser
Eine ausgestreckte Hand.
Auf einander Wellen reiten,
Gegen einander Winde streiten,
Sausen, Brausen –
O wie schön, schön,
Zwischen Himmel und Liebe vergehn!

Aller Rätsel Lösung

Saget mir, wer ist der Deuter,
Der den dunkeln Menschen kennt,
Und die Sehnsucht seiner Seele,
Was ihn freue, bald ihn quäle,
Mir bei Namen richtig nennt?
Um den Weisen zu erspähn,
Bin ich schon soweit gegangen;
Doch ich muß noch immer weiter
Und ich hab' ihn nicht gesehn.

Weise aus dem Morgenlande,
Manchen Traum habt ihr gesagt;
Doch aus diesen dunkeln Gründen
Wollen nicht die Schatten schwinden,
Und ich seufze, bis es tagt.
Diese Nacht ist ohne Licht;
Und der scheue Wandrer lauschet
Durch die schweren finstern Bande,
Ob wohl eine Stimme spricht.

Eine Stimme:Die Nacht, die du beklagst,
Hat des Geheimnis' Offenbarung,
Drum klage nicht!
Aus ihrem Schoß
Entsteiget es zu dir,
Gleich wie ein Kind
Aus seiner Mutter Schoß.
Das Aug' ist für den Tag gemacht,
Das Ohr ist für die Nacht:

So horche denn,
Wo du nicht sehen kannst!

O in der Nacht
Treibt alles seine Sprossen,
Steht alles auf,
Was eingesargt

Am Tage lag.
Gleich Elfen steigen da,
Gleich zart beschwingten Geistern,
Die Geheimnisse
Aus der Erde Klüften auf,
Und aus der Brust des Menschen.

Und das Ohr,
Es sauget an der Nacht
Und stillet seinen Durst,
Und reiche Nahrungsströme
Dringen in die Seele!

Horche, horche,
Daß du wissest,
Wer sie sei,
Die Zauberin, die Fee
Der Elfen und der Geister,
Die geheimnisreiche Mutter,
Die die Ebb' und Flut der Seele,
Leid und Freud' im bunten Wechsel,
Wie du willst, dir deutet.

Viele Stimmen: Lieb' – es ist die Liebe!
Liebe, Liebe, süße Liebe!

Die erste Stimme: Licht der Nacht!
Der Geheimnis' Offenbarung,
Flüsternd Dunkel, zarte Helle,
Traum des Lebens!
Quell von Tränen,
Leiden, Sehnen,
Wonn', o Wonne! Liebe, Liebe!

Welche Stimmen! Welche Töne!
Und mein Herz ist ganz erwacht!
Liebe, Lieb' ist meine Klage,
Lieb', o du Musik am Tage,
Holdere Musik der Nacht!
Doch, was so das Ohr erquickt,

Wird das Aug' es nimmer schauen?
Hin und her ach! ziehn die Töne,
Und das Herz, es bleibt verstrickt!

Viele Stimmen: Liebe! Horche nur der Liebe!
Liebe, Liebe! Süße Liebe!

JUSTINUS KERNER

1786–1862

Liebespein

Still hingegeben
Ganz ihr allein,
Geht, Menschen, gehet!
O ihr nicht fasset
Der Liebe Pein!

Von Lieb' zerrissen
Ein armes Herz,
Wird durch euch kränker,
Fühlet noch tiefer
Der Liebe Schmerz.

Blumen, o Blumen
Der stillen Flur!
Ihr, ach, nur heilet,
Ihr, ach, verstehet
Dies Herze nur.

Sterne! o lasset
Mich nicht allein!
Blumen und Sterne
Ach, ihr nur kennet
Der Liebe Pein.

Der schönste Anblick

Schön ist's, wenn zwei Sterne
Nah sich stehn am Firmament,
Schön, wenn zweier Rosen
Röte ineinander brennt.

Doch in Wahrheit! immer
Ist's am schönsten anzusehn:
Wie zwei, so sich lieben,
Selig beieinander stehn.

Der Wanderer in der Sägemühle

Dort unten in der Mühle
Saß ich in süßer Ruh'
Und sah dem Räderspiele
Und sah den Wassern zu.

Sah zu der blanken Säge,
Es war mir wie ein Traum,
Die bahnte lange Wege
In einen Tannenbaum.

Die Tanne war wie lebend,
In Trauermelodie
Durch alle Fasern bebend
Sang diese Worte sie:

Du kehrst zur rechten Stunde,
O Wanderer, hier ein,
Du bist's, für den die Wunde
Mir dringt ins Herz hinein!

Du bist's, für den wird werden,
Wenn kurz gewandert du,
Dies Holz im Schoß der Erden
Ein Schrein zur langen Ruh'.

Vier Bretter sah ich fallen,
Mir ward's ums Herze schwer,
Ein Wörtlein wollt' ich lallen,
Da ging das Rad nicht mehr.

Poesie

Poesie ist tiefes Schmerzen
Und es kommt das echte Lied
Einzig aus dem Menschenherzen,
Das ein tiefes Leid durchglüht.

Doch die höchsten Poesien
Schweigen wie der höchste Schmerz,
Nur wie Geisterschatten ziehen
Stumm sie durchs gebrochne Herz.

Der Grundton der Natur

Wenn der Wald im Winde rauscht,
Blatt mit Blatt die Rede tauscht,
Möcht' ich gern die Blätter fragen:
Tönt ihr Wonnen? tönt ihr Klagen?

Springt der Waldbach Tal entlang
Mit melodischem Gesang,
Frag' ich still in meinem Herzen:
Singt er Wonne? singt er Schmerzen?

Lausch der Äolsharfe nur!
Schmerz ist Grundton der Natur;
Schmerz des Waldes rauschend Singen,
Schmerz – des Baches murmelnd Springen,
Und am meist aus Menschen Scherz
Tönt als Grundton Schmerz, nur Schmerz.

Zur Ruh, zur Ruh

Zur Ruh, zur Ruh
Ihr müden Glieder!

Schließt fest euch zu,
ihr Augenlider!
Ich bin allein,
Fort ist die Erde;
Nacht muß es sein,
Daß Licht mir werde.
O führt mich ganz,
Ihr innern Mächte!
Hin zu dem Glanz
Der tiefsten Nächte.
Fort aus dem Raum
Der Erdenschmerzen
Durch Nacht und Traum
Zum Mutterherzen!

Im Regen

Zählt man die Zeit im Jahr,
Drin freudevoll war ein Herz,
Sinds wenge Tage nur,
Die andern trug es Schmerz.

Zählt man die Zeit im Jahr,
Drin blau der Himmel blieb,
Sinds wen'geTage nur,
Die andern waren trüb.

Drum, da der Himmel selbst
So oft in Tränen steht,
Klag nimmer, Menschenherz,
Daß dirs nicht besser geht.

LUDWIG UHLAND

1787–1862

Der gute Kamerad

Ich hatt' einen Kameraden,
Einen bessern findst du nit.
Die Trommel schlug zum Streite,
Er ging an meiner Seite
In gleichem Schritt und Tritt.

Eine Kugel kam geflogen,
Gilt's mir oder gilt es dir?
Ihn hat es weggerissen,
Er liegt mir vor den Füßen,
Als wär's ein Stück von mir.

Will mir die Hand noch reichen,
Derweil ich eben lad'.
Kann dir die Hand nicht geben,
Bleib du im ew'gen Leben
Mein guter Kamerad!

Der Sommerfaden

Da fliegt, als wir im Felde gehen,
Ein Sommerfaden über Land,
Ein leicht und licht Gespinst der Feen,
Und knüpft von mir zu ihr ein Band.
Ich nehm' ihn für ein günstig Zeichen,
Ein Zeichen, wie die Lieb' es braucht.
O Hoffnungen der Hoffnungsreichen,
Aus Duft gewebt, von Luft zerhaucht.

In ein Stammbuch

Die Zeit in ihrem Fluge streift nicht bloß
Des Feldes Blumen und des Waldes Schmuck,
Den Glanz der Jugend und die frische Kraft:
Ihr schlimmster Raub trifft die Gedankenwelt.
Was schön und edel, reich und göttlich war
Und jeder Arbeit, jeden Opfers wert,
Das zeigt sie uns so farblos, hohl und klein,
So nichtig, daß wir selbst vernichtet sind.
Und dennoch wohl uns, wenn die Asche treu
Den Funken hegt, wenn das getäuschte Herz
Nicht müde wird, von neuem zu erglühn!
Das Echte doch ist eben diese Glut,
Das Bild ist höher, als sein Gegenstand,
Der Schein mehr Wesen, als die Wirklichkeit.
Wer nur die Wahrheit sieht, hat ausgelebt;
Das Leben gleicht der Bühne: dort wie hier
Muß, wann die Täuschung weicht, der Vorhang fallen.

Frühlingsglaube

Die linden Lüfte sind erwacht,
Sie säuseln und weben Tag und Nacht,
Sie schaffen an allen Enden.
O frischer Duft, o neuer Klang!
Nun, armes Herze, sei nicht bang!
Nun muß sich alles, alles wenden.

Die Welt wird schöner mit jedem Tag.
Man weiß nicht, was noch werden mag,
Das Blühen will nicht enden.
Es blüht das fernste, tiefste Tal;
Nun, armes Herz, vergiß die Qual;
Nun muß sich alles, alles wenden.

Des Sängers Fluch

Es stand in alten Zeiten ein Schloß so hoch und hehr,
Weit glänzt' es über die Lande bis an das blaue Meer,
Und rings von duft'gen Gärten ein blütenreicher Kranz,
Drin sprangen frische Brunnen in Regenbogenglanz.

Dort saß ein stolzer König, an Land und Siegen reich,
Er saß auf seinem Throne so finster und so bleich;
Denn was er sinnt, ist Schrecken, und was er blickt, ist Wut,
Und was er spricht, ist Geißel, und was er schreibt, ist Blut.

Einst zog nach diesem Schlosse ein edles Sängerpaar,
Der ein' in goldnen Locken, der andre grau von Haar;
Der Alte mit der Harfe, der saß auf schmuckem Roß,
Es schritt ihm frisch zur Seite der blühende Genoß.

Der Alte sprach zum Jungen: »Nun sei bereit, mein Sohn!
Denk unsrer tiefsten Lieder, stimm an den vollsten Ton!
Nimm alle Kraft zusammen, die Lust und auch den Schmerz!
Es gilt uns heut, zu rühren des Königs steinern Herz.«

Schon stehn die beiden Sänger im hohen Säulensaal,
Und auf dem Throne sitzen der König und sein Gemahl;
Der König furchtbar prächtig, wie blut'ger Nordlichtschein,
Die Königin süß und milde, als blickte Vollmond drein.

Da schlug der Greis die Saiten, er schlug sie wundervoll,
Daß reicher, immer reicher der Klang zum Ohre schwoll,
Dann strömte himmlisch helle des Jünglings Stimme vor,
Des Alten Sang dazwischen wie dumpfer Geisterchor.

Sie singen von Lenz und Liebe, von sel'ger goldner Zeit,
Von Freiheit, Männerwürde, von Treu und Heiligkeit;
Sie singen von allem Süßen, was Menschenbrust durchbebt,
Sie singen von allem Hohen, was Menschenherz erhebt.

Die Höflingsschar im Kreise verlernet jeden Spott,
Des Königs trotz'ge Krieger, sie beugen sich vor Gott,

Die Königin, zerflossen in Wehmut und in Lust,
Sie wirft den Sängern nieder die Rose von ihrer Brust.

»Ihr habt mein Volk verführet, verlockt ihr nun mein Weib?«
Der König schreit es wütend, er bebt am ganzen Leib,
Er wirft sein Schwert, das blitzend des Jünglings Brust durchdringt,
Draus statt der goldnen Lieder ein Blutstrahl hoch aufspringt.

Und wie vom Sturm zerstoben ist all der Hörer Schwarm,
Der Jüngling hat verröchelt in seines Meisters Arm,
Der schlägt um ihn den Mantel und setzt ihn auf das Roß,
Er bind't ihn aufrecht feste, verläßt mit ihm das Schloß.

Doch vor dem hohen Tore, da hält der Sängergreis,
Da faßt er seine Harfe, sie aller Harfen Preis,
An einer Marmorsäule, da hat er sie zerschellt,
Dann ruft er, daß es schaurig durch Schloß und Gärten gellt:

»Weh euch, ihr stolzen Hallen! nie töne süßer Klang
Durch eure Räume wieder, nie Saite noch Gesang,
Nein! Seufzer nur und Stöhnen und scheuer Sklavenschritt,
Bis euch zu Schutt und Moder der Rachegeist zertritt!

Weh euch, ihr duft'gen Gärten im holden Maienlicht!
Euch zeig ich dieses Toten entstelltes Angesicht,
Daß ihr darob verdorret, daß jeder Quell versiegt,
Daß ihr in künft'gen Tagen versteint, verödet liegt.

Weh dir, verruchter Mörder! du Fluch des Sängertums!
Umsonst sei all dein Ringen nach Kränzen blut'gen Ruhms,
Dein Name sei vergessen, in ew'ge Nacht getaucht,
Sei wie ein letztes Röcheln in leere Luft verhaucht!«

Der Alte hat's gerufen, der Himmel hat's gehört,
Die Mauern liegen nieder, die Hallen sind zerstört,
Noch eine hohe Säule zeugt von verschwundner Pracht,
Auch diese, schon geborsten, kann stürzen über Nacht.

Und rings statt duft'ger Gärten ein ödes Heideland,
Kein Baum verstreuet Schatten, kein Quell durchdringt den Sand,
Des Königs Namen meldet kein Lied, kein Heldenbuch;
Versunken und vergessen! das ist des Sängers Fluch.

Einkehr

Bei einem Wirte, wundermild,
Da war ich jüngst zu Gaste;
Ein goldner Apfel war sein Schild
An einem langen Aste.

Es war der gute Apfelbaum,
Bei dem ich eingekehret;
Mit süßer Kost und frischem Schaum
Hat er mich wohl genähret.

Es kamen in sein grünes Haus
Viel leichtbeschwingte Gäste;
Sie sprangen frei und hielten Schmaus
Und sangen auf das beste.

Ich fand ein Bett zu süßer Ruh
Aufweichen, grünen Matten;
Der Wirt, er deckte selbst mich zu
Mit seinem kühlen Schatten.

Nun fragt ich nach der Schuldigkeit,
Da schüttelt' er den Wipfel.
Gesegnet sei er allezeit
Von der Wurzel bis zum Gipfel!

Die Zufriedenen

Ich saß bei jener Linde
Mit meinem trauten Kinde,
Wir saßen Hand in Hand;
Kein Blättchen rauscht im Winde,
Die Sonne schien gelinde
Herab aufs stille Land.

Wir saßen ganz verschwiegen
Mit innigem Vergnügen,
Das Herz kaum merklich schlug.
Was sollten wir auch sagen?
Was konnten wir uns fragen?
Wir wußten ja genug.

Es mocht uns nichts mehr fehlen.
Kein Sehnen könnt uns quälen,
Nichts Liebes war uns fern;
Aus liebem Aug ein Grüßen,
Vom lieben Mund ein Küssen
Gab eins dem andern gern.

Frühlingstrost

Was zagst du, Herz, in solchen Tagen,
Wo selbst die Dornen Rosen tragen?

FRIEDRICH RÜCKERT

1788–1866

Herbsthauch

Herz, nun so alt und noch immer nicht klug,
Hoffst du von Tagen zu Tagen,
Was dir der blühende Frühling nicht trug,
Werde der Herbst dir noch tragen!

Läßt doch der spielende Wind nicht vom Strauch,
Immer zu schmeicheln, zu kosen.
Rosen entfaltet am Morgen sein Hauch,
Abends verstreut er die Rosen.

Läßt doch der spielende Wind nicht vom Strauch,
Bis er ihn völlig gelichtet.
Alles, o Herz, ist ein Wind und ein Hauch,
Was wir geliebt und gedichtet.

Abendlied

Ich stand auf Beiges Halde,
Als heim die Sonne ging,
Und sah, wie überm Walde
Des Abends Goldnetz hing.

Des Himmels Wolken tauten
Der Erde Frieden zu,
Bei Abendglockenlauten
Ging die Natur zur Ruh'.

Ich sprach: »O Herz, empfinde
Der Schöpfung Stille nun,

Und schick' mit jedem Kinde
Der Flur dich auch, zu ruhn.«

Die Blumen alle schließen
Die Augen allgemach,
Und alle Wellen fließen
Besänftiget im Bach.

Nun hat der müde Silfe
Sich unters Blatt gesetzt,
Und die Libell' am Schilfe
Entschlummert taubenetzt.

Es ward dem goldnen Käfer
Zur Wieg' ein Rosenblatt;
Die Herde mit dem Schäfer
Sucht ihre Lagerstatt.

Die Lerche sucht aus Lüften
Ihr feuchtes Nest im Klee,
Und in des Waldes Schlüften
Ihr Lager Hirsch und Reh.

Wer sein ein Hüttchen nennet,
Ruht nun darin sich aus;
Und wen die Fremde trennet,
Den trägt ein Traum nach Haus.

Mich fasset ein Verlangen,
Daß ich zu dieser Frist
Hinauf nicht kann gelangen,
Wo meine Heimat ist.

Du bist mein Mond, und ich bin deine Erde

Du bist mein Mond, und ich bin deine Erde;
Du sagst, du drehest dich um mich.

Ich weiß es nicht, ich weiß nur, daß ich werde
In meinen Nächten hell durch dich.

Du bist mein Mond, und ich bin deine Erde;
Sie sagen, du veränderst dich.
Allein du änderst nur die Lichtgeberde
Und liebst mich unveränderlich.

Du bist mein Mond, und ich bin deine Erde;
Nur mein Erdenschatten hindert dich,
Die Liebesfackel stets am Sonnenherde
Zu zünden in der Nacht für mich.

Aus der Jugendzeit

Aus der Jugendzeit, aus der Jugendzeit
Klingt ein Lied mir immerdar;
O wie liegt so weit, o wie liegt so weit,
Was mein einst war!

Was die Schwalbe sang, was die Schwalbe sang,
Die den Herbst und Frühling bringt;
Ob das Dorf entlang, ob das Dorf entlang
Das jetzt noch klingt?

»Als ich Abschied nahm, als ich Abschied nahm,
Waren Kisten und Kasten schwer;
Als ich wiederkam, als ich wiederkam,
War alles leer.«

O du Kindermund, o du Kindermund,
Unbewußter Weisheit froh,
Vogelsprachekund, vogelsprachekund
Wie Salomo!

O du Heimatflur, o du Heimatflur,
Laß zu deinem heilgen Raum

Mich noch einmal nur, mich noch einmal nur
Entfliehn im Traum!

Als ich Abschied nahm, als ich Abschied nahm,
War die Welt mir voll so sehr;
Als ich wiederkam, als ich wiederkam,
War alles leer.

Wohl die Schwalbe kehrt, wohl die Schwalbe kehrt.
Und der leere Kasten schwoll;
Ist das Herz geleert, ist das Herz geleert,
Wirds nie mehr voll.

Keine Schwalbe bringt, keine Schwalbe bringt
Dir zurück, wonach du weinst;
Doch die Schwalbe singt, doch die Schwalbe singt
Im Dorf wie einst:

»Als ich Abschied nahm, als ich Abschied nahm,
Waren Kisten und Kasten schwer;
Als ich wiederkam, als ich wiederkam,
War alles leer.«

Vom Bäumlein, das andere Blätter hat gewollt

Es ist ein Bäumlein gestanden im Wald,
    In gutem und schlechtem Wetter;
    Das hat von unten bis oben
    Nur Nadeln gehabt statt Blätter;
    Die Nadeln, die haben gestochen,
    Das Bäumlein, das hat gesprochen:

Alle meine Kameraden
    Haben schöne Blätter an,
    Und ich habe nur Nadeln,
    Niemand rührt mich an!

Dürft' ich wünschen, wie ich wollt',
Wünscht' ich mir Blätter von lauter Gold.

Wie's Nacht ist, schläft das Bäumlein ein,
Und früh ist's aufgewacht;
Da hat es goldne Blätter fein,
Das war eine Pracht!
Das Bäumlein spricht: Nun bin ich stolz;
Goldne Blätter hat kein Baum im Holz.

Aber wie es Abend ward,
Ging der Jude durch den Wald
Mit großem Sack und großem Bart,
Der sieht die goldnen Blätter bald;
Er steckt sie ein, geht eilends fort
Und läßt das leere Bäumlein dort.

Das Bäumlein spricht mit Grämen:
Die goldnen Blätter dauern mich;
Ich muß vor den andern mich schämen,
Sie tragen so schönes Laub an sich;
Dürft' ich mir wünschen noch etwas,
So wünscht' ich mir Blätter von hellem Glas.

Da schlief das Bäumlein wieder ein,
Und früh ist's wieder aufgewacht;
Da hatt' es glasene Blätter fein,
Das war eine Pracht!
Das Bäumlein spricht: Nun bin ich froh;
Kein Baum im Walde glitzert so.

Da kam ein großer Wirbelwind
Mit einem argen Wetter,
Der fährt durch alle Bäume geschwind
Und kommt an die glasenen Blätter;
Da lagen die Blätter von Glase
Zerbrochen in dem Grase.

Das Bäumlein spricht mit Trauern:
Mein Glas liegt in dem Staub,

Die andern Blätter dauern
Mit ihrem grünen Laub!
Wenn ich mir noch was wünschen soll,
Wünsch' ich mir grüne Blätter wohl.

Da schlief das Bäumlein wieder ein,
Und wieder früh ist's aufgewacht;
Da hat es grüne Blätter fein.
Das Bäumlein lacht
Und spricht: Nun hab' ich doch Blätter auch,
Daß ich mich nicht zu schämen brauch'.

Da kommt mit vollem Euter
Die alte Geiß gesprungen;
Sie sucht sich Gras und Kräuter
Für ihre Jungen;
Sie sieht das Laub und fragt nicht viel,
Sie frißt es ab mit Stumpf und Stiel.

Da war das Bäumlein wieder leer,
Es sprach nun zu sich selber:
Ich begehre nun keine Blätter mehr,
Weder grüner noch roter, noch gelber!
Hätt' ich nur meine Nadeln,
Ich wollte sie nicht tadeln.

Und traurig schlief das Bäumlein ein,
Und traurig ist es aufgewacht;
Da besieht es sich im Sonnenschein
Und lacht und lacht!
Alle Bäume lachen's aus;
Das Bäumlein macht sich aber nichts draus.

Warum hat's Bäumlein denn gelacht,
Und warum denn seine Kameraden?
Es hat bekommen in einer Nacht
Wieder alle seine Nadeln,
Daß jedermann es sehen kann;
Geh' 'naus, sieh's selbst, doch rühr's nicht an.
Warum denn nicht?
Weil's sticht!

Lachen und Weinen

Lachen und Weinen zu jeglicher Stunde
Ruht bei der Lieb auf so mancherlei Grunde.
Morgens lacht ich vor Lust,
Und warum ich nun weine
Bei des Abends Scheine,
Ist mir selb nicht bewußt.

Weinen und Lachen zu jeglicher Stunde
Ruht bei der Lieb auf so mancherlei Grunde.
Abends weint ich vor Schmerz,
Und warum du erwachen
Kannst am Morgen mit Lachen,
Muß ich dich fragen, o Herz.

JOSEPH VON EICHENDORFF

1788–1857

Abschied

O Täler weit, o Höhen,
O schöner, grüner Wald,
Du meiner Lust und Wehen
Andächtger Aufenthalt!
Da draußen, stets betrogen,
Saust die geschäftge Welt,
Schlag noch einmal die Bogen
Um mich, du grünes Zelt!

Wenn es beginnt zu tagen,
Die Erde dampft und blinkt,
Die Vögel lustig schlagen,
Daß dir dein Herz erklingt:
Da mag vergehn, verwehen
Das trübe Erdenleid,
Da sollst du auferstehen
In junger Herrlichkeit!

Da steht im Wald geschrieben
Ein stilles, ernstes Wort
Von rechtem Tun und Lieben,
Und was des Menschen Hort.
Ich habe treu gelesen
Die Worte schlicht und wahr,
Und durch mein ganzes Wesen
Wards unaussprechlich klar.

Bald werd' ich dich verlassen,
Fremd in der Fremde gehn,
Auf buntbewegten Gassen
Des Lebens Schauspiel sehn;
Und mitten in dem Leben

Wird deines Ernsts Gewalt
Mich Einsamen erheben,
So wird mein Herz nicht alt.

Das zerbrochene Ringlein

In einem kühlen Grunde
Da geht ein Mühlenrad,
Mein Liebste ist verschwunden,
Die dort gewohnet hat.

Sie hat mir Treu versprochen,
Gab mir ein'n Ring dabei,
Sie hat die Treu gebrochen,
Mein Ringlein sprang entzwei.

Ich möcht als Spielmann reisen
Weit in die Welt hinaus,
Und singen meine Weisen,
Und gehn von Haus zu Haus.

Ich möcht als Reiter fliegen
Wohl in die blutge Schlacht,
Um stille Feuer liegen
Im Feld bei dunkler Nacht.

Hör ich das Mühlrad gehen:
Ich weiß nicht, was ich will –
Ich möcht am liebsten sterben,
Da wärs auf einmal still!

Der frohe Wandersmann

Wem Gott will rechte Gunst erweisen,
Den schickt er in die weite Welt;

Dem will er seine Wunder weisen
In Berg und Wald und Strom und Feld.

Die Trägen, die zu Hause liegen,
Erquicket nicht das Morgenrot;
Sie wissen nur von Kinderwiegen,
Von Sorgen, Last und Not und Brot.

Die Bächlein von den Bergen springen,
Die Lerchen schwirren hoch vor Lust,
Was sollt ich nicht mit ihnen singen
Aus voller Kehl und frischer Brust?

Den lieben Gott laß ich nur walten;
Der Bächlein, Lerchen, Wald und Feld
Und Erd und Himmel will erhalten,
Hat auch mein Sach aufs best bestellt!

Nachts

Ich wandre durch die stille Nacht,
Da schleicht der Mond so heimlich sacht
Oft aus der dunklen Wolkenhülle,
Und hin und her im Tal
Erwacht die Nachtigall,
Dann wieder alles grau und stille.

O wunderbarer Nachtgesang:
Von fern im Land der Ströme Gang,
Leis Schauern in den dunklen Bäumen –
Wirrst die Gedanken mir,
Mein irres Singen hier
Ist wie ein Rufen nur aus Träumen.

Heimweh

Wer in die Fremde will wandern,
Der muß mit der Liebsten gehn,
Es jubeln und lassen die andern.
Den Fremden alleine stehn.

Was wisset ihr, dunkele Wipfel,
Von der alten, schönen Zeit?
Ach, die Heimat hinter den Gipfeln,
Wie liegt sie von hier so weit.

Am liebsten betracht ich die Sterne,
Die schienen, wie ich ging zu ihr,
Die Nachtigall hör ich so gerne,
Sie sang vor der Liebsten Tür.

Der Morgen, das ist meine Freude!
Da steig ich in stiller Stund
Auf den höchsten Berg in der Weite
Grüß dich, Deutschland, aus Herzensgrund!

Der Abend

Schweigt der Menschen laute Lust:
Rauscht die Erde wie in Träumen
Wunderbar mit allen Bäumen,
Was dem Herzen kaum bewußt,
Alte Zeiten, linde Trauer,
Und es schweifen leise Schauer
Wetterleuchtend durch die Brust.

Sehnsucht

Vöglein in den sonn'gen Tagen!
Lüfte blau, die mich verführen!
Könnt' ich bunte Flügel rühren,
Über Berg und Wald sie schlagen!

Ach! es spricht des Frühlings Schöne,
Und die Vögel alle singen:
»Sind die Farben denn nicht Töne
Und die Töne bunte Schwingen?«

Vöglein, ja, ich lass' das Zagen!
Winde sanft die Segel rühren,
Und ich lasse mich entführen,
Ach! wohin? mag ich nicht fragen.

Frische Fahrt

Laue Luft kommt blau geflossen,
Frühling, Frühling soll es sein!
Waldwärts Hörnerklang geschossen,
Mutger Augen lichter Schein;
Und das Wirren bunt und bunter
Wird ein magisch wilder Fluß,
In die schöne Welt hinunter
Lockt dich dieses Stromes Gruß.

Und ich mag mich nicht bewahren!
Weit von euch treibt mich der Wind,
Auf dem Strome will ich fahren,
Von dem Glänze selig blind!
Tausend Stimmen lockend schlagen,
Hoch Aurora flammend weht,
Fahre zu! ich mag nicht fragen,
Wo die Fahrt zu Ende geht!

Mondnacht

Es war, als hätt der Himmel
Die Erde still geküßt,
Daß sie im Blütenschimmer
Von ihm nun träumen müßt.

Die Luft ging durch die Felder,
Die Ähren wogten sacht,
Es rauschten leis die Wälder,
So sternklar war die Nacht.

Und meine Seele spannte
Weit ihre Flügel aus,
Flog durch die stillen Lande,
Als flöge sie nach Haus.

WILHELM HEY

1789–1854

Weißt du, wieviel Sternlein stehen

Weißt du, wieviel Sternlein stehen
An dem blauen Himmelszelt?
Weißt du, wieviel Wolken gehen
Weithin über alle Welt?
Gott der Herr hat sie gezählet,
Daß ihm auch nicht eines fehlet
An der ganzen großen Zahl.

Weißt du, wieviel Mücklein spielen
In der heißen Sonnenglut,
Wieviel Fischlein auch sich kühlen
In der klaren Wasserflut?
Gott der Herr rief sie mit Namen,
Daß sie all ins Leben kamen,
Daß sie nun so fröhlich sind.

Weißt du, wieviel Kindlein frühe
Stehn aus ihrem Bettlein auf,
Daß sie sonder Sorg und Mühe
Fröhlich sind im Tageslauf?
Gott im Himmel hat an allen
Seine Lust, sein Wohlgefallen.
Kennt auch dich und hat dich lieb.

Kind und Buch

»Komm her einmal, du liebes Buch;
Sie sagen immer, du bist so klug.
Mein Vater und Mutter, die wollen gerne,

Daß ich was Gutes von dir lerne;
Drum will ich dich halten an mein Ohr;
Nun sag mir all' deine Sachen vor.

Was ist denn das für ein Eigensinn,
Und siehst du nicht, daß ich eilig bin?
Möchte gern spielen und springen herum,
Und du bleibst immer so stumm und dumm?
Geh, garstiges Buch, du ärgerst mich,
Dort in die Ecke werf' ich dich.«

Der Vogel am Fenster

An das Fenster klopft es: »Pick! pick!
Macht mir doch auf auf einen Augenblick.
Dick fällt der Schnee, der Wind geht kalt,
Habe kein Futter, erfriere bald.
Lieben Leute, o laßt mich ein,
Will auch immer recht artig sein.«

Sie ließen ihn ein in seiner Not;
Er suchte sich manches Krümchen Brot,
Blieb fröhlich manch Woche da.
Doch als die Sonne durchs Fenster sah,
Da saß er immer so traurig dort;
Sie machten ihm auf: husch, war er fort!

WILHELM MÜLLER

1794–1827

Wanderschaft

Das Wandern ist des Müllers Lust,
Das Wandern!
Das muß ein schlechter Müller sein,
Dem niemals fiel das Wandern ein,
Das Wandern.

Vom Wasser haben wir's gelernt,
Vom Wasser!
Das hat nicht Rast bei Tag und Nacht,
Ist stets auf Wanderschaft bedacht,
Das Wasser.

Das sehn wir auch den Rädern ab,
Den Rädern!
Die gar nicht gerne stille stehn,
Die sich mein Tag nicht müde drehn,
Die Räder.

Die Steine selbst, so schwer sie sind,
Die Steine!
Sie tanzen mit den muntern Reihn
Und wollen gar noch schneller sein,
Die Steine.

O Wandern, Wandern, meine Lust,
O Wandern!
Herr Meister und Frau Meisterin,
Laßt mich in Frieden weiter ziehn
Und wandern.

Der Lindenbaum

Am Brunnen vor dem Tore
Da steht ein Lindenbaum:
Ich träumt in seinem Schatten
So manchen süßen Traum.

Ich schnitt in seine Rinde
So manches liebe Wort;
Es zog in Freud und Leide
Zu ihm mich immer fort.

Ich mußt auch heute wandern
Vorbei in tiefer Nacht,
Da hab ich noch im Dunkel
Die Augen zugemacht.

Und seine Zweige rauschten,
Als riefen sie mir zu:
Komm her zu mir, Geselle,
Hier findst du deine Ruh!

Die kalten Winde bliesen
Mir grad ins Angesicht,
Der Hut flog mir vom Kopfe,
Ich wendete mich nicht.

Nun bin ich manche Stunde
Entfernt von jenem Ort,
Und immer hör ich's rauschen:
Du fändest Ruhe dort!

Brüderschaft

Im Krug zum grünen Kranze
Da kehrt ich durstig ein:
Da saß ein Wandrer drinnen

Am Tisch bei kühlem Wein.
Ein Glas war eingegossen,
Das wurde nimmer leer;
Sein Haupt ruht' auf dem Bündel,
Als wär's ihm viel zu schwer.

Ich tat mich zu ihm setzen,
Ich sah ihm ins Gesicht,
Das schien mir gar befreundet,
Und dennoch kannt ich's nicht.

Da sah auch mir ins Auge
Der fremde Wandersmann,
Und füllte meinen Becher,
Und sah mich wieder an.

Hei, was die Becher klangen,
Wie brannte Hand in Hand:
»Es lebe die Liebste deine,
Herzbruder, im Vaterland!«

Gute Nacht

Fremd bin ich eingezogen,
Fremd zieh ich wieder aus.
Der Mai war mir gewogen
Mit manchem Blumenstrauß.
Das Mädchen sprach von Liebe,
Die Mutter gar von Eh' –
Nun ist die Welt so trübe,
Der Weg gehüllt in Schnee.

Ich kann zu meiner Reisen
Nicht wählen mit der Zeit:
Muß selbst den Weg mir weisen
In dieser Dunkelheit.
Es zieht ein Mondenschatten

Als mein Gefährte mit,
Und auf den weißen Matten
Such ich des Wildes Tritt.

Was soll ich länger weilen,
Bis man mich trieb' hinaus?
Laß irre Hunde heulen
Vor ihres Herren Haus!
Die Liebe liebt das Wandern, –
Gott hat sie so gemacht –
Von einem zu dem andern –
Fein Liebchen, gute Nacht!

Will dich im Traum nicht stören,
War schad um deine Ruh,
Sollst meinen Tritt nicht hören –
Sacht, sacht die Türe zu!
Ich schreibe nur im Gehen
Ans Tor noch gute Nacht,
Damit du mögest sehen,
Ich hab an dich gedacht.

Vineta

Aus des Meeres tiefem, tiefem Grunde
Klingen Abendglocken dumpf und matt,
Uns zu geben wunderbare Kunde
Von der schönen alten Wunderstadt.

In der Fluten Schoß hinabgesunken,
Blieben unten ihre Trümmer stehn.
Ihre Zinnen lassen goldne Funken
Widerscheinend auf dem Spiegel sehn.

Und der Schiffer, der den Zauberschimmer
Einmal sah im hellen Abendrot,
Nach derselben Stelle schifft er immer,

Ob auch rings umher die Klippe droht.
Aus des Herzens tiefem, tiefem Grunde;
Klingt es mir, wie Glocken, dumpf und matt.
Ach, sie geben wunderbare Kunde
Von der Liebe, die geliebt es hat.

Eine schöne Welt ist da versunken,
Ihre Trümmer blieben unten stehn,
Lassen sich als goldne Himmelsfunken
Oft im Spiegel meiner Träume sehn.

Und dann möcht ich tauchen in die Tiefen,
Mich versenken in den Widerschein,
Und mir ist, als ob mich Engel riefen
In die alte Wunderstadt hinein.

AUGUST GRAF VON PLATEN-HALLERMUND

1796–1835

Die Liebe hat gelogen

Die Liebe hat gelogen,
Die Sorge lastet schwer,
Betrogen, ach, betrogen
Hat alles mich umher!

Es rinnen heiße Tropfen
Die Wange stets herab,
Laß ab, laß ab zu klopfen,
Laß ab, mein Herz, laß ab!

Der Strom, der neben mir verrauschte

Der Strom, der neben mir verrauschte, wo ist er nun?
Der Vogel, dessen Lied ich lauschte, wo ist er nun?
Wo ist die Rose, die die Freundin am Herzen trug,
Und jener Kuß, der mich berauschte, wo ist er nun?
Und jener Mensch, der ich gewesen, und den ich längst
Mit einem andern Ich vertauschte, wo ist er nun?

Du wähnst so sicher dich

Du wähnst so sicher dich und klug zu sein,
So ganz der Welt und dir genug zu sein?
Doch unbefriedigt schien mir jedes Herz
Und jedes Wesen, das ich frug, zu sein;
Ein duftig Rätsel schien die Rose mir,
Und jedes Blatt nur auf dem Flug zu sein;

Des Baumes Schatten, unter dem ich lag,
Schien mir ein köstlicher Betrug zu sein;
Gehemmt in Fesseln schien mein eigen Lied,
In die ich's wider Willen schlug, zu sein.

Wer in der Brust

Wer in der Brust ein wachsendes Verlangen
Nach schönen Augen fühlt und schönen Haaren,
Den mahn ich ab, der nur zu viel erfahren
Von Schmerz und Qual durch eitles Unterfangen.

Dem jähen Abgrund nur mit Not entgangen,
Was blieb mir aus unendlichen Gefahren?
Im Aug die Spur von hingeweinten Jahren
Und in der Brust ein ungeheures Bangen.

Naht nicht der jähen Tiefe, junge Herzen!
Des Ufers Lilien glühn von falschem Feuer,
Denn ach, sie locken in das Meer der Schmerzen!

Nur jenen ist das Leben schön und teuer,
Die frank und ungefesselt mit ihm scherzen,
Und ihnen ruft ein Gott: die Welt ist euer.

Farbenstäubchen auf der Schwinge

Farbenstäubchen auf der Schwinge
Sommerlicher Schmetterlinge,
Flüchtig sind sie, sind vergänglich
Wie die Gaben, die ich bringe,
Wie die Kränze, die ich flechte,
Wie die Lieder, die ich singe:
Schnell vorüber schweben alle,
Ihre Dauer ist geringe,

Wie ein Schaum auf schwanker Welle,
Wie ein Hauch auf blanker Klinge.
Nicht Unsterblichkeit verlang' ich,
Sterben ist das Los der Dinge:
Meine Töne sind zerbrechlich
Wie das Glas, an das ich klinge.

Ghasel

Es liegt an eines Menschen Schmerz,
an eines Menschen Wunde nichts,
Es kehrt an das, was Kranke quält,
sich ewig der Gesunde nichts,
Und wäre nicht das Leben kurz,
das stets der Mensch vom Menschen erbt,
So gäbs Beklagenswerteres
auf diesem weiten Runde nichts.
Einförmig stellt Natur sich her,
doch tausendförmig ist ihr Tod,
Es fragt die Welt nach meinem Ziel,
nach deiner letzten Stunde nichts.

Und wer sich willig nicht ergibt
dem ehrnen Lose, das ihm dräut,
Der zürnt ins Grab sich rettungslos
und fühlt in dessen Schlünde nichts. –
Dies wissen alle, doch vergißt
es jeder gerne jeden Tag.
So komme denn, in diesem Sinn,
hinfort aus meinem Munde nichts!
Vergeßt, daß euch die Welt betrügt,
und daß ihr Wunsch nur Wünsche zeugt,
Laßt eurer Liebe nichts entgehn,
entschlüpfen eurer Kunde nichts!
Es hoffe jeder, daß die Zeit
Ihm geben, was sie keinem gab,
Denn jeder sucht ein All zu sein,
und jeder ist im Grunde nichts.

Antwort

Was soll dies kindische Verzagen,
Dies eitle Wünschen ohne Halt?
Da du der Welt nicht kannst entsagen,
Erobre dir sie mit Gewalt!

Und könntest du dich auch entfernen,
Es triebe Sehnsucht dich zurück;
Denn ach, die Menschen lieben lernen,
Es ist das einz'ge wahre Glück!

Unwiderruflich dorrt die Blüte,
Unwiderruflich wächst das Kind,
Abgründe liegen im Gemüte,
Die tiefer als die Hölle sind.

Du siehst sie, doch du fliehst vorüber
Im glücklichen, im ernsten Lauf,
Dem frohen Tage folgt ein trüber,
Doch alles wiegt zuletzt sich auf.

Und wie der Mond im leichten Schweben,
Bald rein und bald in Wolken steht,
So schwinde wechselnd dir das Leben,
Bis es in Wellen untergeht.

Tristan

Wer die Schönheit angeschaut mit Augen,
Ist dem Tode schon anheimgegeben,
Wird für keinen Dienst der Erde taugen,
Und doch wird er vor dem Tode beben,
Wer die Schönheit angeschaut mit Augen!

Ewig währt für ihn der Schmerz der Liebe,
Denn ein Tor nur kann auf Erden hoffen,

Zu genügen einem solchen Triebe:
Wen der Pfeil des Schönen je getroffen,
Ewig währt für ihn der Schmerz der Liebe!

Ach, er möchte wie ein Quell versiechen,
Jedem Hauch der Luft ein Gift entsaugen,
Und den Tod aus jeder Blume riechen:
Wer die Schönheit angeschaut mit Augen,
Ach, er möchte wie ein Quell versiechen!

Wer wüßte je das Leben recht zu fassen

Wer wüsste je das Leben recht zu fassen,
Wer hat die Hälfte nicht davon verloren
Im Traum, im Fieber, im Gespräch mit Toren,
In Liebesqual, im leeren Zeitverprassen?

Ja, der sogar, der ruhig und gelassen,
Mit dem Bewußtsein, was er soll, geboren,
Frühzeitig einen Lebensgang erkoren,
Muß vor des Lebens Widerspruch erblassen.

Den jeder hofft doch, daß das Glück ihm lache,
Allein das Glück, wenn's wirklich kommt, ertragen,
Ist keines Menschen, wäre Gottes Sache.

Auch kommt es nie, wir wünschen bloß und wagen:
Dem Schläfer fällt es nimmermehr vom Dache,
Und auch der Läufer wird es nicht erjagen.

Wem Leben Leiden ist

Wem Leben Leiden ist und Leiden Leben,
Der mag nach mir, was ich empfand, empfinden;

Wer jedes Glück sah augenblicks verschwinden,
Sobald er nur begann, darnach zu streben;

Wer je sich in ein Labyrinth begeben,
Aus dem der Ausweg nimmermehr zu finden,
Wen Liebe darum nur gesucht zu binden,
Um der Verzweiflung dann ihn hinzugeben;

Wer jeden Blitz beschwor, ihn zu zerstören,
Und jeden Strom, daß er hinweg ihn spüle
Mit allen Qualen, die sein Herz empören;

Und wer den Toten ihre harten Pfühle
Mißgönnt, wo Liebe nicht mehr kann betören:
Der kennt mich ganz und fühlet, was ich fühle.

ANNETTE VON DROSTE-HÜLSHOFF

1797–1848

Blumentod

Wie sind meine Finger so grün,
Blumen hab' ich zerrissen;
Sie wollten für mich blühn
Und haben sterben müssen.
Sie neigten sie in mein Angesicht
Wie fromme schüchterne Lider,
Ich war in Gedanken, ich achtet's nicht
Und bog sie zu mir nieder,
Zerriß die lieben Glieder
In sorgenlosem Mut.
Da floß ihr grünes Blut
Um meine Finger nieder;
Sie weinten nicht, sie klagten nicht,
Sie starben sonder Laut,
Nur dunkel ward ihr Angesicht,
Wie wenn der Himmel graut.
Sie konnten mir's nicht ersparen,
Sonst hätten sie's wohl getan;
Wohin bin ich gefahren
In trüben Sinnens Wahn?

O töricht Kinderspiel,
O schuldlos Blutvergießen!
Und gleicht's dem Leben viel,
Laßt mich die Augen schließen,
Denn was geschehn ist, ist geschehn,
Und wer kann für die Zukunft stehn?

Im Grase

Süße Ruh', süßer Taumel im Gras,
Von des Krautes Arome umhaucht,
Tiefe Flut, tief tief trunkne Flut,
Wenn die Wölk' am Azure verraucht,
Wenn mir aufs müde, schwimmende Haupt
Süßes Lachen gaukelt herab,
Liebe Stimme säuselt und träuft
Wie die Lindenblüt auf ein Grab.

Wenn im Busen die Toten dann,
Jede Leiche sich streckt und regt,
Leise, leise den Odem zieht,
Die geschloßne Wimper bewegt,
Tote Lieb', tote Lust, tote Zeit,
All die Schätze, im Schutt verwühlt,
Sich berühren mit schüchternem Klang
Gleich den Glöckchen, vom Winde umspielt.

Stunden, flüchtger ihr als der Kuß
Eines Strahls auf den trauernden See,
Als des ziehenden Vogels Lied,
Das mir niederperlt aus der Höh',
Als des schillernden Käfers Blitz,
Wenn den Sonnenpfad er durcheilt,
Als der heiße Druck einer Hand,
Die zum letzten Male verweilt.

Dennoch, Himmel, immer mir nur
Dieses Eine mir: für das Lied
Jedes freien Vogels im Blau
Eine Seele, die mit ihm zieht,
Nur für jeden kärglichen Strahl
Meinen farbig schillernden Saum,
Jeder warmen Hand meinen Druck,
Und für jedes Glück meinen Traum.

Die Mergelgrube

Stoß deinen Scheit drei Spannen in den Sand,
Gesteine siehst du aus dem Schnitte ragen,
Blau, gelb, zinnoberrot, als ob zur Gant
Natur die Trödelbude aufgeschlagen.
Kein Pardelfell war je so bunt gefleckt,
Kein Rebhuhn, keine Wachtel so gescheckt,
Als das Gerolle, gleißend wie vom Schliff,
Sich aus der Scholle bröckelt bei dem Griff
Der Hand, dem Scharren mit des Fußes Spitze.
Wie zürnend sturt dich an der schwarze Gneis,
Spatkugeln kollern nieder, milchig weiß,
Und um den Glimmer fahren Silberblitze;
Gesprenkelte Porphyre, groß und klein,
Die Ockerdruse und der Feuerstein –
Nur wenige hat dieser Grund gezeugt,
Der sah den Strand, und *der* des Berges Kuppe;
Die zorn'ge Welle hat sie hergescheucht,
Leviathan mit seiner Riesenschuppe,
Als schäumend übern Sinai er fuhr,
Des Himmels Schleusen dreißig Tage offen,
Gebirge schmolzen ein wie Zuckerkand,
Als dann am Ararat die Arche stand,
Und eine fremde, üppige Natur,
Ein neues Leben quoll aus neuen Stoffen. –

Findlinge nennt man sie, weil von der Brust,
Der mütterlichen, sie gerissen sind,
In fremde Wiege, schlummernd unbewußt,
Die fremde Hand sie legt' wie's Findelkind.
O welch' ein Waisenhaus ist diese Heide,
Die Mohren, Blaßgesicht und rote Haut
Gleichförmig hüllet mit dem braunen Kleide!
Wie endlos ihre Zellenreihn gebaut!
Tief ins Gebröckel, in die Mergelgrube
War ich gestiegen, denn der Wind zog scharf;
Dort saß ich seitwärts in der Höhlenstube
Und horchte träumend auf der Luft Geharf.

Es waren Klänge, wie wenn Geisterhall
Melodisch schwinde im zerstörten All;
Und dann ein Zischen, wie von Moores Klaffen;
Wenn brodelnd es in sich zusamm'gesunken;
Mir überm Haupt ein Rispeln und ein Schaffen,
Als scharre in der Asche man den Funken.
Findlinge zog ich Stück auf Stück hervor
Und lauschte, lauschte mit berauschtem Ohr.

Vor mir, um mich der graue Mergel nur;
Was drüber, sah ich nicht; doch die Natur
Schien mir verödet, und ein Bild erstand
Von einer Erde, mürbe, ausgebrannt;
Ich selber schien ein Funken, mir, der doch
Erzittert in der toten Asche noch,
Ein Findling im zerfallnen Weltenbau.
Die Wolke teilte sich, der Wind ward lau;
Mein Haupt nicht wagt' ich aus dem Hohl zu strecken,
Um nicht zu schauen der Verödung Schrecken,
Wie Neues quoll und Altes sich zersetzte –
War ich der erste Mensch oder der letzte?

Ha, auf der Schieferplatte hier Medusen –
Noch schienen ihre Strahlen sie zu zücken,
Als sie geschleudert von des Meeres Busen
Und das Gebirge sank, sie zu zerdrücken.
Es ist gewiß, die alte Welt ist hin,
Ich Petrefakt, ein Mammutsknochen drin!
Und müde, müde sank ich an den Rand
Der staub'gen Gruft; da rieselte der Grand
Auf Haar und Kleider mir, ich ward so grau
Wie eine Leich' im Katakomben-Bau,
Und mir zu Füßen hört' ich leises Knirren.
Ein Rütteln, ein Gebröckel und ein Schwirren.
Es war der Totenkäfer, der im Sarg
Soeben eine frische Leiche barg;
Ihr Fuß, ihr Flügelchen emporgestellt
Zeigt eine Wespe mir von dieser Welt.
Und anders ward mein Träumen nun gewandet,
Zu einer Mumie ward ich versandet,

Mein Linnen Staub, fahlgrau mein Angesicht,
Und auch der Skarabäus fehlte nicht.

Wie, Leichen über mir? – so eben gar
Rollt mir ein Byssusknäuel in den Schoß;
Nein, das ist Wolle, ehrlich Lämmerhaar –
Und plötzlich ließen mich die Träume los.
Ich gähnte, dehnte mich, fuhr aus dem Hohl,
Am Himmel stand der rote Sonnenball,
Getrübt von Dunst, ein glüher Karneol,
Und Schafe weideten am Heidewall.
Dicht über mir sah ich den Hirten sitzen,
Er schlingt den Faden, und die Nadeln blitzen,
Wie er bedächtig seinen Socken strickt.
Zu mir hinunter hat er nicht geblickt.
»Ave Maria« hebt er an zu pfeifen,
So sacht und schläfrig, wie die Lüfte streifen.
Er schaut so seelengleich die Herde an,
Daß man nicht weiß, ob Schaf er oder Mann.
Ein Räuspern dann, und langsam aus der Kehle
Schiebt den Gesang er in das Garngesträhle:

»Es stehet ein Fischlein in einem tiefen See,
Danach tu ich wohl schauen, ob es kommt in die Höh';
Wandl' ich über Grunheide bis an den kühlen Rhein,
Alle meine Gedanken bei meinem Feinsliebchen sein.
Gleich wie der Mond ins Wasser schaut hinein,
Und gleich wie die Sonne im Wald gibt güldenen Schein
Also sich verborgen bei mir die Liebe findt,
Alle meine Gedanken, sie sind bei dir, mein Kind.

Wer da hat gesagt, ich wollte wandern fort,
Der hat sein Feinsliebchen an einem andern Ort;
Trau nicht den falschen Zungen, was sie dir blasen ein,
Alle meine Gedanken, sie sind bei dir allein.«

Ich war hinauf geklommen, stand am Bord,
Dicht vor dem Schäfer, reichte ihm den Knäuel;
Er steckt' ihn an den Hut und strickte fort,
Sein weißer Kittel zuckte wie ein Weihel.

Im Moose lag ein Buch; ich hob es auf –
»Bertuchs Naturgeschichte; lest Ihr das?«
Da zog ein Lächeln seine Lippen auf:
»Der lügt mal, Herr! Doch das ist just der Spaß!
Von Schlangen, Bären, die in Stein verwandelt,
Als, wie Genesis sagt, die Schleusen offen;
Wär's nicht zur Kurzweil, war' es schlecht gehandelt:
Man weiß ja doch, daß alles Vieh versoffen.«
Ich reichte ihm die Schieferplatte: »Schau,
Das war ein Tier!« Da zwinkert' er die Brau
Und hat mir lange pfiffig nachgelacht –
Daß ich verrückt sei, hätt' er nicht gedacht! –

Mondesaufgang

An des Balkones Gitter lehnte ich
Und wartete, du mildes Licht, auf dich.
Hoch über mir, gleich trübem Eiskristalle,
Zerschmolzen schwamm des Firmamentes Halle;
Der See verschimmerte mit leisem Dehnen,
Zerfloßne Perlen oder Wolkentränen? –
Es rieselte, es dämmerte um mich,
Ich wartete, du mildes Licht, auf dich.

Hoch stand ich, neben mir der Linden Kamm,
Tief unter mir Gezweige, Ast und Stamm;
Im Laube summte der Phalänen Reigen,
Die Feuerfliege sah ich glimmend steigen,
Und Blüten taumelten wie halb entschlafen;
Mir war, als treibe hier ein Herz zum Hafen,
Ein Herz; das übervoll von Glück und Leid
Und Bildern seliger Vergangenheit.

Das Dunkel stieg, die Schatten drangen ein –
Wo weilst du, weilst du denn, mein milder Schein?
Sie drangen ein, wie sündige Gedanken,
Des Firmamentes Woge schien zu schwanken,

Verzittert war der Feuerfliege Funken,
Längst die Phaläne an den Grund gesunken,
Nur Bergeshäupter standen hart und nah,
Ein finstrer Richterkreis, im Düster da.

Und Zweige zischelten an meinem Fuß
Wie Warnungsflüstern oder Todesgruß;
Ein Summen stieg im weiten Wassertale
Wie Volksgemurmel vor dem Tribunale;
Mir war, als müsse etwas Rechnung geben,
Als stehe zagend ein verlornes Leben.

Spätes Erwachen

Wie war mein Dasein abgeschlossen,
Als ich im grün umhegten Haus
Durch Lerchenschlag und Fichtensprossen
Noch träumt' in den Azur hinaus.

Als keinen Blick ich noch erkannte,
Als den des Strahles durchs Gezweig,
Die Felsen meine Brüder nannte,
Schwester mein Spiegelbild im Teich.

Nicht rede ich von jenen Jahren,
Die dämmernd uns die Kindheit beut;
Nein, so verdämmert und zerfahren
War meine ganze Jugendzeit.

Wohl sah ich freundliche Gestalten
Am Horizont vorüberfliehn;
Ich konnte heiße Hände halten
Und heiße Lippen an mich ziehn;

Ich hörte ihres Grußes Pochen,
Ihr leises Wispern um mein Haus
Und sandte schwimmend, halbgebrochen,
Nur einen Seufzer halb hinaus.

Ich fühlte ihres Hauches Fächeln,
Und war doch keine Blume süß;
Ich sah der Liebe Engel lächeln,
Und hatte doch kein Paradies.

Mir war als habe in den Noten
Sich jeder Ton an mich verwirrt,
Sich jede Hand, die mir geboten,
Im Dunkel wunderlich verirrt.

Durchwachte Nacht

Wie sank die Sonne glüh und schwer,
Und aus versengter Welle dann
Wie wirbelte der Nebel Heer
Die Sternenlose Nacht heran! –
Ich höre ferne Schritte gehn –
Die Uhr schlägt Zehn.

Noch ist nicht alles Leben eingenickt,
Der Schlafgemächer letzte Türen knarren;
Vorsichtig in der Rinne Bauch gedrückt,
Schlüpft noch der Iltis an des Giebels Sparren,
Die schlummertrunkne Färse murrend nickt,
Und fern im Stalle dröhnt des Rosses Scharren,
Sein müdes Schnauben, bis, vom Mohn getränkt,
Sich schlaff die regungslose Flanke senkt.

Betäubend gleitet Fliederhauch
Durch meines Fensters offnen Spalt,
Und an der Scheibe grauem Rauch
Der Zweige wimmelnd Neigen wallt.
Matt bin ich, matt wie die Natur! –
Elf schlägt die Uhr.

O wunderliches Schlummerwachen, bist
Der zartren Nerve Fluch du oder Segen? –

's ist eine Nacht, vom Taue wach geküßt,
Das Dunkel fühl' ich kühl wie feinen Regen
An meine Wangen gleiten, das Gerüst
Des Vorhangs scheint sich schaukelnd zu bewegen.
Und dort das Wappen an der Decke Gips
Schwimmt sachte mit dem Schlängeln des Polyps.

Wie mir das Blut im Hirne zuckt!
Am Söller geht Geknister um,
Im Pulte raschelt es und ruckt,
Als drehe sich der Schlüssel um.
Und – horch! der Seiger hat gewacht!
's ist Mitternacht.

War das ein Geisterlaut? So schwach und leicht
Wie kaum berührten Glases schwirrend Klingen,
Und wieder wie verhaltnes Weinen steigt
Ein langer Klageton aus den Syringen,
Gedämpfter, süßer nun, wie tränenfeucht
Und selig kämpft verschämter Liebe Ringen; –
O Nachtigall, das ist kein wacher Sang,
Ist nur im Traum gelöster Seele Drang.

Da kollerts nieder vom Gestein!
Des Turmes morsche Trümmer fällt,
Das Käuzlein knackt und hustet drein;
Ein jäher Windesodem schwellt
Gezweig und Kronenschmuck des Hains; –
Die Uhr schlägt Eins.

Und drunten das Gewölke rollt und klimmt;
Gleich einer Lampe aus dem Hünenmale
Hervor des Mondes Silbergondel schwimmt,
Verzitternd auf der Gasse blauem Stahle;
An jedem Fliederblatt ein Fünkchen glimmt,
Und hell gezeichnet von dem blassen Strahle
Legt auf mein Lager sich des Fensters Bild,
Vom schwanken Laubgewimmel überhüllt.

Jetzt möcht' ich schlafen, schlafen gleich,
Entschlafen unterm Mondeshauch,
Umspielt vom flüsternden Gezweig,
Im Blute Funken, Funk' im Strauch
Und mir im Ohre Melodei; –
Die Uhr schlägt Zwei.

Und immer heller wird der süße Klang,
Das liebe Lachen; es beginnt zu ziehen
Gleich Bildern von Daguerre die Deck' entlang,
Die aufwärts steigen mit des Pfeiles Fliehen;
Mir ist, als seh' ich lichter Locken Hang,
Gleich Feuerwürmern seh' ich Augen glühen.
Dann werden feucht sie, werden blau und lind,
Und mir zu Füßen sitzt ein schönes Kind.

Es sieht empor, so fromm gespannt,
Die Seele strömend aus dem Blick;
Nun hebt es gaukelnd seine Hand,
Nun zieht es lachend sie zurück;
Und – horch! des Hahnes erster Schrei! –
Die Uhr schlägt Drei.

Wie bin ich aufgeschreckt, – o süßes Bild,
Du bist dahin, zerflossen mit dem Dunkel!
Die unerfreulich graue Dämmrung quillt,
Verloschen ist des Flieders Taugefunkel,
Verrostet steht des Mondes Silberschild,
Im Walde gleitet ängstliches Gemunkel,
Und meine Schwalbe an des Frieses Saum
Zirpt leise, leise auf im schweren Traum.

Der Tauben Schwärme kreisen scheu,
Wie trunken, in des Hofes Rund,
Und wieder gellt des Hahnes Schrei,
Auf seiner Streue rückt der Hund,
Und langsam knarrt des Stalles Tür –
Die Uhr schlägt Vier.

Da flammt's im Osten auf, – o Morgenglut!
Sie steigt, sie steigt, und mit dem ersten Strahle
Strömt Wald und Heide vor Gesangesflut,
Das Leben quillt aus schäumendem Pokale,
Es klirrt die Sense, flattert Falkenbrut,
Im nahen Forste schmettern Jagdsignale,
Und wie ein Gletscher sinkt der Träume Land
Zerrinnend in des Horizontes Brand.

Am letzten Tage des Jahres / (Silvester)

Das Jahr geht um,
Der Faden rollt sich sausend ab.
Ein Stündchen noch, das letzte heut,
Und stäubend rieselt in sein Grab,
Was einstens war lebend'ge Zeit.
Ich harre stumm.

's ist tiefe Nacht!
Ob wohl ein Auge offen noch?
In diesen Mauern rüttelt dein
Verrinnen, Zeit! Mir schaudert; doch
Es will die letzte Stunde sein
Einsam durchwacht.

Geschehen all,
Was ich begangen und gedacht.
Was mir aus Haupt und Herzen stieg,
Das steht nun eine ernste Wacht
Am Himmelstor. O halber Sieg!
O schwerer Fall!

Wie reißt der Wind
Am Fensterkreuze! Ja es will
Auf Sturmesfittichen das Jahr
Zerstäuben, nicht ein Schatten still
Verhauchen unterm Sternenklar.
Du Sündenkind,

War nicht hoh!
Und heimlich Sausen jeden Tag
In deiner wüsten Brust Verließ,
Wo langsam Stein an Stein zerbrach,
Wenn es den kalten Odem stieß
Vom starren Pol?

Mein Lämpchen will
Verlöschen, und begierig saugt
Der Docht den letzten Tropfen Öl.
Ist so mein Leben auch verraucht?
Eröffnet sich des Grabes Höhl'
Mir schwarz und still

Wohl in dem Kreis,
Den dieses Jahres Lauf umzieht?
Mein Leben bricht, ich wußt' es lang!
Und dennoch hat dies Herz geglüht
In eitler Leidenschaften Drang!
Mir brüht der Schweiß

Der tiefsten Angst
Auf Stirn und Hand. – Wie dämmert feucht
Ein Stern dort durch die Wolken nicht!
War' es der Liebe Stern vielleicht,
Dir zürnend mit dem trüben Licht,
Daß du so bangst?

Horch, welch Gesumm?
Und wieder? Sterbemelodie!
Die Glocke regt den ehrnen Mund.
O Herr, ich falle auf das Knie:
Sei gnädig meiner letzten Stund'!
Das Jahr ist um!

HEINRICH HEINE

1797–1856

Rückschau

Ich habe gerochen alle Gerüche
In dieser holden Erdenkliche;
Was man genießen kann in der Welt,
Das hab ich genossen wie je ein Held!
Hab Kaffee getrunken, hab Kuchen gegessen,
Hab manche schöne Puppe besessen;
Trug seidne Westen, den feinsten Frack,
Mir klingelten auch Dukaten im Sack.
Wie Geliert ritt ich auf hohem Roß;
Ich hatte ein Haus, ich hatte ein Schloß.
Ich lag auf der grünen Wiese des Glücks,
Die Sonne grüßte goldigsten Blicks;
Ein Lorbeerkranz umschloß die Stirn,
Er duftete Träume mir ins Gehirn,
Träume von Rosen und ewigem Mai –
Es ward mir so selig zu Sinne dabei,
So dämmersüchtig, so sterbefaul –
Mir flogen gebratne Tauben ins Maul,
Und Englein kamen, und aus den Taschen
Sie zogen hervor Champagnerflaschen …
Das waren Visionen, Seifenblasen –
Sie platzten – Jetzt lieg ich auf feuchtem Rasen,
Die Glieder sind mir rheumatisch gelähmt,
Und meine Seele ist tief beschämt.
Ach, jede Lust, ach, jeden Genuß
Hab ich erkauft durch herben Verdruß;
Ich ward getränkt mit Bitternissen
Und grausam von den Wanzen gebissen,
Ich ward gedrängt von schwarzen Sorgen,
Ich mußte lügen, ich mußte borgen
Bei reichen Buben und alten Vetteln –
Ich glaube sogar, ich mußte betteln.

Jetzt bin ich müd vom Rennen und Laufen,
Jetzt will ich mich im Grabe verschnaufen.
Lebt wohl! Dort oben, ihr christlichen Brüder,
Ja, das versteht sich, dort sehn wir uns wieder.

Altes Kaminstück

Draußen ziehen weiße Flocken
Durch die Nacht, der Sturm ist laut;
Hier im Stübchen ist es trocken,
Warm und einsam stillvertraut.

Sinnend sitz ich auf dem Sessel
An dem knisternden Kamin,
Kochend summt der Wasserkessel
Längst verklungne Melodien,

Und ein Kätzchen sitzt daneben,
Wärmt die Pfotchen an der Glut;
Und die Flammen schweben, weben,
Wundersam wird mir zu Mut.

Dämmernd kommt heraufgestiegen
Manche längst vergeßne Zeit,
Wie mit bunten Maskenzügen
Und verblichner Herrlichkeit.

Schöne Fraun, mit kluger Miene,
Winken süßgeheimnisvoll,
Und dazwischen Harlekine
Springen, lachen, lustigtoll.

Ferner grüßen Marmorgötter,
Traumhaft neben ihnen stehn
Märchenblumen, deren Blätter
In dem Mondenlichte wehn.

Wackelnd kommt herbeigeschwommen
Manches alte Zauberschloß;
Hinterdrein geritten kommen
Blanke Ritter, Knappentroß.

Und das alles zieht vorüber,
Schattenhastig übereilt –
Ach, da kocht der Kessel über,
Und das nasse Kätzchen heult.

Aus alten Märchen winkt es

Aus alten Märchen winkt es
Hervor mit weißer Hand,
Da singt es und da klingt es
Von einem Zauberland:

Wo große Blumen schmachten
Im goldnen Abendlicht
Und zärtlich sich betrachten
Mit bräutlichem Gesicht; –

Wo alle Bäume sprechen
Und singen, wie ein Chor,
Und laute Quellen brechen
Wie Tanzmusik hervor; –

Und Liebesweisen tönen,
Wie du sie nie gehört,
Bis wundersüßes Sehnen
Dich wundersüß betört!

Ach, könnt' ich dorthin kommen
Und dort mein Herz erfreun
Und aller Qual entnommen
Und frei und selig sein!

Ach! jenes Land der Wonne,
Das seh' ich oft im Traum,
Doch kommt die Morgensonne,
Zerfließt's wie eitel Schaum.

Sie liebten sich beide

Sie liebten sich beide, doch keiner
Wollt' es dem andern gestehn;
Sie sahen sich an so feindlich,
Und wollten vor Liebe vergehn.

Sie trennten sich endlich und sahn sich
Nur noch zuweilen im Traum;
Sie waren längst gestorben,
Und wußten es selber kaum.

Herz, mein Herz

Herz, mein Herz, sei nicht beklommen
Und ertrage dein Geschick.
Neuer Frühling gib zurück,
Was der Winter dir genommen.

Und wie viel ist dir geblieben,
Und wie schön ist noch die Welt!
Und mein Herz, was dir gefällt,
Alles, alles darfst du lieben!

Abenddämmerung

Am blassen Meeresstrande
Saß ich gedankenbekümmert und einsam.

Die Sonne neigte sich tiefer und warf
Glührote Streifen auf das Wasser,
Und die weißen, weiten Wellen,
Von der Flut gedrängt,
Schäumten und rauschten näher und näher –
Ein seltsam Geräusch, ein Flüstern und Pfeifen,
Ein Lachen und Murmeln, Seufzen und Sausen,
Dazwischen ein wiegenliedheimliches Singen –
Mir war, als hört' ich verscholl'ne Sagen,
Uralte, liebliche Märchen,
Die ich einst, als Knabe,
Von Nachbarskindern vernahm,
Wenn wir am Sommerabend,
Auf den Treppensteinen der Haustür,
Zum stillen Erzählen niederkauerten
Mit kleinen, horchenden Herzen
Und neugierklugen Augen; –
Während die großen Mädchen,
Neben duftenden Blumentöpfen,
Gegenüber am Fenster saßen,
Rosengesichter,
Lächelnd und mondbeglänzt.

Es war ein alter König

Es war ein alter König,
Sein Herz war schwer, sein Haupt war grau;
Der arme alte König,
Er nahm eine junge Frau.

Es war ein schöner Page,
Blond war sein Haupt, leicht war sein Sinn;
Er trug die seidne Schleppe
Der jungen Königin.

Kennst du das alte Liedchen?
Es klingt so süß, es klingt so trüb!

Sie mußten beide sterben,
Sie hatten sich viel zu lieb.

Leise zieht durch mein Gemüt

Leise zieht durch mein Gemüt
Liebliches Geläute.
Klinge, kleines Frühlingslied,
Kling hinaus ins Weite.

Kling hinaus, bis an das Haus,
Wo die Blumen sprießen.
Wenn du eine Rose schaust,
Sag', ich laß sie grüßen.

Im wunderschönen Monat Mai

Im wunderschönen Monat Mai,
Als alle Knospen sprangen,
Da ist in meinem Herzen
Die Liebe aufgegangen.

Im wunderschönen Monat Mai,
Als alle Vögel sangen,
Da hab ich ihr gestanden
Mein Sehnen und Verlangen.

Ein Jüngling liebt ein Mädchen

Ein Jüngling liebt ein Mädchen,
Die hat einen andern erwählt;
Der andre liebt eine andre,
Und hat sich mit dieser vermählt.

Das Mädchen heiratet aus Ärger
Den ersten besten Mann,
Der ihr in den Weg gelaufen;
Der Jüngling ist übel dran.

Es ist eine alte Geschichte,
Doch bleibt sie immer neu;
Und wem sie just passieret,
Dem bricht das Herz entzwei.

Ich weiß nicht, was soll es bedeuten

Ich weiß nicht, was soll es bedeuten,
Daß ich so traurig bin;
Ein Märchen aus alten Zeiten,
Das kommt mir nicht aus dem Sinn.

Die Luft ist kühl und es dunkelt,
Und ruhig fließt der Rhein;
Der Gipfel des Berges funkelt
Im Abendsonnenschein.

Die schönste Jungfrau sitzet
Dort oben wunderbar,
Ihr goldnes Geschmeide blitzet,
Sie kämmt ihr goldenes Haar.

Sie kämmt es mit goldenem Kamme,
Und singt ein Lied dabei;
Das hat eine wundersame,
Gewaltige Melodei.

Den Schiffer im kleinen Schiffe
Ergreift es mit wildem Weh;
Er schaut nicht die Felsenriffe,
Er schaut nur hinauf in die Höh.

Ich glaube, die Wellen verschlingen
Am Ende Schiffer und Kahn;
Und das hat mit ihrem Singen
Die Lore-Lei getan.

Wo wird einst des Wandermüden

Wo wird einst des Wandermüden
Letzte Ruhestätte sein?
Unter Palmen in dem Süden?
Unter Linden an dem Rhein?

Werd ich wo in einer Wüste
Eingescharrt von fremder Hand?
Oder ruh ich an der Küste
Eines Meeres in dem Sand?

Immerhin! Mich wird umgeben
Gottes Himmel, dort wie hier,
Und als Totenlampen schweben
Nachts die Sterne über mir.

LUISE HENSEL

1798–1876

Nachtgebet

Müde bin ich, geh zur Ruh,
Schließe beide Äuglein zu:
Vater, laß die Augen Dein
Über meinem Bette sein.

Hab ich Unrecht heut getan,
Sieh es, lieber Gott, nicht an!
Deine Gnad in Jesu Blut
Macht ja allen Schaden gut.

Alle, die mir sind verwandt,
Gott, laß ruhn in Deiner Hand!
Alle Menschen, groß und klein,
Sollen Dir befohlen sein.

Kranken Herzen sende Ruh,
Nasse Augen schließe zu!
Laß den Mond am Himmel stehn
Und die stille Welt besehn!

HEINRICH HOFFMANN VON FALLERSLEBEN

1798–1874

Frühlings Ankunft

Alle Vögel sind schon da,
Alle Vögel, alle!
Welch ein Singen, Musiziern,
Pfeifen, Zwitschern, Tireliern,
Frühling will nun einmarschiern,
Kommt mit Sang und Schalle.

Wie sie alle lustig sind,
Flink und froh sich regen!
Amsel, Drossel, Fink und Star,
Und die ganze Vögelschar.
Wünschet uns ein frohes Jahr,
Lauter Heil und Segen.

Was sie uns verkündet nun,
Nehmen wir zu Herzen:
Wir auch wollen lustig sein,
Lustig wie die Vögelein,
Hier und dort, feldaus, feldein
Singen, springen, scherzen!

Wie der Zaunschlüpfer König ward

Weithin König Adler sah,
Wie der Frühling fern und nah
Alles hatte schön geschmückt
Und erfreuet und beglückt.

König Adler fröhlich war,
Rief: »Gut Heil, du Vogelschar!

Morgen soll ein Turnfest sein,
Und ich lad' euch alle ein!«

Und da kam die Vogelschar:
Rabe, Drossel, Elster, Star,
Meise, Häher, Wiedehall,
Kuckuck, Specht und Nachtigall.

Und man reckt sich, streckt sich, ringt,
Klettert, schwingt sich, hüpft und springt;
Endlich kommt der Dauerlauf –
König Adler spricht darauf:

»Stellt euch jetzt in Reih' und Glied,
Alle, ohne Unterschied!
Wer am höchsten fliegen kann,
Der soll König sein fortan!«

Turr! da flog die ganze Schar,
Aber unterm Flügelpaar
König Adlers saß versteckt
Herr Zaunschlüpfer unentdeckt.

Als der Adler endlich doch
Matt ward, flog Zaunschlüpfer noch,
Höher noch ein ganzes Stück,
Kam als König dann zurück.

Winters Abschied

Winter, ade!
Scheiden tut weh.
Aber dein Scheiden macht,
Daß jetzt mein Herze lacht.
Winter, ade!
Scheiden tut weh!

Winter, ade!
Scheiden tut weh.
Gerne vergeß ich dein,
Kannst immer ferne sein.
Winter, ade!
Scheiden tut weh!

Winter, ade!
Scheiden tut weh.
Gehst du nicht bald nach Haus,
Lacht dich der Kuckuck aus.
Winter, ade!
Scheiden tut weh.

Das Lied vom Monde

Wer hat die schönsten Schäfchen?
Die hat der goldne Mond,
Der hinter unsern Bäumen
Am Himmel drüben wohnt.

Er kommt am späten Abend,
Wenn alles schlafen will,
Hervor aus seinem Hause
Zum Himmel leis und still.

Dann weidet er die Schäfchen
Auf seiner blauen Flur;
Denn all die weißen Sterne
Sind seine Schäfchen nur.

Sie tun sich nichts zuleide,
Hat eins das andre gern,
Und Schwestern sind und Brüder
Da droben Stern an Stern.

Wenn ich gen Himmel schaue,
So fällt mir immer ein:

O laßt uns auch so freundlich
Wie diese Schäfchen sein!

Abendlied

Abend wird es wieder:
Über Wald und Feld
Säuselt Frieden nieder,
Und es ruht die Welt.

Nur der Bach ergießet
Sich am Felsen dort,
Und er braust und fließet
Immer, immer fort.

Und kein Abend bringet
Frieden ihm und Ruh',
Keine Glocke klinget
Ihm ein Rastlied zu.

So in deinem Streben
Bist, mein Herz, auch du:
Gott nur kann dir geben
Wahre Abendruh'.

Laßt mich ruhen, laßt mich träumen

Lasst mich ruhen, laßt mich träumen.
Wo die Abendwinde linde
Säuseln in den Blütenbäumen,
Wo der Nachtigallen
Lieder wieder
in der Zweige Dämmrung schallen!

Wie des Mondes Silberhelle
Auf des Baches dunkler Welle,

Spielt in dieser lichten Stunde
Auf des Lebens dunklem Grunde
Der vergangnen Tage
Freud' und Klage.
Der Erinnrung Lust und Schmerzen
Flimmern auf in meinem Herzen –

Laßt mich ruhen, laßt mich träumen
Bei der Nachtigallen Sänge
Unter vollen Blütenbäumen
Lange – lange!

Frühlingsbotschaft

Wär' ich ein Vögelein,
Hätt' auch zwei Flügelein,
Flög' ich zu dir,
Flöge von Ort zu Ort,
Bliebe dann immerfort,
Immer bei dir.

Siehst du die Rosen blühn?
Blühn sie nicht rot und grün,
Grün und auch rot?
War'n doch die Röslein so,
Alle die Röslein so,
Die ich dir bot.

Aber die Liebe kennt
Nirgend und nie ein End'
Kann nicht verblühn;
Ist wie die Rose stets,
Ist wie die Rose stets
Rot und auch grün.

Weil ich kein Vöglein bin,
Flieg' ich zu dir nicht hin,

Bleibe allhier –
Aber ich lebe noch,
Leb' ich, so weil' ich doch
Immer bei dir.

Frühlingsbotschaft

Kuckuck, Kuckuck ruft aus dem Wald:
Lasset uns singen,
Tanzen und springen!
Frühling, Frühling wird es nun bald.

Kuckuck, Kuckuck, läßt nicht sein Schrein:
Komm in die Felder,
Wiesen und Wälder!
Frühling, Frühling, stelle dich ein!

Kuckuck, Kuckuck, trefflicher Held!
Was du gesungen,
Ist dir gelungen:
Winter, Winter räumet das Feld.

AUGUST KOPISCH

1799–1853

Die Heinzelmännchen

Wie war zu Kölln es doch vordem
Mit Heinzelmännchen so bequem!
Denn, war man faul, ... man legte sich
Hin auf die Bank und pflegte sich:
Da kamen bei Nacht,
Eh man's gedacht,
Die Männlein und schwärmten
Und klappten und lärmten
Und rupften
Und zupften
Und hüpften und trabten
Und putzten und schabten.
Und eh ein Faulpelz noch erwacht,
War all sein Tagewerk bereits gemacht!

Die Zimmerleute streckten sich
Hin auf die Span und reckten sich.
Indessen kam die Geisterschar
Und sah, was da zu zimmern war:
Nahm Meißel und Beil
Und die Säg in Eil;
Sie sägten und stachen
Und hieben und brachen,
Berappten
Und kappten,
Visierten wie Falken
Und setzten die Balken.
Eh sich's der Zimmermann versah,
Klapp! stand das ganze Haus schon fertig da!

Beim Bäckermeister war nicht Not,
Die Heinzelmännchen backten Brot.

Die faulen Burschen legten sich,
Die Heinzelmännchen regten sich –
Und ächzten daher
Mit den Säcken schwer!
Und kneteten tüchtig
Und wogen es richtig
Und hoben
Und schoben
Und fegten und backten
Und klopften und hackten.
Die Burschen schnarchten noch im Chor,
Da rückte schon das Brot, das neue, vor!

Beim Fleischer ging es just so zu:
Gesell und Bursche lag in Ruh.
Indessen kamen die Männlein her
Und hackten das Schwein die Kreuz und Quer.
Das ging so geschwind,
Wie die Mühl im Wind!
Die klappten mit Beilen,
Die schnitzten an Speilen,
Die spülten,
Die wühlten
Und mengten und mischten
Und stopften und wischten.
Tat der Gesell die Augen auf,
Wapp! hing die Wurst da schon im Ausverkauf!

Beim Schenken war es so: Es trank
der Küfer, bis er niedersank.
Am hohlen Fasse schlief er ein;
Die Männlein sorgten um den Wein
Und schwefelten fein
Alle Fässer ein
Und rollten und hoben
Mit Winden und Kloben
Und schwenkten
Und senkten
Und gössen und panschten
Und mengten und manschten.

Und eh der Küfer noch erwacht,
War schon der Wein geschönt und fein gemacht!

Einst hatt' ein Schneider große Pein:
Der Staatsrock sollte fertig sein!
Warf hin das Zeug und legte sich
Hin auf das Ohr und pflegte sich.
Da schlüpften sie frisch
In den Schneidertisch
Und schnitten und rückten
Und nähten und stickten
Und faßten
Und paßten
Und strichen und guckten
Und zupften und ruckten.
Und eh mein Schneiderlein erwacht,
War Bürgermeisters Rock bereits gemacht!
Neugierig war des Schneiders Weib
Und macht sich diesen Zeitvertreib:
Streut Erbsen hin die andere Nacht.
Die Heinzelmännchen kommen sacht;
Eins fährt nun aus,
Schlägt hin im Haus,
Die gleiten von Stufen
Und plumpen in Kufen,
Die fallen
Mit Schallen,
Die lärmen und schreien
Und vermaledeien!
Sie springt hinunter auf den Schall
Mit Licht: husch husch husch husch! – verschwinden all'!

O weh! nun sind sie alle fort,
Und keines ist mehr hier am Ort!
Man kann nicht mehr wie sonsten ruhn,
Man muß nun alles selber tun.
Ein jeder muß fein
Selbst fleißig sein
Und kratzen und schaben
Und rennen und traben

Und schniegeln
Und biegeln
Und klopfen und hacken
Und kochen und backen.
Ach, daß es noch wie damals war,
Doch kommt die schöne Zeit nicht wieder her!

ERNST VON FEUCHTERSLEBEN

1806–1849

Nach altdeutscher Weise

Es ist bestimmt in Gottes Rat,
Daß man, was man am liebsten hat,
Muß meiden;
Wiewohl nichts in dem Lauf der Welt
Dem Herzen, ach! so sauer fällt,
Als Scheiden! ja Scheiden!

So dir geschenkt ein Knösplein was,
So tu es in ein Wasserglas, –
Doch wisse:
Blüht morgen dir ein Röslein auf,
Es welkt wohl noch die Nacht darauf;
Das wisse! ja wisse!

Und hat dir Gott ein Lieb beschert,
Und halst du sie recht innig wert,
Die Deine –
Es werden wohl acht Bretter sein,
Da legst du sie, wie bald! hinein;
Dann weine! ja weine!

Nun mußt du mich auch recht verstehn,
Ja, recht verstehn!
Wenn Menschen auseinandergehn,
So sagen sie: auf Wiedersehn!
Ja Wiedersehn!

Lebensgewinn

Zwischen Schmerz und Freuden,
Leben, fließe hin!
Hab ich doch von beiden
Reichlichsten Gewinn!

Gottes Schönheit seh ich,
Wie ich froh bin, ein;
Holde Pflicht – versteh ich –
Soll mir Freude sein.

Kommen dann die Schmerzen –
Kommt nur immerhin!
Lehrt bereitem Herzen
Kraft und Menschensinn!

So, in dunkler Tage,
Wie in heller, Lauf,
Baut, aus Lust und Klage
Sich die Weisheit auf.

Rinne, Strom des Lebens,
Rinne nur so zu!
Rannst du nicht vergebens,
Flüchtge Welle, du!

NIKOLAUS LENAU

1802–1850

Das Posthorn

Still ist schon das ganze Dorf,
Alles schlafen gangen,
Auch die Vöglein im Gezweig,
Die so lieblich sangen.

Dort in seiner Einsamkeit
Kommt der Mond nun wieder,
Und er lächelt still und bleich
Seinen Gruß hernieder;

Nur der Bach, der nimmer ruht,
Hat ihn gleich vernommen,
Lächelt ihm den Gruß zurück.
Flüstert ihm: willkommen!

Mich auch findest du noch wach,
Lieber Mond, wie diesen,
Denn auf immer hat die Ruh'
Mich auch fortgewiesen.

Mich umschlingt kein holder Traum
Mit den Zauberfäden,
Hab' mit meinem Schmerze noch
Manches Wort zu reden. –

Ferne, leise hör' ich dort
Eines Posthorns Klänge,
Plötzlich wird mir um das Herz
Nun noch eins so enge.

Töne, Wandermelodei,
Durch die öden Straßen;

Wie so leicht einander doch
Menschen sich verlassen!

Mein Herz

Schlaflose Nacht, der Regen rauscht,
Sehr wach ist mir das Herz und lauscht
Zurück bald nach vergangnen Zeiten,
Bald horcht es, wie die künftgen schreiten.

O Herz, dein Lauschen ist nicht gut;
Sei ewig, Herz, und hochgemut!
Da hinten ruft so manche Klage,
Und vorwärts zittert manche Frage.

Wohlan! was sterblich war, sei tot!
Naht Sturm, wohlan! – wie einst das Boot
Mit Christus Stürme nicht zerschellten,
So ruht in dir der Herr der Welten.

An die Entfernte

Diese Rose pflück' ich hier,
In der fremden Ferne;
Liebes Mädchen, dir, ach dir
Brächt' ich sie so gerne!

Doch bis ich zu dir mag ziehn
Viele weite Meilen,
Ist die Rose längst dahin,
Denn die Rosen eilen.

Nie soll weiter sich in's Land
Lieb' von Liebe wagen,
Als sich blühend in der Hand
Läßt die Rose tragen;

Oder als die Nachtigall
Halme bringt zum Neste,
Oder als ihr süßer Schall
Wandert mit dem Weste.

Bist du noch nie beim Morgenschein erwacht

Bist du noch nie beim Morgenschein erwacht
Mit schwerem Herzen, traurig und beklommen.
Und wußtest nicht, wie du auch nachgedacht,
Woher ins Herz der Gram dir war gekommen?

Du fühltest nur: Ein Traum war's in der Nacht;
Des Traumes Bilder waren dir verschwommen,
Doch hat nachwirkend ihre dunkle Macht
Dich, daß du weinen mußtest, übernommen.

Hast du dich einst der Erdennacht entschwungen
Und werden, wie du meinst, am hellen Tage
Verloren sein des Traums Erinnerungen:

Wer weiß, ob nicht so deine Schuld hienieden
Nachwirken wird als eine dunkle Klage
Und dort der Seele stören ihren Frieden?

Blick in den Strom

Sahst du ein Glück vorübergehn,
Das nie sich wiederfindet,
Ist's gut, in einen Strom zu sehn,
Wo alles wogt und schwindet.

Oh, starre nur hinein, hinein,
Du wirst es leichter missen,

Was dir, und sollt's dein Liebstes sein,
Vom Herzen ward gerissen.

Blick' unverwandt hinab zum Fluß.
Bis deine Tränen fallen,
Und sieh durch ihren warmen Guß
Die Flut hinunterwallen.

Hinträumend wird Vergessenheit
Des Herzens Wunde schließen;
Die Seele sieht mit ihrem Leid
Sich selbst vorüberfließen.

Rings ein Verstummen

Rings ein Verstummen, ein Entfärben:
Wie sanft den Wald die Lüfte streicheln,
Sein welkes Laub ihm abzuschmeicheln;
Ich liebe dieses milde Sterben.

Von hinnen geht die stille Reise,
Die Zeit der Liebe ist verklungen,
Die Vögel haben ausgesungen,
Und dürre Blätter sinken leise,

Die Vögel zogen nach dem Süden,
Aus dem Verfall des Laubes tauchen
Die Nester, die nicht Schutz mehr brauchen,
Die Blätter fallen stets, die müden.

In dieses Waldes leisem Rauschen
Ist mir, als hör' ich Kunde wehen,
Daß alles Sterben und Vergehen
Nur heimlich still vergnügtes Tauschen.0

Der Nachtwind hat in den Bäumen

Der Nachtwind hat in den Bäumen
Sein Rauschen eingestellt,
Die Vögel sitzen und träumen
Am Aste traut gesellt.

Die ferne schmächtige Quelle,
Weil alles andre ruht,
Läßt hörbar nun Welle auf Welle
Hinflüstern ihre Flut.

Und wenn die Nähe verklungen,
Dann kommen an die Reih
Die leisen Erinnerungen
Und weinen fern vorbei.

Daß alles vorübersterbe,
Ist alt und allbekannt;
Doch diese Wehmut, die herbe,
Hat niemand noch gebannt.

EDUARD MÖRIKE

1804–1875

Peregrina

I.

Der Spiegel dieser treuen braunen Augen
Ist wie von innerm Gold ein Widerschein;
Tief aus dem Busen scheint er's anzusaugen,
Dort mag solch Gold in heil'gem Gram gedeihn.
In diese Nacht des Blickes mich zu tauchen,
Unwissend Kind, du selber lädst mich ein:
Willst, ich soll kecklich mich und dich entzünden.
Reichst lächelnd mir den Tod im Kelch der Sünden.

II.

Aufgeschmückt ist der Freudensaal:
Lichterhell, bunt in laulicher Sommernacht
Stehet das offene Gartengezelte;
Säulengleich steigen, gepaart
Grünumranket, eherne Schlangen,
Zwölf, mit verschlungenen Hälsen,
Tragend und stützend das
Leicht gegitterte Dach.

Aber die Braut noch wartet verborgen
In dem Kämmerlein ihres Hauses.
Endlich bewegt sich der Zug der Hochzeit,
Fackeln tragend,
Feierlich stumm.
Und in der Mitte,
Mich an der rechten Hand,
Schwarz gekleidet, geht einfach die Braut;
Schöngefaltet ein Scharlachtuch
Liegt um den zierlichen Kopf geschlagen.
Lächelnd geht sie dahin; das Mahl schon duftet.

Später im Lärmen des Fests
Stahlen wir seitwärts uns beide
Weg, nach den Schatten des Gartens wandelnd,
Wo im Gebüsche die Rosen brannten,
Wo der Mondstrahl um Lilien zuckte,
Wo die Weymouthsfichte mit schwarzem Haar
Den Spiegel des Teiches halb verhängt.

Auf seidnem Rasen dort, ach, Herz am Herzen,
Wie verschlangen, erstickten meine Küsse den scheueren Kuß,
Indes der Springquell, unteilnehmend
An überschwenglicher Liebe Geflüster,
Sich ewig des eigenen Plätscherns freute!
Uns aber neckten von fern und lockten
Freundliche Stimmen,
Flöten und Saiten umsonst.

Ermüdet lag, zu bald für mein Verlangen,
Das leichte, liebe Haupt auf meinem Schoß.
Spielender Weise mein Aug' auf ihres drückend,
Fühlt' ich ein Weilchen die langen Wimpern,
Bis der Schlaf sie stellte,
Wie Schmetterlingsgefieder auf und niedergehn.

Eh' das Frührot schien,
Eh' das Lämpchen erlosch im Brautgemache,
Weckt' ich die Schläferin,
Führte das seltsame Kind in mein Haus ein.

III.

Ein Irrsal kam in die Mondscheingärten
Einer einst heiligen Liebe;
Schaudernd entdeckt' ich verjährten Betrug.
Und mit weinendem Blick, doch grausam
Hieß ich das schlanke,
Zauberhafte Mädchen
Ferne gehen von mir.
Ach, ihre hohe Stirn

War gesenkt, denn sie liebte mich;
Aber sie zog mit Schweigen
Fort in die graue
Welt hinaus.

Krank seitdem,
Wund ist und wehe mein Herz.
Nimmer wird es genesen!

Als ginge, luftgesponnen, ein Zauberfaden
Von ihr zu mir, ein ängstig Band,
So zieht es, zieht mich schmachtend ihr nach. –
Wie? wenn ich eines Tags auf meiner Schwelle
Sie sitzen fände, wie einst, im Morgenzwielicht,
Das Wanderbündel neben ihr,
Und ihr Auge, treuherzig zu mir aufschauend,
Sagte: Da bin ich wieder
Hergekommen aus weiter Welt!

An einem Wintermorgen

O flaumenleichte Zeit der dunkeln Frühe!
Welch neue Welt bewegest du in mir?
Was ist's, daß ich auf einmal nun in dir
Von sanfter Wollust meines Daseins glühe?

Einem Kristall gleicht meine Seele nun,
Den noch kein falscher Strahl des Lichts getroffen;
Zu fluten scheint mein Geist, er scheint zu ruhn,
Dem Eindruck naher Wunderkräfte offen,
Die aus dem klaren Gürtel blauer Luft
Zuletzt ein Zauberwort vor meine Sinne ruft.

Bei hellen Augen glaub' ich doch zu schwanken:
Ich schließe sie, daß nicht der Traum entweiche.
Seh' ich hinab in lichte Feenreiche?
Wer hat den bunten Schwärm von Bildern und Gedanken

Zur Pforte meines Herzens hergeladen,
Die glänzend sich in diesem Busen baden,
Goldfarb'gen Fischlein gleich im Gartenteiche?

Ich höre bald der Hirtenflöten Klänge,
Wie um die Krippe jener Wundernacht,
Bald weinbekränzter Jugend Lustgesänge;
Wer hat das friedenselige Gedränge
In meine traurigen Wände hergebracht?

Und welch Gefühl entzückter Stärke,
Indem mein Sinn sich frisch zur Ferne lenkt!
Vom ersten Mark des heut'gen Tags getränkt,
Fühl' ich mir Mut zu jedem frommen Werke.
Die Seele fliegt, soweit der Himmel reicht,
Der Genius jauchzt in mir. Doch sage!
Warum wird jetzt der Blick von Wehmut feucht?

Ist's ein verloren Glück, was mich erweicht?
Ist es ein werdendes, was ich im Herzen trage? –
Hinweg, mein Geist! hier gilt kein Stillestehn:
Es ist ein Augenblick, und alles wird verwehn.

Dort, sieh! am Horizont lüpft sich der Vorhang schon.
Es träumt der Tag, nun sei die Nacht entflohn;
Die Purpurlippe, die geschlossen lag,
Haucht, halb geöffnet, süße Atemzüge:
Auf einmal blitzt das Aug', und, wie ein Gott, der Tag
Beginnt im Sprung die königlichen Flüge.

Um Mitternacht

Gelassen stieg die Nacht ans Land,
Lehnt träumend an der Berge Wand;
Ihr Auge sieht die goldne Wage nun
Der Zeit in gleichen Schalen stille ruhn.
Und kecker rauschen die Quellen hervor,

Sie singen der Mutter, der Nacht, ins Ohr
Vom Tage,
Vom heute gewesenen Tage.

Das uralt alte Schlummerlied –
Sie achtet's nicht, sie ist es müd';
Ihr klingt des Himmels Bläue süßer noch,
Der flücht'gen Stunden gleichgeschwung'nes Joch.
Doch immer behalten die Quellen das Wort,
Es singen die Wasser im Schlafe noch fort
Vom Tage,
Vom heute gewesenen Tage.

Im Frühling

Hier lieg ich auf dem Frühlingshügel:
Die Wolke wird mein Flügel,
Ein Vogel fliegt mir voraus.
Ach, sag mir, alleinzige Liebe,
Wo du bleibst, daß ich bei dir bliebe!
Doch du und die Lüfte, ihr habt kein Haus.

Der Sonnenblume gleich steht mein Gemüte offen,
Sehnend,
Sich dehnend
In Lieben und Hoffen.
Frühling, was bist du gewillt?
Wann werd ich gestillt?

Die Wolke seh ich wandeln und den Fluß,
Es dringt der Sonne goldner Kuß
Mir tief bis ins Geblüt hinein;
Die Augen, wunderbar berauschet,
Tun, als schliefen sie ein,
Nur noch das Ohr dem Ton der Biene lauschet.

Ich denke dies und denke das,
Ich sehne mich, und weiß nicht recht, nach was:

Halb ist es Lust, halb ist es Klage;
Mein Herz, o sage,
Was webst du für Erinnerung
In golden grüner Zweige Dämmerung?
– Alte unnennbare Tage!

Er ist's

Frühling läßt sein blaues Band
Wieder flattern durch die Lüfte;
Süße, wohlbekannte Düfte
Streifen ahnungsvoll das Land.
Veilchen träumen schon,
Wollen balde kommen. –
Horch, von fern ein leiser Harfenton!
Frühling, ja du bist's!
Dich hab' ich vernommen!

Nur Traum

Wie hoch die Welt sich bäumet,
Wie laut auf breiter Spur
Das Leben schäumet,
Uns alle träumet
Der Weltgeist nur.

Septembermorgen

Im Nebel ruhet noch die Welt
Noch träumen Wald und Wiesen:
Bald siehst du, wenn der Schleier fällt
Den blauen Himmel unverstellt
Herbstkräftig die gedämpfte Welt
In warmem Golde fließen.

Nur zu!

Schön prangt im Silbertau die junge Rose,
Den ihr der Morgen in den Busen rollte:
Sie blüht, als ob sie nie verblühen wollte,
Sie ahnet nichts vom letzten Blumenlose.

Der Adler strebt hinan ins Grenzenlose,
Sein Auge trinkt sich voll von sprühndem Golde:
Er ist der Tor nicht, daß er fragen sollte,
Ob er das Haupt nicht an die Wölbung stoße.

Mag denn der Jugend Blume uns verbleichen:
Noch glänzet sie und reizt unwiderstehlich;
Wer will zu früh so süßem Trug entsagen?

Und Liebe, darf sie nicht dem Adler gleichen?
Doch fürchtet sie; auch fürchten ist ihr selig,
Denn all ihr Glück, was ist's? – ein endlos Wagen!

Gebet

I.

Herr, schicke, was du willt,
Ein Liebes oder Leides!
Ich bin vergnügt, daß beides
Aus deinen Händen quillt.

II.

Wollest mit Freuden
Und wollest mit Leiden
Mich nicht überschütten!
Doch in der Mitten
Liegt holdes Bescheiden.

Verborgenheit

Laß, o Welt, o laß mich sein!
Locket nicht mit Liebesgaben!
Laßt dies Herz alleine haben
Seine Wonne, seine Pein!

Was ich traure, weiß ich nicht:
Es ist ein unbekanntes Wehe;
Immerdar durch Tränen sehe
Ich der Sonne liebes Licht.

Oft bin ich mir kaum bewußt,
Und die helle Freude zücket
Durch die Schwere, die mich drücket,
Wonniglich in meiner Brust.

Laß, o Welt, o laß mich sein!
Locket nicht mit Liebesgaben!
Laßt dies Herz alleine haben
Seine Wonne, seine Pein!

Auf eine Lampe

Noch unverrückt, o schöne Lampe, schmückest du,
An leichten Ketten zierlich aufgehangen hier,
Die Decke des nun fast vergessnen Lustgemachs.
Auf deiner weißen Marmorschale, deren Rand
Der Efeukranz von goldengrünem Erz umflicht,
Schlingt fröhlich eine Kinderschar den Ringelreihn.
Wie reizend alles! lachend und ein sanfter Geist
Des Ernstes doch ergossen um die ganze Form:
Ein Kunstgebild der echten Art. Wer achtet sein?
Was aber schön ist, selig scheint es in ihm selbst.

Neue Liebe

Kann auch ein Mensch des andern auf der Erde
Ganz, wie er möchte, sein? –
In langer Nacht bedacht' ich mir's und mußte sagen: Nein!

So kann ich niemands heißen auf der Erde,
Und niemand wäre mein? –
Aus Finsternissen hell in mir auf zückt ein Freudenschein:

Sollt' ich mit Gott nicht können sein,
So wie ich möchte, mein und dein?
Was hielte mich, daß ich's nicht heute werde?

Ein süßes Schrecken geht durch mein Gebein:
Mich wundert, daß es mir ein Wunder wollte sein,
Gott selbst zu eigen haben auf der Erde!

In der Frühe

Kein Schlaf noch kühlt das Auge mir
Dort gehet schon der Tag herfür
An meinem Kammerfenster.
Es wühlet mein verstörter Sinn
Noch zwischen Zweifeln her und hin
Und schaffet Nachtgespenster.
– Ängste, quäle
Dich nicht länger, meine Seele!
Freu dich! schon sind da und dorten
Morgenglocken wach geworden.

Frage und Antwort

Fragst du mich, woher die bange
Liebe mir zum Herzen kam,

Und warum ich ihr nicht lange
Schon den bittern Stachel nahm?

Sprich, warum mit Geisterschnelle
Wohl der Wind die Flügel rührt,
Und woher die süße Quelle
Die verborgnen Wasser führt?

Banne du auf seiner Fährte
Mir den Wind in vollem Lauf!
Halte mit der Zaubergerte
Du die süßen Quellen auf!

ROBERT REINICK

1805–1852

Im Frühling

»Eia popeia«,
Das ist ein altes Lied;
Und wer das Lied gehöret,
Dem werden die Augen müd':
Das Hündchen und das Kätzchen,
Am Fenstersims das Spätzchen,
Mein Kindchen selbst, mein Schätzchen,
– »Eia popeia«, –
So flink sie eben gesprungen,
Sie werden alle müd'.

»Eia popeia«,
Das ist ein altes Lied;
Der Mond hat's oft gehöret,
Ist oft schon worden müd';
Die Bäche und die Quellen,
So wach sie sich auch stellen,
Im Traum nur zieh'n die Wellen,
– »Eia popeia«, –
Sobald's die Nacht gesungen,
Wird alles, alles müd'.

»Eia popeia«,
Das ist ein altes Lied;
Doch eine singt und singt es
Und wird davon nicht müd'.
Ob's schweigt in allen Räumen,
Ob's blüht in allen Bäumen,
Kann schlafen nicht, noch träumen,
– »Eia popeia«, –
Eh' nicht ihr Kindlein schlummert,
Die Mutter wird nicht müd'.

Vom schlafenden Apfel

Im Baum, im grünen Bettchen,
Hoch oben sich ein Apfel wiegt,
Der hat so rote Bäckchen,
Man sieht's, daß er im Schlafe liegt.

Ein Kind steht unterm Baume,
Das schaut und schaut und ruft hinauf:
Ach, Apfel, komm herunter!
Hör endlich doch mit Schlafen auf!

Es hat ihn so gebeten,
Glaubt ihr, der wäre aufgewacht?
Er rührt sich nicht im Bette,
Sieht aus, als ob im Schlaf er lacht.

Da kommt die liebe Sonne
Am Himmel hoch daherspaziert.
Ach, Sonne, liebe Sonne,
Mach du, daß sich der Apfel rührt!

Die Sonne spricht: Warum nicht?
Und wirft ihm Strahlen ins Gesicht,
Küßt ihn dazu so freundlich;
Der Apfel aber rührt sich nicht.

Nun schau, da kommt ein Vogel
Und setzt sich auf den Baum hinauf.
Ei, Vogel, du mußt singen;
Gewiß, gewiß, das weckt ihn auf!

Der Vogel wetzt den Schnabel
Und singt ein Lied so wundernett
Und singt aus voller Kehle,
Der Apfel rührt sich nicht im Bett.

Und wer kam nun gegangen?
Es war der Wind, den kenn ich schon;

Der küßt nicht und der singt nicht,
Der pfeift aus einem andern Ton.

Er stemmt in beide Seiten
Die Arme, bläst die Backen auf
Und bläst und bläst, und richtig,
Der Apfel wacht erschrocken auf

Und springt vom Baum herunter
Grad in die Schürze von dem Kind;
Das hebt ihn auf und freut sich
Und ruft: Ich danke schön, Herr Wind!

Närrischer Tanz

Im Hofe bläst der Hans,
Das hört die Gans
Und spricht zur Ente:
»Ach, wer doch tanzen könnte!« –

Die Ente spricht:
»Wer kann's denn nicht?
Sieh mich nur an,
Wie schön ich's kann.« –
Sie hebt die Pfoten
Als wär's nach Noten,
Und wackelt daher
Bald vorwärts und
Bald in die Quer,
Und ziert sich sehr
Und denket wunder
Wie schön es war!

Die Gans dabei
Voller Entzücken,
Mit Kennerblicken
Sie spricht: »Ei ei!

Wie ist das schön!
Doch sollst du seh'n,
Obgleich es schwer,
Ich mach dir's nach.« –

Und denkt nur, ach!
Sie hebt die Pfoten,
Als wär's nach Noten
Und wackelt sehr,
Und denkt sich wunder
Wie schön es war!

Und wie nun Ent' und Gans
Beide im vollen Tanz,
Kommen vom Teiche daher
Der Gans' und Enten noch mehr,
Viele, viele,
Und sehen zu dem Spiele. –
Und kaum, daß sie's geseh'n,
Fangen sie an sich zu dreh'n,
Die Beine zu recken,
Die Hälse zu strecken,
Und setzen die Pfoten
Als wär's nach Noten,
Und wackeln im Hofe herum
Und stoßen einander sich um
Die närrischen Wichter,
Und schneiden Gesichter,
So dumm, ach so dumm, so dumm!

Wie der Hans den Tanz erblickt,
Er fast erstickt,
So hat er gelacht
Und hat gedacht:
»Jetzt seh' ich's klar,
Wie oft ein Narr
So viele and're Narren macht!« –

Großes Geheimnis

Es sitzt ein Knab am Bach
und sieht den Wellen nach.
Sie sprudeln und sie rauschen.
Er denkt: »Ich muß doch lauschen,
was all die Wellen plaudern!«
Und's Knäblein ohne Zaudern,
es bückt sich zu den Quellchen,
da kommt ganz fix ein Wellchen
gesprudelt und gerauscht –
was hat es da gelauscht!

Doch kann es nichts verstehen,
und eh es sich's versehen,
bückt es sich tiefer hin –
und liegt im Wasser drin.
Zum Glücke war der Bach
ganz hell und klar und flach,
schnell sprang der Knab heraus
und sah ganz lustig aus.

Und als ich ihn gefragt,
was ihm der Bach gesagt,
sprach er nach kurzem Zaudern:
»Ihr dürft es keinem plaudern!
Ein groß' Geheimnis ist,
was er mir sagte, wißt!
Er sagte, wißt ihr, was?
Das Wasser, das macht naß!«

FRIEDRICH THEODOR VISCHER

1807–1887

Schlußergebnis

»Sage, was ist am Ende der Bahn
Als das Wahre, das Beste dir erschienen?«
Nachdem verblichen so mancher Wahn,
Das Leben durch Arbeit abverdienen.

»Traurig!« – Ich weiß nicht, mir ist dabei
So heiter zumut wie in Jugendzeiten,
Die Seele befindet sich hell und frei
Im Dienste des Ganzen, im Meer, im weiten.

Zu spät

Sie haben dich fortgetragen.
Ich kann es dir nicht mehr sagen,
Wie oft ich bei Tag und Nacht
Dein gedacht,
Dein und was ich dir angetan
Auf dunkler Jugendbahn.
Ich habe gezaudert, versäumet,
Hab immer von Frist geträumet;
Über den Hügel der Wind nun weht:
Es ist zu spät.

FRIEDRICH WILHELM GÜLL

1812–1879

Kletterbüblein

Steigt das Büblein auf den Baum,
O so hoch, man sieht es kaum!
    Schlüpft
  Von Ast zu Ästchen,
    Hüpft
  Zum Vogelnestchen,
    Ui!
  Da lacht es,
    Hui!
  Da kracht es,
Plumps, da liegt es drunten.

Häslein

Unterm Tannenbaum im Gras
Gravitätisch sitzt der Has,
Wichst den Bart und spitzt das Ohr,
Duckt sich nieder, guckt hervor,
Zupft
Und leckt sich,
Rupft
Und reckt sich,
Endlich macht er einen Sprung;
Hei, was bin ich für ein Jung',
Schneller noch als Hirsch und Reh
Spring' ich auf und ab die Höh',
Wer ist's, der mich fangen kann?
Tausend Hund' und hundert Mann,

Gleich will ich's mit ihnen wagen,
Soll mich keiner doch erjagen.
Und der Graf auf seinem Schloß
Hat im ganzen Stall kein Roß
Und auch keinen Reitersknecht,
Der mir nachgalloppen möcht'
»Häslein, nimm dich doch in acht,
Hund und Jäger schleichen sacht!
Eh' du's denkst, da zuckt es rot
Und die Kugel schießt dich tot.«
Aber 's Häslein hat sich jetzt
Wie ein Männlein hingesetzt,
Schaut nicht auf und schaut nicht um. –
»Bst, wer kommt so still und stumm
Dort durch Busch und Dorn und Korn
Mit dem Stutz' und Pulverhorn?
Hu! Der Jäger ist es schon!
Häslein, Häslein, spring davon,
's ist zu spät, es blitzt und pufft,
Und der Rauch steigt in die Luft,
Und das Häslein liegt, o weh!
Totgeschossen in dem Klee.«

Will sehen, was ich weiß, vom Bübchen auf dem Eis

Gefroren hat es heuer
Noch gar kein festes Eis.
Das Büblein steht am Weiher
Und spricht so zu sich leis:
»Ich will es einmal wagen,
Das Eis, es muß doch tragen.«
Wer weiß?

Das Büblein stampft und hacket
Mit seinem Stiefelein.
Das Eis auf einmal knacket
Und krach! schon bricht's hinein.

Das Büblein platscht und krabbelt
Als wie ein Krebs und zappelt
mit Schrei'n.

»O helft, ich muß versinken
In lauter Eis und Schnee!
O helft, ich muß ertrinken
Im tiefen, tiefen See!«
War nicht ein Mann gekommen,
Der sich ein Herz genommen –
o weh!

Der packt es bei dem Schöpfe
Und zieht es dann heraus
Vom Fuße bis zum Kopfe
Wie eine Wassermaus.
Das Büblein hat getropfet,
Der Vater hat's geklopfet
zu Haus.

Wenn das Kind nicht schlafen will

Nun leg' dich und schlaf
Wie der Knecht und die Schaf.
Ein Knecht ist kein Graf,
Ein Graf ist kein Knecht.
Ein Star ist kein Specht,
Ein Specht ist kein Star,
Ein Flaum ist kein Haar,
Ein Haar ist kein Flaum.
Ein Strauch ist kein Baum,
Ein Baum ist kein Strauch.
Ein Wind ist kein Hauch,
Ein Hauch ist kein Wind.
Ein Roß ist kein Rind,
Ein Rind ist kein Roß.

Ein Stall ist kein Schloß,
Ein Schloß ist kein Stall.
Ein Ei ist kein Ball,
Ein Ball ist kein Ei.
Ein März ist kein Mai,
Ein Mai ist kein März.
Ein Kopf ist kein Herz,
Ein Herz ist kein Kopf.
Ein Schwanz ist kein Zopf,
Ein Zopf ist kein Schwanz.
Ein Strauß ist kein Kranz,
Ein Kranz ist kein Strauß.
Ein Dach ist kein Haus,
Ein Haus ist kein Dach.
Ein Strom ist kein Bach,
Ein Bach ist kein Strom.
Ein Turm ist kein Dom,
Ein Dom ist kein Turm.
Ein Schneck ist kein Wurm,
Ein Wurm ist kein Schneck.
Ein Loch ist kein Eck,
Ein Eck ist kein Loch.
Ein Zaum ist kein Joch,
Ein Joch ist kein Zaum.
Ein Schlaf ist kein Traum,
Ein Traum ist kein Schlaf.
Ein Bock ist kein Schaf,
Ein Schaf ist kein Bock.
Ein Pfahl ist kein Pflock,
Ein Pflock ist kein Pfahl.
Ein Berg ist kein Tal,
Ein Tal ist kein Berg.
Ein Ries' ist kein Zwerg,
Ein Zwerg ist kein Ries'.
Ein Schwert ist kein Spieß,
Ein Spieß ist kein Schwert.
Ein Rind ist kein Pferd,
Ein Pferd ist kein Rind.
Ein Greis ist kein Kind
Ein Kind ist kein Greis.

Ein Schnee ist kein Eis,
Ein Eis ist kein Schnee.
Ein Strand ist kein See,
Ein See ist kein Strand.
Ein Meer ist kein Land,
Ein Land ist kein Meer.
Ein Schwärm ist kein Heer,
Ein Heer ist kein Schwärm.
Ein Fuß ist kein Arm,
Ein Arm ist kein Fuß.
Ein Teich ist kein Fluß,
Ein Fluß ist kein Teich.
Ein Stamm ist kein Zweig,
Ein Zweig ist kein Stamm.
Ein Has ist kein Lamm,
Ein Lamm ist kein Has.
Ein Laub ist kein Gras,
Ein Gras ist kein Laub.
Ein Sand ist kein Staub,
Ein Staub ist kein Sand.
Ein Sitz ist kein Stand,
Ein Stand ist kein Sitz.
Ein Pfeil ist kein Blitz,
Ein Blitz ist kein Pfeil.
Ein Block ist kein Keil,
Ein Keil ist kein Block.
Ein Hund ist kein Bock,
Ein Bock ist kein Hund.
Ein Lot ist kein Pfund,
Ein Pfund ist kein Lot.
Ein Stein ist kein Brot,
Ein Brot ist kein Stein.
Ein Bier ist kein Wein,
Ein Wein ist kein Bier.
Ein Dachs ist kein Stier,
Ein Stier ist kein Dachs.
Ein Schwab ist kein Sachs,
Ein Sachs ist kein Schwab.
Ein Stock ist kein Stab,
Ein Stab ist kein Stock.

Ein Frack ist kein Rock,
Ein Rock ist kein Frack.
Ein Krug ist kein Sack,
Ein Sack ist kein Krug.
Ein Flachs ist kein Tuch,
Ein Tuch ist kein Flachs.
Ein Hecht ist kein Lachs,
Ein Lachs ist kein Hecht.
Ein Graf ist kein Knecht,
Ein Knecht ist kein Graf.
Nun leg' dich und schlaf.

FRIEDRICH HEBBEL

1813–1863

Erleuchtung

In unermeßlich tiefen Stunden
Hast du, in ahnungsvollem Schmerz,
Den Geist des Weltalls nie empfunden,
Der niederflammte in dein Herz?

Jedwedes Dasein zu ergänzen
Durch ein Gefühl, das ihn umfaßt,
Schließt er sich in die engen Grenzen
Der Sterblichkeit als reichster Gast.

Da tust du in die dunklen Risse
Des Unerforschten einen Blick
Und nimmst in deine Finsternisse
Ein leuchtend Bild der Welt zurück.

Du trinkst das allgemeinste Leben,
Nicht mehr den Tropfen, der dir floß,
Und in's Unendliche verschweben
Kann leicht, wer es im Ich genoß.

Nachtlied

Quellende, schwellende Nacht,
Voll von Lichtern und Sternen:
In den ewigen Fernen,
Sage, was ist da erwacht?

Herz in der Brust wird beengt,
Steigendes, neigendes Leben,

Riesenhaft fühle ichs weben,
Welches das meine verdrängt.

Schlaf, da nahst du dich leis,
Wie dem Kinde die Amme,
Und um die dürftige Flamme
Ziehst du den schützenden Kreis.

Abendgefühl

Friedlich bekämpfen
Nacht sich und Tag;.
Wie das zu dämpfen,
Wie das zu lösen vermag!

Der mich bedrückte,
Schläfst du schon, Schmerz?
Was mich beglückte,
Sage, was war's doch, mein Herz?

Freude wie Kummer,
Fühl' ich, zerrann,
Aber den Schlummer
Führten sie leise heran.

Und im Entschweben,
Immer empor,
Kommt mir das Leben
Ganz wie ein Schlummerlied vor.

Sommerbild

Ich sah des Sommers letzte Rose stehn,
Sie war, als ob sie bluten könne, rot;
Da sprach ich schauernd im Vorübergehn:
»So weit im Leben ist zu nah am Tod!«

Es regte sich kein Hauch am heißen Tag,
Nur leise strich ein weißer Schmetterling;
Doch ob auch kaum die Luft sein Flügelschlag
Bewegte, sie empfand es und verging.

Welt und ich

Im großen ungeheuren Ozeane
Willst du, der Tropfen, dich in dich verschließen,
So wirst du nie zur Perl zusammenschießen,
Wie dich auch Fluten schütteln und Orkane!

Nein, öffne deine innersten Organe
Und mische dich im Leiden und Genießen
Mit allen Strömen, die vorüberfließen:
Dann dienst du dir und dienst dem höchsten Plane!

Und fürchte nicht, so in die Welt versunken,
Dich selbst und dein Ur-Eignes zu verlieren;
Der Weg zu dir führt eben durch das Ganze!

Erst wenn du kühn von jedem Wein getrunken,
Wirst du die Kraft im tiefsten Innern spüren,
Die jedem Sturm zu stehn vermag im Tanze!

Ich und du

Wir träumten voneinander
Und sind davon erwacht,
Wir leben, um uns zu lieben,
Und sinken zurück in die Nacht.

Du tratst aus meinem Traume,
Aus deinem trat ich hervor,
Wir sterben, wenn sich eines
Im andern ganz verlor.

Auf einer Lilie zittern
Zwei Tropfen rein und rund,
Zerfließen in eins und rollen
Hinab in des Kelches Grund.

Der Schmetterling

Ein Räuplein saß auf kleinem Blatt,
Es saß nicht hoch, doch aß es satt
Und war auch wohl geborgen;
Da ward das kleine Raupending
Zum Schmetterling,
An einem schönen Morgen
Zum bunten Schmetterling.

Der Schmetterling blickt um sich her,
Es wogt um ihn ein goldnes Meer
Von Farben und von Düften;
Er regt entzückt die Flügelein;
Muß bei euch sein,
Ihr Blumen auf den Triften,
Muß ewig bei euch sein.

Er schwingt sich auf, ihn trägt die Luft
So leicht empor, er schwelgt in Duft,
O Freude, Freude, Freude!
Da saust ein scharfer Wind vorbei,
Reißt ihm entzwei
Die Flügel alle beide,
Der Wind reißt sie entzwei.

Er taumelt, ach! so matt, so matt,
Zurück nun auf das kleine Blatt,
Das ihn ernährt als Raupe.
O weh, o weh, du armes Ding!
Ein Schmetterling,
Der nährt sich nicht vom Laube –
Du armer Schmetterling!

Ihm ist das Blatt jetzt eine Gruft,
Ihn letzt nur Blumensaft und Duft,
Die kann er nicht erlangen,
Und eh noch kommt das Abendrot,
Sieht man ihn tot
An seinem Blättlein hangen,
Ach kalt, erstarrt und tot!

Die schöne Stunde

Nicht schelt ich dich, du schöne Stunde,
Weil du so schnell entwichen bist!
Du brachtest mir die süße Kunde,
Daß noch mein Herz nicht Todes ist.

Wie sollt ich mit dem Becher hadern,
Weil er von meinem Mund sich trennt:
Er goß durch alle meine Adern
Den Wein, aus dem die Sonne brennt.
Friedrich Hebbel

Herbstbild

Dies ist ein Herbsttag wie ich keinen sah!
Die Luft ist still, als atmete man kaum,
Und dennoch fallen raschelnd, fern und nah.
Die schönsten Früchte ab von jedem Baum.

O stört sie nicht, die Feier der Natur!
Dies ist die Lese, die sie selber halt,
Denn heute löst sich von den Zweigen nur
Was vor dem milden Strahl der Sonne fallt.

Schlafen, schlafen

Schlafen, schlafen, nichts als schlafen.
Kein Erwachen, keinen Traum!
Jener Wehen, die mich trafen,
Leisestes Erinnern kaum.

Daß ich, wenn des Lebens Fülle
Niederklingt in meine Ruh,
Nur noch tiefer mich verhülle,
Fester zu die Augen tu.

EMANUEL GEIBEL

1815–1884

Es muß doch Frühling werden

Und dräut der Winter noch so sehr
Mit trotzigen Gebärden,
Und streut er Eis und Schnee umher,
Es muß doch Frühling werden.

Blast nur ihr Stürme, blast mit Macht,
Mir soll darob nicht bangen,
Auf leisen Sohlen über Nacht,
Kommt doch der Lenz gegangen.

Da wacht die Erde grünend auf,
Weiß nicht, wie ihr geschehen,
Und lacht in den sonnigen Himmel hinauf,
Und möcht vor Lust vergehen.

Sie flicht sich blühende Kränze ins Haar
Und schmückt sich mit Rosen und Ähren,
Und läßt die Brünnlein rieseln klar,
Als wären es Freudenzähren!

Drum still, und wie es frieren mag,
O Herz, gib dich zufrieden,
Es ist ein großer Maientag
Der ganzen Welt beschieden.

Und wenn dir oft auch bangt und graut,
Als sei die Höll auf Erden:
Nur unverzagt auf Gott gebaut,
Es muß doch Frühling werden.

Der Mai ist gekommen

Der Mai ist gekommen, die Bäume schlagen aus,
Da bleibe, wer Lust hat, mit Sorgen zu Haus!
Wie die Wolken dort wandern am himmlischen Zelt,
So steht auch mir der Sinn in die weite, weite Welt.

Herr Vater, Frau Mutter, daß Gott euch behüt!
Wer weiß, wo in der Ferne mein Glück mir noch blüht!
Es gibt so manche Straße, die nimmer ich marschiert,
Es gibt so manchen Wein, den nimmer ich probiert.

Frisch auf drum, frisch auf im hellen Sonnenstrahl,
Wohl über die Berge, wohl durch das tiefe Tal!
Die Quellen erklingen, die Bäume rauschen all;
Mein Herz ist wie 'ne Lerche und stimmet ein mit Schall.

Und abends im Städtlein, da kehr ich durstig ein:
»Herr Wirt, Herr Wirt, eine Kanne blanken Wein!
Ergreife die Fiedel, du lustger Spielmann du,
Von meinem Schatz das Liedel sing ich dazu.«

Und find ich keine Herberg, so lieg ich zur Nacht
Wohl unter blauem Himmel, die Sterne halten Wacht;
Im Winde die Linde, die rauscht mich ein gemach,
Es küsset in der Früh das Morgenrot mich wach.

O Wandern, o Wandern, du freie Burschenlust!
Da weht Gottes Odem so frisch in die Brust;
Da singet und jauchzet das Herz zum Himmelszelt:
Wie bist du doch so schön, o du weite, weite Welt!

Morgenwanderung

Wer recht in Freuden wandern will,
Der geh der Sonn entgegen;
Da ist der Wald so kirchenstill,

Kein Lüftchen mag sich regen;
Noch sind nicht die Lerchen wach,
Nur im hohen Gras der Bach
Singt leise den Morgensegen.

Die ganze Welt ist wie ein Buch,
Darin uns aufgeschrieben
In bunten Zeilen manch ein Spruch,
Wie Gott uns treu geblieben;
Wald und Blumen nah und fern
Und der helle Morgenstern
Sind Zeugen von seinem Lieben.

Da zieht die Andacht wie ein Hauch
Durch alle Sinnen leise,
Da pocht ans Herz die Liebe auch
In ihrer stillen Weise,
Pocht und pocht, bis sichs erschließt,
Und die Lippe überfließt
Von lautem, jubelndem Preise.

Und plötzlich läßt die Nachtigall
Im Busch ihr Lied erklingen,
In Berg und Tal erwacht der Schall
Und will sich aufwärts schwingen;
Und der Morgenröte Schein
Stimmt in lichter Glut mit ein:
Laßt uns dem Herrn lobsingen!

Der Mond

Mein Herz ist wie die dunkle Nacht,
Wenn alle Wipfel rauschen;
Da steigt der Mond in voller Pracht
Aus Wolken sacht,
Und sieh, der Wald verstummt in tiefem Lauschen.

Der Mond, der helle Mond bist du,
Aus deiner Liebesfülle
Wirf einen, einen Blick mir zu
Voll Himmelsruh,
Und sieh, dies ungestüme Herz wird stille.

Dereinst Gedanke

Dereinst Gedanke mein,
Wirst ruhig sein.
Läßt Liebesglut
Dich still nicht werden:
In kühler Erden
Da schläfst du gut;
Dort ohne Liebe
Und ohne Pein
Wirst ruhig sein.

Was du im Leben
Nicht hast gefunden,
Wenn es entschwunden,
Wirds dir gegeben.
Dann ohne Wunden
Und ohne Pein
Wirst ruhig sein.

Wenn sich zwei Herzen scheiden

Wenn sich zwei Herzen scheiden,
Die sich dereinst geliebt,
Das ist ein großes Leiden,
Wie's größtes keines gibt.
Es klingt das Wort so traurig gar:
Fahr wohl, fahr wohl, auf immerdar,
Wenn sich zwei Herzen scheiden,
Die sich dereinst geliebt.

JOHANN GEORG FISCHER

1816–1897

Abend

Endet schon des Tages Leben
Und sein ganzes Glück?
Töne und Gestalten schweben
In sich selbst zurück.

Zwischen Wachen, zwischen Träumen
Trinkt die Seele schon,
Zugeweht aus andern Räumen,
Leisen Harfenton.

Breite nun, du Sternenschöne,
Atemstille Nacht,
Deine Schleier und versöhne,
Wo ein Leiden wacht.

Wer weiß

Wer weiß, wenn ihm ein Glück geboren,
Wie reich der Himmel ihn begabt?
Erst wenn du alles hast verloren,
Dann weißt du, was du lieb gehabt.

Kein Herz mag seinen Schatz ermessen,
So lang er ihm gegeben ist,
Und du erfährst, was du besessen,
Erst wenn du ganz verlassen bist.

KLAUS GROTH

1819–1899

Regenlied

Walle, Regen, walle nieder,
Wecke mir die Träume wieder,
Die ich in der Kindheit träumte,
Wenn das Naß im Sande schäumte!

Wenn die matte Sommerschwüle
Lässig stritt mit frischer Kühle
Und die blanken Blätter tauten
Und die Saaten dunkler blauten.

Welche Wonne, in dem Fließen
Dann zu stehn mit nackten Füßen!
An dem Grase hinzustreifen
Und den Schaum mit Händen greifen.

Oder mit den heißen Wangen
Kalte Tropfen aufzufangen
Und den neuerwachten Düften
Seine Kinderbrust zu lüften!

Wie die Kelche, die da troffen,
Stand die Seele atmend offen,
Wie die Blumen düftetrunken
In den Himmelstau versunken.

Schauernd kühlte jeder Tropfen
Tief bis an des Herzens Klopfen,
Und der Schöpfung heilig Weben
Drang bis ins verborgne Leben. –

Walle, Regen, walle nieder,
Wecke meine alten Lieder,

Die wir in der Türe sangen,
Wenn die Tropfen draußen klangen!

Möchte ihnen wieder lauschen,
Ihrem süßen feuchten Rauschen,
Meine Seele sanft betauen
Mit dem frommen Kindergrauen.

O wüßt ich doch den Weg zurück

O wüßt ich doch den Weg zurück,
Den lieben Weg zum Kinderland!
O warum sucht ich nach dem Glück
Und ließ der Mutter Hand?

O wie mich sehnet auszuruhn,
Von keinem Streben aufgeweckt,
Die müden Augen zuzutun,
Von Liebe sanft bedeckt!

Und nichts zu forschen, nichts zu spähn,
Und nur zu träumen leicht und lind,
Der Zeiten Wandel nicht zu sehn,
Zum zweitenmal ein Kind!

O zeigt mir doch den Weg zurück,
Den lieben Weg zum Kinderland!
Vergebens such ich nach dem Glück –
Ringsum ist öder Strand!

HEINRICH LEUTHOLD

1827–1879

Nacht

Der Westwind streichelt die Locken
Schauernder Bäume; wie Schnee
Fallen die Blütenflocken ...
Klänge der Abendglocken
Zittern über den See.

Oben im Wolkenlosen
Kreiset der Sterne Lauf;
Doch unter Küssen und Kosen
Gehen hier unter Rosen
Rosen und Lieder auf.

Trost im Leide

Nun laß das Lamentieren
Und halte Maß!
Man kann nicht mehr verlieren,
Als man besaß.

Wer einst mit vollen Armen
So reiches Glück
Umschloß, kann nie verarmen,
Denkt er zurück.

Wer so genoß der Wonne,
So lang er jung,
Den wärmt wie eine Sonne
Erinnerung.

Carpe diem!

Der Rose gleich, die noch im Samt
Der Knospe gestern lag verschlossen
Und heut schon hoch emporgeflammt,
Ist uns die Liebe aufgeschlossen.

Heut blüht sie noch; drum nimm und gib!
Schon morgen kann ihr Duft entschweben;
Dann wird dein Herzblut selbst, mein Lieb,
Die welkende nicht mehr beleben!

CONRAD FERDINAND MEYER

1825–1898

Schwüle

Trüb verglomm der schwüle Sommertag,
Dumpf und traurig tönt mein Ruderschlag –
Sterne, Sterne – Abend ist es ja –
Sterne, warum seid ihr noch nicht da?

Bleich das Leben! Bleich der Felsenhang!
Schilf, was flüsterst du so frech und bang?
Fern der Himmel und die Tiefe nah –
Sterne, warum seid ihr noch nicht da?

Eine liebe, liebe Stimme ruft
Mich beständig aus der Wassergruft –
Weg, Gespenst, das oft ich winken sah!
Sterne, Sterne, seid ihr nicht mehr da?

Endlich, endlich durch das Dunkel bricht –
Es war Zeit – ein schwaches Flimmerlicht –
Denn ich wußte nicht, wie mir geschah.
Sterne, Sterne, bleibt mir immer nah.

Der römische Brunnen

Aufsteigt der Strahl und fallend gießt
Er voll der Marmorschale Rund,
Die, sich verschleiernd, überfließt
In einer zweiten Schale Grund;
Die zweite gibt, sie wird zu reich,
Der dritten wallend ihre Flut,
Und jede nimmt und gibt zugleich
Und strömt und ruht.

Säerspruch

Bemeßt den Schritt! Bemeßt den Schwung!
Die Erde bleibt noch lange jung!
Dort fällt ein Korn, das stirbt und ruht.
Die Ruh ist süß. Es hat es gut.
Hier eins, das durch die Scholle bricht.
Es hat es gut. Süß ist das Licht.
Und keines fällt aus dieser Welt
Und jedes fällt, wie's Gott gefällt.

Lethe

Jüngst im Traume sah ich auf den Fluten
Einen Nachen ohne Ruder ziehn,
Strom und Himmel stand in matten Gluten
Wie bei Tages Nahen oder Fliehn.

Saßen Knaben drin mit Lotoskränzen,
Mädchen beugten über Bord sich schlank,
Kreisend durch die Reihe sah ich glänzen
Eine Schale, draus ein jedes trank.

Jetzt erscholl ein Lied voll süßer Wehmut,
Das die Schar der Kranzgenossen sang – –
Ich erkannte deines Nackens Demut,
Deine Stimme, die den Chor durchdrang.

In die Welle taucht ich. Bis zum Marke
Schaudert ich, wie seltsam kühl sie war.
Ich erreicht die leise ziehnde Barke,
Drängte mich in die geweihte Schar.

Und die Reihe war an dir zu trinken,
Und die volle Schale hobest du,
Sprachst zu mit mit trautem Augenzwinken:
»Herz, ich trinke dir Vergessen zu!«

Dir entriß in trotzgem Liebesdrange
Ich die Schale, warf sie in die Flut,
Sie versank, und siehe, deine Wange
Färbte sich mit einem Schein von Blut.

Flehend küßt ich dich in wildem Harme,
Die den bleichen Mund mir willig bot,
Da zerrannst du lächelnd mir im Arme,
Und ich wüßt es wieder – – du bist tot.

Die tote Liebe

Entgegen wandeln wir
Dem Dorf im Sonnenkuß,
Fast wie das Jüngerpaar
Nach Emmaus,
Dazwischen leise
Redend schritt
Der Meister, dem sie folgten,
Und der den Tod erlitt. –
So wandelt zwischen uns
Im Abendlicht
Unsre tote Liebe,
Die leise spricht.
Sie weiß für das Geheimnis
Ein heimlich Wort,
Sie kennt der Seelen
Allertiefsten Hort.
Sie deutet und erläutert
Uns jedes Ding,
Sie sagt: »So ist's gekommen,
Daß ich am Holze hing.
Ihr habet mich verleugnet
Und schlimm verhöhnt.
Ich saß in Purpur,
Blutig, dorngekrönt,
Ich habe Tod erlitten,

Den Tod bezwang ich bald,
Und geh in eurer Mitten
Als himmlische Gestalt«. –
Da ward die Weggesellin
Von uns erkannt,
Da hat uns wie den Jüngern
Das Herz gebrannt.

Möwenflug

Möwen sah um einen Felsen kreisen
Ich in unermüdlich gleichen Gleisen,
Aufgespannter Schwinge schweben bleibend,
Eine schimmernd weiße Bahn beschreibend,
Und zugleich in grünem Meeresspiegel
Sah ich um dieselben Felsenspitzen
Eine helle Jagd gestreckter Flügel
Unermüdlich durch die Tiefe blitzen.
Und der Spiegel hatte solche Klarheit,
Daß sich anders nicht die Flügel hoben
Tief im Meer, als hoch in Lüften oben,
Daß sich völlig glichen Trug und Wahrheit.
Allgemach beschlich es mich wie Grauen,
Schein und Wesen so verwandt zu schauen,
Und ich fragte mich, am Strand verharrend,
Ins gespenstische Geflatter starrend:
Und du selber? Bist du echt beflügelt?
Oder nur gemalt und abgespiegelt?
Gaukelst du im Kreis mit Fabeldingen?
Oder hast du Blut in deinen Schwingen?

Chor der Toten

Wir Toten, wir Toten sind größere Heere
Als ihr auf der Erde, als ihr auf dem Meere!

Wir pflügten das Feld mit geduldigen Taten,
Ihr schwinget die Sicheln und schneidet die Saaten,
Und was wir vollendet und was wir begonnen,
Das füllt noch dort oben die rauschenden Bronnen,
Und all unser Lieben und Hassen und Hadern,
Das klopft noch dort oben in sterblichen Adern,
Und was wir an gültigen Sätzen gefunden,
Dran bleibt aller irdische Wandel gebunden,
Und unsere Töne, Gebilde, Gedichte
Erkämpfen den Lorbeer im strahlenden Lichte,
Wir suchen noch immer die menschlichen Ziele –
Drum ehret und opfert! Denn unser sind viele!

Fingerhütchen

Liebe Kinder, wißt ihr, wo
Fingerhut zu Hause?
Tief im Tal von Acherloo
Hat er Herd und Klause;
Aber schon in jungen Tagen
Muß er einen Höcker tragen.
Geht er, wunderlicher nie
Wallte man auf Erden,
Sitzt er, staunen Kinn und Knie,
Daß sie Nachbarn werden.

Körbe flicht aus Binsen er,
Früh und spät sich regend,
Trägt sie zum Verkauf umher
In der ganzen Gegend,
Und er gäbe sich zufrieden,
War' er nicht im Volk gemieden;
Denn man zischelt mancherlei:
Daß ein Hexenmeister,
Daß er kräuterkundig sei
Und im Bund der Geister.

Solches ist die Wahrheit nicht,
Ist ein leeres Meinen,
Doch das Volk im Dämmerlicht
Schaudert vor dem Kleinen.
So die Jungen wie die Alten
Weichen aus dem Ungestalten –
Doch vorüber wohlgemut
Auf des Schusters Räppchen
Trabt er. Blauer Fingerhut
Nickt von seinem Käppchen.

Einmal geht er heim bei Nacht
Nach des Tages Lasten,
Hat den halben Weg gemacht,
Darf ein bißchen rasten,
Setzt sich und den Korb daneben,
Schimmernd hebt der Mond sich eben;
Fingerhut ist gar nicht bang,
Ihm ist gar nicht schaurig,
Nur daß noch der Weg so lang,
Macht den Kleinen traurig.

Etwas hört er klingen fein –
Nicht mit rechten Dingen,
Mitten aus dem grünen Rain
Ein melodisch Singen:
»Silberfähre gleitest leise« –
Schon verstummt die kurze Weise.
Fingerhütchen spähet scharf
Und kann nichts entdecken,
Aber was er hören darf,
Ist nicht zum Erschrecken.

Wieder hebt das Liedchen an
Unter Busch und Hecken,
Doch es bleibt der Reimgespan
Stets im Hügel stecken.
»Silberfähre gleitest leise« –
Wiederum verstummt die Weise.
Lieblich ist, doch einerlei

Der Gesang der Elfen,
Fingerhütchen fällt es bei,
Ihnen einzuhelfen.

Fingerhütchen lauert still
Auf der Töne Leiter,
Wie das Liedchen enden will,
Führt er leicht es weiter:
»Silberfähre gleitest leise«
– – »Ohne Ruder, ohne Gleise.«

Aus dem Hügel ruft's empor:
»Das ist dir gelungen!«
Unterm Boden kommt hervor
Kleines Volk gesprungen.

»Fingerhütchen, Fingerhut«,
Lärmt die tolle Runde,
»Fass' dir einen frischen Mut!
Günstig ist die Stunde!
Silberfähre, gleitest leise
Ohne Ruder, ohne Gleise!
Dieses hast du brav gemacht,
Lernet es, ihr Sänger!
Wie du es zustand gebracht,
Hübscher ist's und länger!

Zeig' dich einmal, schöner Mann!
Laß dich einmal sehen:
Vorn zuerst und hinten dann!
Laß dich einmal drehen!
Weh, was müssen wir erblicken!
Fingerhütchen, welch ein Rücken!
Auf der Schulter, liebe Zeit,
Trägst du grause Bürde!
Ohne hübsche Leiblichkeit
Was ist Geisteswürde?

Eine ganze Stirne voll
Glücklicher Gedanken,

Unter einem Höcker soll
Länger nicht sie schwanken!
Strecket euch, verkrümmte Glieder!
Garst'ger Buckel, purzle nieder!
Fingerhut, nun bist du g'rad,
Deines Fehls genesen!
Heil zum schlanken Rückengrat!
Heil zum neuen Wesen!«

Plötzlich steckt der Elfenchor
Wieder tief im Raine,
Aus dem Hügelrund empor
Tönt's im Mondenscheine:
»Silberfähre, gleitest leise
Ohne Ruder, ohne Gleise!«
Fingerhütchen wird es satt,
Wäre gern daheime,
Er entschlummert laß und matt
An dem eig'nen Reime.

Schlummert eine ganze Nacht
Auf derselben Stelle,
Wie er endlich auferwacht,
Scheint die Sonne helle;
Kühe weiden, Schafe grasen
Auf des Elfenhügels Rasen.
Fingerhut ist bald bekannt,
Läßt die Blicke schweifen,
Sachte dreht er dann die Hand,
Hinter sich zu greifen.

Ist ihm Heil im Traum geschehn?
Ist das Heil der Wahrheit?
Wird das Elfenwort bestehn
Vor des Tages Klarheit?
Und er tastet, tastet, tastet:
»Unbebürdet, unbelastet!
Jetzt bin ich ein grader Mann!«
Jauchzt er ohne Ende,

Wie ein Hirschlein jagt er dann
Über Feld behende.

Fingerhut steht plötzlich still,
Tastet leicht und leise.
Ob er wieder wachsen will?
Nein, in keiner Weise!
Selig preist er Nacht und Stunde,
Da er sang im Geisterbunde. – –
Fingerhütchen wandelt schlank,
Gleich als hätt' er Flügel,
Seit er schlummernd niedersank
Nachts am Elfenhügel.

THEODOR STORM

1817–1888

Herbstbild

Schon ins Land der Pyramiden
Flohn die Störche übers Meer;
Schwalbenflug ist längst geschieden,
Auch die Lerche singt nicht mehr.

Seufzend in geheimer Klage
Streift der Wind das letzte Grün:
Und die süßen Sommertage,
Ach, sie sind dahin, dahin!

Nebel hat den Wald verschlungen,
Der dein stillstes Glück gesehn;
Ganz in Duft und Dämmerungen
Will die schöne Welt vergehn.

Nur noch einmal bricht die Sonne
Unaufhaltsam durch den Duft,
Und ein Strahl der alten Wonne
Rieselt über Tal und Kluft.

Lind es leuchten Wald und Heide,
Daß man sicher glauben mag,
Hinter allem Winterleide
Lieg' ein ferner Frühlingstag.

Hyazinthen

Fern hallt Musik; doch hier ist stille Nacht,
Mit Schlummerduft anhauchen mich die Pflanzen:

Ich habe immer, immer dein gedacht;
Ich möchte schlafen, aber du mußt tanzen.

Es hört nicht auf, es rast ohn Unterlaß;
Die Kerzen brennen und die Geigen schreien,
Es teilen und es schließen sich die Reihen,
Und alle glühen; aber du bist blaß.

Und du mußt tanzen; fremde Arme schmiegen
Sich an dein Herz; o leide nicht Gewalt!
Ich seh' dein weißes Kleid vorüberfliegen
Und deine leichte, zärtliche Gestalt. – –

Und süßer strömend quillt der Duft der Nacht
Und träumerischer aus dem Kelch der Pflanzen.
Ich habe immer, immer dein gedacht;
Ich möchte schlafen, aber du mußt tanzen.

Am Deich

Ans Haff nun fliegt die Möwe,
Und Dämmrung bricht herein;
Über die feuchten Watten
Spiegelt der Abendschein.

Graues Geflügel huschet
Neben dem Wasser her;
Wie Träume liegen die Inseln
Im Nebel auf dem Meer.

Ich höre des gärenden Schlammes
Geheimnisvollen Ton,
Einsames Vogelrufen –
So war es immer schon.

Die Nachtigall

Das macht, es hat die Nachtigall
Die ganze Nacht gesungen;
Da sind von ihrem süßen Schall,
Da sind von Hall und Widerhall
Die Rosen aufgesprungen.

Sie war doch sonst ein wildes Blut;
Nun geht sie tief in Sinnen,
Trägt in der Hand den Sommerhut
Und duldet still der Sonne Glut
Und weiß nicht, was beginnen.

Das macht, es hat die Nachtigall
Die ganze Nacht gesungen.

Mein jüngstes Kind

Ich wanderte schon lange,
Da kämest du daher;
Nun gingen wir zusammen,
Ich sah dich nie vorher.

Noch eine kurze Strecke,
– Das Herz wird mir so schwer –
Du hast noch weit zu gehen,
Ich kann nicht weiter mehr.

Geflüster der Nacht

Es ist ein Flüstern in der Nacht,
Es hat mich ganz um den Schlaf gebracht;
Ich fühl's, es will sich was verkünden
Und kann den Weg nicht zu mir finden.

Sind's Liebesworte, vertrauet dem Wind,
Die unterwegs verwehet sind?
Oder ist's Unheil aus künftigen Tagen,
Das emsig drängt sich anzusagen?

Trost im Leide

So komme, was da kommen mag!
So lang du lebest, ist es Tag.

Und geht es in die Welt hinaus,
Wo du mir bist, bin ich zu Haus.

Ich seh dein liebes Angesicht,
Ich sehe die Schatten der Zukunft nicht.

Die Stadt

Am grauen Strand, am grauen Meer
Und seitab liegt die Stadt;
Der Nebel drückt die Dächer schwer,
Und durch die Stille braust das Meer
Eintönig um die Stadt.

Es rauscht kein Wald, es schlägt im Mai
Kein Vogel ohne Unterlaß.
Die Wandergans mit hartem Schrei
Nur fliegt in Herbstesnacht vorbei,
Am Strande weht das Gras.

Doch hängt mein ganzes Hetz an dir,
Du graue Stadt am Meer,
Der Jugend Zauber für und für
Ruht lächelnd doch auf dir, auf dir,
Du graue Stadt am Meer.

Wer je gelebt in Liebesarmen

Wer je gelebt in Liebesarmen,
Der kann im Leben nie verarmen;
Und müßt er sterben fern, allein,
Er fühlte noch die selge Stunde,
Wo er gelebt an ihrem Munde,
Und noch im Tode ist sie sein.

Weihnachtslied

Vom Himmel in die tiefsten Klüfte
Ein milder Stern herniederlacht;
Vom Tannenwalde steigen Düfte
Und hauchen durch die Winterlüfte,
Und kerzenhelle wird die Nacht.

Mir ist das Herz so froh erschrocken,
Das ist die liebe Weihnachtszeit!
Ich höre fernher Kirchenglocken
Mich lieblich, heimatlich verlocken
In märchenstille Herrlichkeit.

Ein frommer Zauber hält mich wieder,
Anbetend, staunend muß ich stehn;
Es sinkt auf meine Augenlider
Ein goldner Kindertraum hernieder,
Ich fühl's, ein Wunder ist geschehn.

Juli

Klingt im Wind ein Wiegenlied,
Sonne warm herniedersieht,
Seine Ähren senkt das Korn,
Rote Beere schwillt am Dorn,
Schwer von Segen ist die Flur –
Junge Frau, was sinnst du nur?

GOTTFRIED KELLER

1819–1890

Erkenntnis

Willst du, o Herz! ein gutes Ziel erreichen,
Mußt du in eigner Angel schwebend ruhn;
Ein Tor versucht zu gehn in fremden Schuhn,
Nur mit sich selbst kann sich der Mann vergleichen!

Ein Tor, der aus des Nachbars Kinderstreichen
Sich Trost nimmt für das eigne schwache Tun,
Der immer um sich späht und lauscht und nun
Sich seinen Wert bestimmt nach falschen Zeichen!

Tu frei und offen, was du nicht willst lassen,
Doch wandle streng auf selbstbeschränkten Wegen
Und lerne früh nur deine Fehler hassen!

Und ruhig geh den Anderen entgegen;
Kannst du dein Ich nur fest zusammenfassen,
Wird deine Kraft die fremde Kraft erregen.

Abendlied

Augen, meine lieben Fensterlein,
Gebt mir schon so lange holden Schein,
Lasset freundlich Bild um Bild herein:
Einmal werdet ihr verdunkelt sein!

Fallen einst die müden Lider zu,
Löscht ihr aus, dann hat die Seele Ruh;
Tastend streift sie ab die Wanderschuh,
Legt sich auch in ihre finstre Truh.

Noch zwei Fünklein sieht sie glimmend stehn.
Wie zwei Sternlein innerlich zu sehn,
Bis sie schwanken und dann auch vergehn.
Wie von eines Falters Flügelwehn.

Doch noch wandl ich auf dem Abendfeld,
Nur dem sinkenden Gestirn gestellt;
Trinkt, o Augen, was die Wimper hält.
Von dem goldnen Überfluß der Welt!

Aus dem Leben

I

Ich hab in kalten Wintertagen,
In dunkler, hoffnungsarmer Zeit
Ganz aus dem Sinne dich geschlagen,
O Trugbild der Unsterblichkeit.

Nun, da der Sommer glüht und glänzet,
Nun seh ich, daß ich wohlgetan!
Aufs neu hab ich das Haupt bekränzet,
Im Grabe aber ruht der Wahn.

Ich fahre auf dem klaren Strome,
Er rinnt mir kühlend durch die Hand,
Ich schau hinauf zum blauen Dome
Und such – kein beßres Vaterland.

Nun erst versteh ich, die da blühet,
O Lilie, deinen stillen Gruß:
Ich weiß, wie sehr das Herz auch glühet,
Daß ich wie du vergehen muß!

Seid mir gegrüßt ihr holden Rosen
In eures Daseins flüchtgem Glück!
Ich wende mich vom Schrankenlosen
Zu eurer Anmut froh zurück!

Zu glühn, zu blühn und ganz zu leben,
Das lehret euer Duft und Schein,
Und willig dann sich hinzugeben
Dem ewigen Nimmerwiedersein!

II

Die Zeit geht nicht, sie stehet still,
Wir ziehen durch sie hin;
Sie ist ein Karawanserei,
Wir sind die Pilger drin.

Ein Etwas, form- und farbenlos,
Das nur Gestalt gewinnt,
Wo ihr drin auf und nieder taucht,
Bis wieder ihr zerrinnt.

Es blitzt ein Tropfen Morgentau
Im Strahl des Sonnenlichts –
Ein Tag kann eine Perle sein
Und hundert Jahre – Nichts!

Es ist ein weißes Pergament
Die Zeit, und jeder schreibt
Mit seinem besten Blut darauf,
Bis ihn der Strom vertreibt.

An dich, du wunderbare Welt,
Du Schönheit ohne End,
Schreib ich ’nen kurzen Liebesbrief
Auf dieses Pergament.

Froh bin ich, daß ich aufgetaucht
In deinem runden Kranz;
Zum Dank trüb ich die Quelle nicht
Und lobe deinen Glanz!

Erster Schnee

Wie nun alles stirbt und endet
Und das letzte Lindenblatt
Müd sich an die Erde wendet
In die warme Ruhestatt,
So auch unser Tun und Lassen,
Was uns zügellos erregt,
Unser Lieben, unser Hassen
Sei zum welken Laub gelegt.

Reiner, weißer Schnee, o schneie,
Decke beide Gräber zu,
Daß die Seele uns gedeihe
Still und kühl in Wintersruh!
Bald kommt jene Frühlingswende,
Die allein die Liebe weckt,
Wo der Haß umsonst die Hände
Dräuend aus dem Grabe streckt.

Frühlingsglaube

Es wandert eine schöne Sage
Wie Veilchenduft auf Erden um,
Wie sehnend eine Liebesklage
Geht sie bei Tag und Nacht herum.

Das ist das Lied vom Völkerfrieden
Und von der Menschheit letztem Glück,
Von goldner Zeit, die einst hienieden,
Der Traum als Wahrheit, kehrt zurück.

Wo einig alle Völker beten
Zum einen König, Gott und Hirt:
Von jenem Tag, wo den Propheten
Ihr leuchtend Recht gesprochen wird.

Dann wirds nur *eine* Schmach noch geben,
Nur *eine* Sünde in der Welt:
Des Eigen-Neides Widerstreben,
Der es für Traum und Wahnsinn hält.

Wer jene Hoffnung gab verloren
Und böslich sie verloren gab,
Der wäre besser ungeboren:
Denn lebend wohnt er schon im Grab.

Unter Sternen

Wende dich, du kleiner Stern,
Erde! wo ich lebe,
Daß mein Aug, der Sonne fern,
Sternenwärts sich hebe!

Heilig ist die Sternenzeit,
öffnet alle Grüfte;
Strahlende Unsterblichkeit
Wandelt durch die Lüfte.

Mag die Sonne nun bislang
Andern Zonen scheinen,
Hier fühl ich Zusammenhang
Mit dem All und Einen!

Hohe Lust, im dunklen Tal,
Selber ungesehen,
Durch den majestätschen Saal
Atmend mitzugehen!

Schwinge dich, o grünes Rund,
In die Morgenröte!
Scheidend rückwärts singt mein Mund
Jubelnde Gebete!

THEODOR FONTANE

1819–1898

Die Frage bleibt

Halte dich still, halte dich stumm,
Nur nicht forschen, warum? warum?

Nur nicht bittre Fragen tauschen,
Antwort ist doch nur wie Meeresrauschen.

Wie's dich aufzuhorchen treibt,
Das Dunkel, das Rätsel, die Frage bleibt.

Ausgang

Immer enger, leise, leise
Ziehen sich die Lebenskreise,
Schwindet hin, was prahlt und prunkt,
Schwindet Hoffen, Hassen, Lieben,
Und ist nichts in Sicht geblieben
Als der letze dunkle Punkt.

Mein Leben

Mein Leben, ein Leben ist es kaum,
Ich gehe dahin als wie im Traum.

Wie Schatten huschen die Menschen hin,
Ein Schatten dazwischen ich selber bin.

Und im Herzen tiefe Müdigkeit –
Alles sagt mir: Es ist Zeit …

Es kribbelt und wibbelt weiter

Die Flut steigt bis an den Ararat,
Und es hilft keine Rettungsleiter,
Da bringt die Taube Zweig und Blatt –
Und es kribbelt und wibbelt weiter.

Es sicheln und mähen von Ost nach West
Die apokalyptischen Reiter,
Aber ob Hunger, ob Krieg, ob Pest,
Es kribbelt und wibbelt weiter.

Ein Gott wird gekreuzigt auf Golgatha,
Es brennen Millionen Scheiter,
Märtyrer hier und Hexen da,
Doch es kribbelt und wibbelt weiter.

So banne dein Ich in dich, zurück
Und ergib dich und sei heiter;
Was liegt an dir und deinem Glück?
Es kribbelt und wibbelt weiter.

Aber wir lassen es andere machen

Ein Chinese ('s sind schon an zweihundert Jahr)
In Frankreich auf einem Hofball war.
Und die einen frugen ihn: ob er das kenne?
Und die andern frugen ihn: wie man es nenne?
»Wir nennen es tanzen«, sprach er mit Lachen,
»Aber wir lassen es *andere* machen.«

Und dieses Wort, seit langer Frist,
Mir immer in Erinnerung ist.
Ich seh das Rennen, ich seh das Jagen,
Und wenn mich die Menschen umdrängen und fragen,
»Was tust du nicht mit? Warum stehst du beiseit?«
So sag ich: »Alles hat seine Zeit.

Auch die Jagd nach dem Glück. All derlei Sachen,
Ich lasse sie längst durch andere machen.«

Überlaß es der Zeit

Erscheint dir etwas unerhört,
Bist du tiefsten Herzens empört,
Bäume nicht auf, versuchs nicht mit Streit,
Berühr es nicht, überlaß es der Zeit.
Am ersten Tage wirst du feige dich schelten,

Am zweiten läßt du dein Schweigen schon gelten,
Am dritten hast du's überwunden;
Alles ist wichtig nur auf Stunden,
Ärger ist Zehrer und Lebensvergifter,
Zeit ist Balsam und Friedensstifter.

Archibald Douglas

»Denk lieber zurück an Linlithgow,
An den See und den Vogelherd,
Wo ich dich fischen und jagen froh
Und schwimmen und springen gelehrt.

O denk an alles, was einsten war,
Und sänftige deinen Sinn –
Ich hab es gebüßet sieben Jahr,
Daß ich ein Douglas bin.«

»Ich seh dich nicht, Graf Archibald,
Ich hör deine Stimme nicht,
Mir ist, als ob ein Rauschen im Wald
Von alten Zeiten spricht.

Mir klingt das Rauschen süß und traut,
Ich lausch ihm immer noch,

Dazwischen aber klingt es laut:
Er ist ein Douglas doch.

Ich seh dich nicht, ich höre dich nicht,
Das ist alles, was ich kann
Ein Douglas vor meinem Angesicht
War ein verlorener Mann.«

König Jakob gab seinem Roß den Sporn,
Bergan ging jetzt sein Ritt,
Graf Douglas faßte den Zügel vorn
Und hielt mit dem Könige Schritt.

Der Weg war steil, und die Sonne stach,
Und sein Panzerhemd war schwer,
Doch ob er schier zusammenbrach,
Er lief doch nebenher.

»König Jakob, ich war dein Seneschall,
Ich will es nicht fürder sein,
Ich will nur warten dein Roß im Stall
Und ihm schütten die Körner ein.

Ich will ihm selber machen die Streu
Und es tränken mit eigner Hand.
Nur laß mich atmen wieder aufs neu
Die Luft im Vaterland!

Und willst du nicht, so hab einen Mut,
Und ich will es danken dir,
Und zieh dein Schwert und triff mich gut
Und laß mich sterben hier.«

»Ich hab es getragen sieben Jahr
Und ich kann es nicht tragen mehr.
Wo immer die Welt am schönsten war,
Da war sie öd und leer.

Ich will hintreten vor sein Gesicht
In dieser Knechtsgestalt,

Er kann meine Bitte versagen nicht,
Ich bin ja worden alt.

Und trüg er noch den alten Groll,
Frisch wie am ersten Tag,
So komme, was da kommen soll,
Und komme, was da mag.«

Graf Douglas sprichts. Am Weg ein Stein
Lud ihn zu harter Ruh,
Er sah in Wald und Feld hinein,
Die Augen fielen ihm zu.

Er trug einen Harnisch, rostig und schwer,
Darüber ein Pilgerkleid –
Da horch! Vom Waldrand scholl es her
Wie von Hörnern und Jagdgeleit.

Und Kies und Staub aufwirbelte dicht,
Her jagte Meut und Mann,
Und ehe der Graf sich aufgericht't,
Waren Roß und Reiter heran.

König Jakob saß auf hohem Roß,
Graf Douglas grüßte tief;
Dem König das Blut in die Wange schoß,
Der Douglas aber rief:

»König Jakob, schaue mich gnädig an
Und höre mich in Geduld,
Was meine Brüder dir angetan,
Es war nicht meine Schuld.

Denk nicht an den alten Douglasneid,
Der trotzig dich bekriegt,
Denk lieber an deine Kinderzeit,
Wo ich dich auf den Knien gewiegt.

Denk lieber zurück an Stirling-Schloß,
Wo ich Spielzeug dir geschnitzt,

Dich gehoben auf deines Vaters Roß
Und Pfeile dir zugespitzt.

König Jakob sprang herab vom Pferd,
Hell leuchtete sein Gesicht,
Aus der Scheide zog er sein breites Schwert,
Aber fallen ließ er es nicht.

»Nimms hin, nimms hin und trag es neu
Und bewache mir meine Ruh!
Der ist in tiefster Seele treu,
Wer die Heimat liebt wie du.

Zu Roß, wir reiten nach Linlithgow,
Und du reitest an meiner Seit!
Da wollen wir fischen und jagen froh
Als wie in alter Zeit.«

Herr von Ribbeck auf Ribbeck im Havelland

Herr von Ribbeck auf Ribbeck im Havelland,
Ein Birnbaum in seinem Garten stand,
Und kam die goldene Herbsteszeit,
Und die Birnen leuchteten weit und breit,
Da stopfte, wenns Mittag vom Turme scholl,
Der von Ribbeck sich beide Taschen voll,
Und kam in Pantinen ein Junge daher,
So rief er: »Junge, wist 'ne Beer?«
Und kam ein Mädel, so rief er: »Lütt Dirn,
Kumm man röwer, ick hebb 'ne Birn.«

So ging es viel Jahre, bis lobesam
Der von Ribbeck auf Ribbeck zu sterben kam.
Er fühlte sein Ende, 's war Herbsteszeit,
Wieder lachten die Birnen weit und breit,
Da sagte von Ribbeck: »Ich scheide nun ab.
Legt mir eine Birne mit ins Grab.«

Und drei Tage drauf, aus dem Doppeldachhaus,
Trugen von Ribbeck sie hinaus,
Alle Bauern und Büdner, mit Feiergesicht,
Sangen »Jesus, meine Zuversicht«,
Und die Kinder klagten, das Herze schwer:
»He is dod nu. Wer giwt uns nu 'ne Beer?«

So klagten die Kinder. Das war nicht recht.
Ach, sie kannten den alten Ribbeck schlecht,
Der *neue* freilich, der knausert und spart,
Hält Park und Birnbaum strenge verwahrt,
Aber der *alte*, vorahnend schon
Und voll Mißtraun gegen den eigenen Sohn,
Der wußte genau, was damals er tat,
Als um eine Birn ins Grab er bat,
Und im dritten Jahr, aus dem stillen Haus
Ein Birnbaumsprößling sproßt heraus.

Und die Jahre gehen wohl auf und ab,
Längst wölbt sich ein Birnbaum über dem Grab
Und in der goldenen Herbsteszeit
Leuchtets wieder weit und breit.
Und kommt ein Jung übern Kirchhof her,
So flüsterts im Baume: »Wiste 'ne Beer?«
Und kommt ein Mädel, so flüsterts: »Lütt Dirn,
Kumm man röwer, ick gew di 'ne Birn.«

So spendet Segen noch immer die Hand
Des von Ribbeck auf Ribbeck im Havelland.

MARIE EBNER VON ESCHENBACH

1830–1916

Ein kleines Lied

Ein kleines Lied. Wie gehts nur an,
Daß man so lieb es haben kann,
Was liegt darin? Erzähle!

Es liegt darin ein wenig Klang,
Ein wenig Wohllaut und Gesang,
Und eine ganze Seele.

Lebenszweck

Hilflos in die Welt gebannt,
Selbst ein Rätsel mir,
In dem schalen Unbestand,
Ach, was soll ich hier?

– Leiden, armes Menschenkind,
Jede Erdennot,
Ringen, armes Menschenkind,
Ringen um den Tod.

WILHELM BUSCH

1832–1908

Es sitzt ein Vogel auf dem Leim

Es sitzt ein Vogel auf dem Leim,
Er flattert sehr und kann nicht heim.
Ein schwarzer Kater schleicht herzu,
Die Krallen scharf, die Augen glüh.
Am Baum hinauf und immer höher
Kommt er dem armen Vogel näher.

Der Vogel denkt: Weil das so ist
Und weil mich doch der Kater frißt,
So will ich keine Zeit verlieren,
Will noch ein wenig quinquilieren
Und lustig pfeifen wie zuvor.
Der Vogel, scheint mir, hat Humor.

Fink und Frosch

Auf leichten Schwingen frei und flink
Zum Lindenwipfel flog der Fink
Und sang an dieser hohen Stelle
Sein Morgenlied so glockenhelle.

Ein Frosch, ein dicker, der im Grase
Am Boden hockt, erhob die Nase,
Strich selbstgefällig seinen Bauch
Und denkt: Die Künste kann ich auch.

Alsbald am rauhen Stamm der Linde
Begann er, wenn auch nicht geschwinde,
Doch mit Erfolg, emporzusteigen,

Bis er zuletzt von Zweig zu Zweigen,
Wobei er freilich etwas keucht,

Den höchsten Wipfelpunkt erreicht
Und hier sein allerschönstes Quacken
Ertönen läßt aus vollen Backen.

Der Fink, dem dieser Wettgesang
Nicht recht gefällt, entfloh und schwang
Sich auf das steile Kirchendach.

Wart, rief der Frosch, ich komme nach.
Und richtig ist er fortgeflogen,
Das heißt, nach unten hin im Bogen,
So daß er schnell und ohne Säumen,
Nach mehr als zwanzig Purzelbäumen,
Zur Erde kam mit lautem Quack,
Nicht ohne großes Unbehagen.

Er fiel zum Glück auf seinen Magen,
Den dicken weichen Futtersack,
Sonst hätt er sicher sich verletzt.

Heil ihm! Er hat es durchgesetzt.

Es stand vor eines Hauses Tor

Es stand vor eines Hauses Tor
Ein Esel mit gespitztem Ohr,
Der käute sich sein Bündel Heu
Gedankenvoll und still entzwei. –
Nun kommen da und bleiben stehn
Der naseweisen Buben zween,
Die auch sogleich, indem sie lachen,
Verhaßte Redensarten machen,
Womit man denn bezwecken wollte,
Daß sich der Esel ärgern sollte. –

Doch dieser hocherfahrne Greis
Beschrieb nur einen halben Kreis,
Verhielt sich stumm und zeigte itzt
Die Seite, wo der Wedel sitzt.

Woher, wohin?

Wo sich Ewigkeiten dehnen,
Hören die Gedanken auf,
Nur der Herzen frommes Sehnen
Ahnt, was ohne Zeitenlauf.

Wo wir waren, wo wir bleiben,
Sagt kein kluges Menschenwort;
Doch die Grübelgeister schreiben:
Bist du weg, so bleibe fort.

Laß dich nicht aufs neu gelüsten.
Was geschah, es wird geschehn.
Ewig an des Lebens Küsten
Wirst du scheiternd untergehn

Pst!

Es gibt ja leider Sachen und Geschichten,
Die reizend und pikant,
Nur werden sie von Tanten und von Nichten
Niemals genannt.

Verehrter Freund, so sei denn nicht vermessen,
Sei zart und schweig auch du.
Bedenk: Man liebt den Käse wohl, indessen
Man deckt ihn zu.

Wirklich, er war unentbehrlich

Wirklich, er war unentbehrlich!
Überall, wo was geschah
Zu dem Wohle der Gemeinde,
Er war tätig, er war da.

Schützenfest, Kasinobälle,
Pferderennen, Preisgericht,
Liedertafel, Spritzenprobe,
Ohne ihn da ging es nicht.

Ohne ihn war nichts zu machen,
Keine Stunde hatt er frei.
Gestern, als sie ihn begruben,
War er richtig auch dabei.

Fritze

Fritze war ein Ladenjüngling,
Dazu braver Eltern Sohn,
Und er stand bei Kaufmann Kunze
Schon ein Jahr in Konditschon.

»Fritze«, sagte einstens Kunze,
»Ich muß eben mal wohin;
Mache keine dummen Streiche,
Wenn ich nicht zugegen bin.«

Hiermit geht er aus der Türe.
Fritze hält das für ein Glück.
Er ergreift die Kümmelflasche
Und dann beugt er sich zurück.

Sieh, da naht die alte Grete,
Eine Jungfer ernst und still;

Sie verlangt nach grüner Seife,
Weil sie morgen waschen will.

Auch erhub sie eine Klage,
Daß sie's so im Leibe hat,
Weshalb sie vor allen Dingen
Erst um einen Kümmel bat.

Fritze zeigt sich dienstbeflissen.
Ihm ist recht konfus und wohl.
Statt der großen Kümmelflasche
Nimmt er die mit Vitriol.

Jungfer Grete, voller Freuden,
Greift begierig nach dem Glas;
Fritz, der grünen Seife wegen,
Beugt sich über's Seifenfaß.

Weh, was muß man nun erblicken?
Wo ist Fritzens Gleichgewicht?
Was sind dies für Angstgebärden
Hier auf Gretens Angesicht?

Fritze strampelt mit den Beinen,
Doch die Seife wird sein Grab;
Greten nagt die scharfe Säure
Ihre Mädchenseele ab.

Die Tute

Wenn die Tante Adelheide
Als Logierbesuch erschien,
Fühlte Fritzchen große Freude,
Denn dann gab es was für ihn.

Immer hat die liebe Gute
Tief im Reisekorb versteckt

Eine angenehme Tute,
Deren Inhalt köstlich schmeckt.

Täglich wird dem braven Knaben
Draus ein hübsches Stück beschert,
Bis wir schließlich nichts mehr haben
Und die Tante weiterfährt.

Die Affen

Der Bauer sprach zu seinem Jungen:
Heut in der Stadt da wirst du gaffen.
Wir fahren hin und sehn die Affen.

Es ist gelungen
Und um sich schief zu lachen,
Was die für Streiche machen
Und für Gesichter,
Wie rechte Bösewichter.
Sie krauen sich,
Sie zausen sich,
Sie hauen sich,
Sie lausen sich,
Beschnuppern dies, beknuppern das,
Und keiner gönnt dem andern was,
Und essen tun sie mit der Hand,
Und alles tun sie mit Verstand,
Und jeder stiehlt als wie ein Rabe.
Paß auf, das siehst du heute.

O Vater, rief der Knabe,
Sind Affen denn auch Leute?

Der Vater sprach: Nun ja,
Nicht ganz, doch so beinah.

CHRISTIAN WAGNER

1835–1918

Erinnerungen hinter der Erinnerung

Strahlt nicht auf mitunter, so zu Zeiten,
Kunde her von unsern Ewigkeiten?

So urplötzlich und so blitzesschnelle
Wie die blanke Spieglung einer Welle?

Wie die ferne Spieglung einer blinden
Fensterscheibe am Gehöft dahinten?

Die metallne Spieglung einer blanken
Pflugschar an der Wiese Schranken?

Augenblicks mit Licht dich übergießend,
Augenblicklich in ein Nichts zerfließend?

Syringen

Fast überirdisch dünkt, mich euer Grüßen,
Syringen ihr, mit eurem Duft, dem süßen.

Nach Geisterweise weiß ich ihn zu werten:
Er ist ein Duftgesang mir von Verklärten.

Gott, wie ich doch in dieser blauen Kühle
Der Blumenwolke hier mich wohlig fühle!

Süß heimlich ahnend, was hinein verwoben,
Wie fühl ich mich so frei, so stolz gehoben!

Bin ich es selbst, daß einstig Erdenwesen
Nun auch einmal zu solchem Glanz genesen?

Sinds meine Lieben, die, ach längst begraben,
In diesen Düften Fühlung mit mir haben?

Spätes Erwachen

So wie ein Mensch nach lärmendem Gelag
Noch spät zu Mitternacht nicht schlafen mag
Und seine Ruh' erst findet knapp vor Tag,

Und süß erst schläft beim hellen Morgenschein,
So reichte in die Jugend mir hinein
Versäumter Schlaf von einem vorgen Sein.

O wüßt1 ich doch, was mich nicht schlafen ließ!
Ob mich ein Gott vom Bacchanal verstieß?
Ob ich betrunken kam vom Paradies? –

HEINRICH SEIDEL

1842–1906

Das Huhn und der Karpfen

Auf einer Meierei
Da war einmal ein braves Huhn,
Das legte, wie die Hühner tun,
An jedem Tag ein Ei
Und kakelte,
Mirakelte,
Spektakelte,
Als ob's ein Wunder sei.
Es war ein Teich dabei,
Darin ein braver Karpfen saß'
Und stillvergnügt sein Futter fraß,
Der hörte das Geschrei:
Wie's kakelte,
Mirakelte,
Spektakelte,
Als ob's ein Wunder sei.
Da sprach der Karpfen: »Ei!
Alljährlich leg' ich 'ne Million
Und rühm' mich dess' mit keinem Ton;
Wenn ich um jedes Ei
So kakelte,
Mirakelte,
Spektakelte –
Was gäb's für ein Geschrei!«

Das Gnomenwirtshaus

Tief im Wald, in einer Wildnis
Moosbewachsner Felsenblöcke
Liegt versteckt und nur erreichbar
Auf geheim verborgnen Pfaden
Kühl im Grund ein Gnomenwirtshaus.
Knusperknäuschen heißt der Gastwirt:
Wohl versteht im ganzen Lande
Keiner solches Bier zu brauen
Aus geheimen Waldeskräutern,
Klar wie Gold und sanft wie Baumöl.
Britzebrodel heißt der Mundkoch,
Der da in der Felsenhöhle
Bei des Feuers Flackerscheine
Kocht die köstlichen Gerichte.
Wohlbekannt ist dieses Wirtshaus,
Und des Abends, wenn die Sonne
Sinkt im Westen in die Wipfel,
Kommen rings von allen Seiten
Muntre Gäste hergezogen:
Hackebock, der große Jäger,
Der den Wirt versorgt mit Wildbret,
Kleine Vögel bringt er, Meisen,
Die er listig fing in Sprenkeln,
Und er schleppt manch fette Waldmaus
Oder oftmals kleine junge
Ringelnattern, welche köstlich
Schmecken, eingekocht in Sauer.
Goldmund kommt, der große Sänger.
Simserich, der Harfenspieler,
Durst'ge Musikantenseelen,
Trippelfix, der flinke Tänzer,
Knickebolz, der wunderkünstlich
Dinge schnitzt aus Holz und Knochen,
Schiffchentritt, der flinke Weber,
Pinkepank, der Schmiedemeister,
Und wie sie noch alle heißen.
Und sie grüßen sich und schwatzen,

Reihn sich um die Felsentische,
Trinken aus den winz'gen Bechern
Kräuterbier in vollen Zügen
Und verzehren mit Behagen,
Was mit Kunst der Koch bereitet.
Dieser ißt gebacknes Heupferd –
Köstlich schmeckt es, wenn die Beine
Sind recht knusperig gebraten –
Jener schmaust gespickte Waldmaus
Mit Kompott aus Rosenblättern,
Und ein andrer schmatzt behaglich
Sauerkleesalat mit Eidechs.

Nach dem Essen wird gesungen
Und ein wenig musizieret.
Hackebock erzählt Geschichten,
Fürchterliche Jagdgeschichten,
Die er oft schon vorgetragen,
Wie er einst das wütig wilde,
Riesenstarke, große Eichhorn
Nach verwegnem Kampf erlegt hat,
Wie er einst die meterlange
Fabelhafte Ringelnatter
Hat lebendig eingefangen.
Also sitzen sie und schwatzen,
Bis die Nacht sich rings verbreitet.
Einer nach dem andern zündet
Sein Laternchen, wandert heimwärts
Durch die wüste Felsenwildnis.
Knusperknäuschen schließt sein Wirtshaus
Und der Koch verlöscht sein Feuer.
Bald nur blinken noch hernieder
In die schweigend schwarze Wildnis
Still des Himmels goldne Sterne.

Der kleine Nimmersatt

Ich wünsche mir ein Schaukelpferd,
'ne Festung und Soldaten
Und eine Rüstung und ein Schwert,
Wie sie die Ritter hatten.

Drei Märchenbücher wünsch' ich mir
Und Farbe auch zum Malen
Und Bilderbogen und Papier
Und Gold- und Silberschalen.

Ein Domino, ein Lottospiel,
Ein Kasperletheater,
Auch einen neuen Pinselstiel
Vergiß nicht, lieber Vater!

Ein Zelt und sechs Kanonen dann
Und einen neuen Wagen
Und ein Geschirr mit Schellen dran,
Bei'm Pferdespiel zu tragen.

Ein Perspektiv, ein Zootrop,
'ne magische Laterne,
Ein Brennglas, ein Kaleidoskop –
Dies alles hätt' ich gerne.

Mir fehlt – ihr wißt es sicherlich –
Gar sehr ein neuer Schlitten,
Und auch um Schlittschuh' möchte ich
Noch ganz besonders bitten.

Um weiße Tiere auch von Holz
Und farbige von Pappe,
Um einen Helm mit Federn stolz
Und eine Flechtemappe.

Auch einen großen Tannenbaum,
Dran hundert Lichter glänzen,

Mit Marzipan und Zuckerschaum
Und Schokoladenkränzen.

Doch dünkt dies alles euch zu viel,
Und wollt ihr daraus wählen,
So könnte wohl der Pinselstiel
Und auch die Mappe fehlen.

Als Hänschen so gesprochen hat,
Sieht man die Eltern lachen:
»Was willst du, kleiner Nimmersatt,
Mit all den vielen Sachen?

Wer so viel wünscht« – der Vater spricht's –
»Bekommt auch nicht ein Achtel –
Der kriegt ein ganz klein wenig Nichts
In einer Dreierschachtel.«

FRIEDRICH NIETZSCHE

1844–1900

Nach neuen Meeren

Dorthin – *will* ich; und ich traue
Mir fortan und meinem Griff.
Offen liegt das Meer, ins Blaue
Treibt mein Genueser Schiff.

Alles glänzt mir neu und neuer,
Mittag schläft auf Raum und Zeit –
Nur *dein* Auge – ungeheuer
Blickt mich's an, Unendlichkeit!

Vereinsamt

Die Krähen schrein
Und ziehen schwirren Flugs zur Stadt:
Bald wird es schnein –
Wohl dem, der jetzt noch – Heimat hat!

Nun stehst du starr,
Schaust rückwärts, ach, wie lange schon!
Was bist du Narr
Vor Winters in die Welt entflohn?

Die Welt – ein Tor
Zu tausend Wüsten stumm und kalt!
Wer das verlor,
Was du verlorst, macht nirgends halt.

Nun stehst du bleich,
Zur Winter-Wanderschaft verflucht,

Dem Rauche gleich,
Der stets nach kältern Himmeln sucht.

Flieg, Vogel, schnarr
Dein Lied im Wüstenvogel-Ton! –
Versteck, du Narr,
Dein blutend Herz in Eis und Hohn!

Die Krähen schrein
Und ziehen schwirren Flugs zur Stadt:
Bald wird es schnein,
Weh dem, der keine Heimat hat!

An den Mistral. Ein Tanzlied

Mistral-Wind, du Wolken-Jäger,
Trübsal-Mörder, Himmels-Feger,
Brausender, wie lieb ich dich!
Sind wir zwei nicht eines Schoßes
Erstlingsgabe, eines Loses
Vorbestimmte ewiglich?

Hier auf glatten Felsenwegen
Lauf ich tanzend dir entgegen,
Tanzend, wie du pfeifst und singst:
Der du ohne Schiff und Ruder
Als der Freiheit freister Bruder
Über wilde Meere springst.

Kaum erwacht, hört ich dein Rufen,
Stürmte zu den Felsenstufen,
Hin zur gelben Wand am Meer.
Heil! Da kamst du schon gleich hellen
Diamantnen Stromesschnellen
Sieghaft von den Bergen her.

Auf den ebnen Himmels-Tennen
Sah ich deine Rosse rennen,

Sah den Wagen, der dich trägt,
Sah die Hand dir selber zücken,
Wenn sie auf der Rosse Rücken
Blitzesgleich die Geißel schlägt, –

Sah dich aus dem Wagen springen,
Schneller dich hinabzuschwingen,

Sah dich wie zum Pfeil verkürzt
Senkrecht in die Tiefe stoßen, –
Wie ein Goldstrahl durch die Rosen
Erster Morgenröten stürzt.

Tanze nun auf tausend Rücken,
Wellen-Rücken, Wellen-Tücken –
Heil, wer *neue* Tänze schafft!
Tanzen wir in tausend Weisen,
Frei – sei *unsre* Kunst geheißen,
Fröhlich – *unsre* Wissenschaft!

Raffen wir von jeder Blume
Eine Blüte uns zum Ruhme
Und zwei Blätter noch zum Kranz!
Tanzen wir gleich Troubadouren
Zwischen Heiligen und Huren,
Zwischen Gott und Welt den Tanz!

Wer nicht tanzen kann mit Winden,
Wer sich wickeln muß mit Binden,
Angebunden, Krüppel-Greis,
Wer da gleicht den Heuchel-Hänsen,
Ehren-Tölpeln, Tugend-Gänsen,
Fort aus unsrem Paradeis!

Wirbeln wir den Staub der Straßen
Allen Kranken in die Nasen,
Scheuchen wir die Kranken-Brut!
Lösen wir die ganze Küste
Von dem Odem dürrer Brüste,
Von den Augen ohne Mut!

Das trunkene Lied

O Mensch! Gib acht!
Was spricht die tiefe Mitternacht î
»Ich schlief, ich schlief –
Aus tiefem Traum bin ich erwacht!
Die Welt ist tief,
Und tiefer, als der Tag gedacht.
Tief ist ihr Weh –,
Lust – tiefer noch als Herzeleid!
Weh spricht: Vergeh!
Doch alle Lust will Ewigkeit –,
will tiefe, tiefe Ewigkeit!«

Venedig

An der Brücke stand
Jüngst ich in brauner Nacht.
Fernher kam Gesang:
Goldener Tropfen quolls
Über die zitternde Fläche weg.
Gondeln, Lichter, Musik – –
Trunken schwamms in die Dämmrung hinaus …

DETLEV VON LILIENCRON

1844–1909

Einen Sommer lang

Zwischen Roggenfeld und Hecken
Führt ein schmaler Gang;
Süßes, seliges Verstecken
Einen Sommer lang.

Wenn wir uns von ferne sehen,
Zögert sie den Schritt,
Rupft ein Blättchen sich im Gehen,
Nimmt ein Blättchen mit.

Hat mit Ähren sich das Mieder
Unschuldig geschmückt,
Sich den Hut verlegen nieder
In die Stirn gerückt.

Finster kommt sie langsam näher,
Färbt sich rot wie Mohn,
Doch ich bin ein feiner Späher,
Kenn die Schelmin schon.

Noch ein Blick in Weg und Weite,
Ruhig liegt die Welt,
Und es hat an ihre Seite
Mich der Sturm gesellt.

Zwischen Roggenfeld und Hecken
Führt ein schmaler Gang;
Süßes, seliges Verstecken
Einen Sommer lang.

Märztag

Wolkenschatten fliehen über Felder,
Blau umdunstet stehen ferne Wälder.

Kraniche, die hoch die Luft durchpflügen,
Kommen schreiend an in Wanderzügen.

Lerchen steigen schon in lauten Schwärmen,
Überall ein erstes Frühlingslärmen.

Luftig flattern, Mädchen, deine Bänder,
Kurzes Glück träumt durch die weiten Länder.

Kurzes Glück schwamm mit den Wolkenmassen,
Wollt es halten, mußt es schwimmen lassen.

Für und für

Im ersten matten Dämmer thront
Der blasse klare Morgenmond.

Der Friede zittert: Ungestüm
Reckt sich der Tag, das Ungetüm,

Und schüttelt sich und brüllt und beißt
Und zeigt uns so, was leben heißt.

Die Sonne hat den Lauf vollbracht,
Und Abendröte, Mitternacht.

Im ersten matten Dämmer thront
Der klare blasse Morgenmond.

Und langsam frißt und frißt die Zeit
Und frißt sich durch die Ewigkeit.

In einer großen Stadt

Es treibt vorüber mir im Meer der Stadt
Bald der, bald jener, einer nach dem andern.
Ein Blick ins Auge, und vorüber schon.
    Der Orgeldreher dreht sein Lied.

Es tropft vorüber mir ins Meer des Nichts
Bald der, bald jener, einer nach dem andern.
Ein Blick auf seinen Sarg, vorüber schon.
    Der Orgeldreher dreht sein Lied.

Es schwimmt ein Leichenzug im Meer der Stadt,
Querweg die Menschen, einer nach dem andern.
Ein Blick auf meinen Sarg, vorüber schon.
    Der Orgeldreher dreht sein Lied.

RICHARD DEHMEL

1863–1920

Die stille Stadt

Liegt eine Stadt im Tale,
Ein blasser Tag vergeht;
Es wird nicht lange dauern mehr,
Bis weder Mond noch Sterne,
Nur Nacht am Himmel steht.

Von allen Bergen drücken
Nebel auf die Stadt;
Es dringt kein Dach, nicht Hof noch Haus,
Kein Laut aus ihrem Rauch heraus,
Kaum Türme noch und Brücken.

Doch als den Wandrer graute,
Da ging ein Lichtlein auf im Grund;
Und durch den Rauch und Nebel
Begann ein leiser Lobgesang
Aus Kindermund.

Manche Nacht

Wenn die Felder sich verdunkeln,
Fühl ich, wird mein Auge heller;
Schon versucht ein Stern zu funkeln,
Und die Grillen wispern schneller.

Jeder Laut wird bilderreicher,
Das Gewohnte sonderbarer,
Hinterm Wald der Himmel bleicher,
Jeder Wipfel hebt sich klarer.

Und du merkst es nicht im Schreiten,
Wie das Licht verhundertfältigt
Sich entringt den Dunkelheiten.
Plötzlich stehst du überwältigt.

Tief von fern

Aus des Abends weißen Wogen
Taucht ein Stern;
Tief von Fern
Kommt der junge Mond gezogen.

Tief von fern,
Aus des Morgens grauen Wogen,
Langt der große blasse Bogen
Nach dem Stern.

FRANK WEDEKIND

1864–1918

Der Tantenmörder

Ich hab meine Tante geschlachtet,
Meine Tante war alt und schwach;
Ich hatte bei ihr übernachtet
Und grub in den Kisten-Kasten nach.

Da fand ich goldene Haufen,
Fand auch an Papieren gar viel
Und hörte die alte Tante schnaufen
Ohn Mitleid und Zartgefühl.

Was nutzt es, daß sie sich noch härme –
Nacht war es rings um mich her –
Ich stieß ihr den Dolch in die Därme,
Die Tante schnaufte nicht mehr.

Das Geld war schwer zu tragen,
Viel schwerer die Tante noch.
Ich faßte sie bebend am Kragen
Und stieß sie ins tiefe Kellerloch. –

Ich hab meine Tante geschlachtet,
Meine Tante war alt und schwach;
Ihr aber, o Richter, ihr trachtet
Meiner blühenden Jugend-Jugend nach.

Pirschgang

Laßt mich schnobern, laßt mich schnüffeln
Durch die Stille der Wälder fort.
Schon wittre ich das schwellende Fleisch der Trüffeln,
Der saftigen Brünetten von Perigord.

Hier ist der Ort. Ich wetze die Hauer,
Ich bohre den Rüssel wohl in den Grund –
Wie macht doch Arbeit das Leben sauer,
Die Seele krank und die Glieder wund!

Gierig verschling ich die prickelnden Früchte,
Bis mich der Satan im Rücken kneipt –
Es ist die alte Passionsgeschichte,
Daß unsre Freude sich selbst entleibt.

Sie läßt sich erjagen, sie läßt sich haschen,
Die Pulse fliegen, das Herz schlägt wild.
Und zieht man die Himmelstochter auf Flaschen,
Sie schwindet dahin wie ein Schattenbild. –

Noch eine der haltbarsten Delikatessen
Ist frischer Lippen flammender Kuß;
Der Hunger steigert sich mit dem Essen,
Und im Genießen wächst der Genuß.

CÄSAR FLAISCHLEN

1864–1920

Hab Sonne im Herzen

Hab Sonne im Herzen,
Obs stürmt oder schneit,
Ob der Himmel voll Wolken,
Die Erde voll Streit –.
Hab Sonne im Herzen,
Dann komme, was mag:
Das leuchtet voll Licht dir
Den dunkelsten Tag!

Hab ein Lied auf den Lippen
Mit fröhlichem Klang,
Und macht auch des Alltags
Gedränge dich bang.
Hab ein Lied auf den Lippen,
Dann komme, was mag:
Das hilft dir verwinden
Den einsamsten Tag!

Hab ein Wort auch für andre
In Sorg und in Pein,
Und sag, was dich selber
So frohgemut läßt sein:
Hab ein Lied auf den Lippen,
Verlier nie den Mut,
Hab Sonne im Herzen,
Und alles wird gut!

So regnet es sich langsam ein

So regnet es sich langsam ein
Und immer kürzer wird der Tag und
Immer seltener der Sonnenschein …

Ich sah am Waldrand gestern ein paar
Rosen stehn …
Gib mir die Hand und komm … wir wollen
Sie uns pflücken gehn …

Es werden wohl die letzten sein!

OTTO JULIUS BIERBAUM

1865–1910

Pans Flucht

Grün umbuscht und bunt umblüht,
Mittagssonnenüberglüht,
Inselheckensicher sitzt
Pan und schnitzt.

Schnitzt aus Fliederholze sich
Eine Flöte meisterlich;
Und er setzt sie an den Bart
Fliederzart.

Zierlich, sacht,
Und er lacht:
Blas ich damit auf dem See
In der Nacht,
Wird den wackern Dichtern weh
In der Nacht.

Blas ich damit süß am Tage,
Ach!
Weck ich ihnen Dichterklage,
Ach!

Wehe, weh mir armem Pan,
Was ich tu, ist mißgetan,
Denn, dieweil ich schlief, indessen
Haben sie es ganz vergessen,
Wie sich's lacht.

Leise flötet er. Das klingt,
Wie wenn zwischen frischem Moose
Über Kiesel, glatte große,

Eine helle Quelle springt.
Wie des blauen Flieders Duft
Schwebt dies Tönen durch die Luft,
Voll und lind.

Und die Flöte hört ein Kind,
Das im Busche Blumen brach.
Und es geht dem Klange nach,
Herzgeschwind.

Dachte hier sich ganz allein,
Und nun flötet einer.
Wer mag dieser Flöter sein?
So wie der kann's keiner,
Keiner, den sie je gehört;
Ach, sie ist ganz tonbetört,
Und ihr Herz schlägt schnelle.
Sicher, gar ein schöner Mann
Ist, der also flöten kann,
Und ein junger Geselle.

Und sie schürzt sich hoch den Rock,
Folgt dem Klange immerzu,
Busch durch über Stein und Stock,
Nein doch, hu!:
Der da flötet, ist ein Bock!

Himmel, ach, wie sieht der aus!
Braune Haare, dick und kraus,
Um und um;
Und die Nase und die Beine,
Die sind krumm!
Hat ein Wackelschwänzchen gar
Und zwei Hörner, wunderbar!
Aber Kleider keine.

Und sie lacht und lacht und lacht,
Bis ihr Tränen rinnen.

Pan ist aus dem Lied erwacht,
Und er flieht von hinnen.
Flieht in tiefste Einsamkeit,
Menschensicher,
Menschenweit.

MAX DAUTHENDEY

1867–1918

Die Amseln haben Sonne getrunken

Die Amseln haben Sonne getrunken,
Aus allen Gärten strahlen die Lieder,
In allen Herzen nisten die Amseln,
Und alle Herzen werden zu Gärten
Und blühen wieder.

Nun wachsen der Erde die großen Flügel
Und allen Träumen neues Gefieder,
Alle Menschen werden wie Vögel
Und bauen Nester im Blauen.

Nun sprechen die Bäume im grünen Gedränge
Und rauschen Gesänge zur hohen Sonne,
In allen Seelen badet die Sonne,
Alle Wasser stehen in Flammen,
Frühling bringt Wasser und Feuer
Liebend zusammen.

Heut es kein Abend werden will

Heut es kein Abend werden will,
In alle Gassen hinein
Steht noch der Frühlingstag still.
Und der Laternen funkelnde Reih'n
Ziehen im letzten Tagesschein
Wie in die Halle des Himmels ein.

Seht auch, es glänzen im Grau
Die Steine der Straßen noch blau.

Der Tag will den Stein nicht verlassen,
Er will ihn als Edelstein fassen,
Weil die Menschen darüber gegangen,
Die Menschen zu zwein und mit glühenden Wangen.

Drinnen im Strauß

Der Abendhimmel leuchtet wie ein Blumenstrauß;
Wie rosige Wicken und rosa Klee sehen die Wolken aus.
Den Strauß umschließen die grünen Bäume und Wiesen,
Und leicht schwebt über der goldenen Helle
Des Mondes Sichel wie eine silberne Libelle.
Die Menschen aber gehen versunken tief drinnen im Strauß,
Wie die Käfer trunken, und finden nicht mehr heraus.

STEFAN GEORGE

1868–1933

Entrückung

Ich fühle luft von anderem planeten.
Mir blassen durch das dunkel die gesichter
Die freundlich eben noch sich zu mir drehten.

Und bäum und wege die ich liebte fahlen
Daß ich sie kaum mehr kenne und Du lichter
Geliebter schatten – rufer meiner qualen –

Bist nun verloschen ganz in tiefern gluten
Um nach dem taumel streitenden getobes
Mit einem frommen schauer anzumuten.

Ich löse mich in tönen • kreisend • webend •
Ungründigen danks und unbenamten lobes
Dem großen atem wunschlos mich ergebend.

Stimmen im Strom

Liebende klagende zagende wesen
Nehmt eure zuflucht in unser bereich •
Werdet genießen und werdet genesen
Arme und worte umwinden euch weich.

Leiber wie muscheln • korallene lippen
Schwimmen und tönen in schwankem palast •
Haare verschlungen in ästige kuppen
Nahend und wieder vom strudel erfasst.

Bläuliche lampen die halb nur erhellen •
Schwebende säulen auf kreisendem schuh –

Geigend erzitternde ziehende wellen
Schaukeln in selig beschauliche ruh.

Müdet euch aber das sinnen das singen
Fliessender freuden bedächtiger lauf
Trifft euch ein kuss: und ihr löst euch in ringen
Gleitet als wogen hinab und hinauf.

Komm in den totgesagten park

Komm in den totgesagten park und schau
Der Schimmer ferner lächelnder gestade
Der reinen wolken unverhofftes blau
Erhellt die weiher und die bunten pfade.

Dort nimmt das tiefe gelb das weiche grau
Von birken und von buchs der wind ist lau
Die späten rosen welkten noch nicht ganz
Erlese küsse sie und flicht den kranz

Vergiß auch diese letzten astern nicht
Den purpur um die ranken wilder reben
Und auch was übrig blieb von grünem leben
Verwinde leicht im herbstlichen gesicht.

Es lacht in dem steigenden Jahr

Es lacht in dem steigenden jahr dir
Der duft aus dem garten noch leis.
Flicht in dem flatternden haar dir
Eppich und ehrenpreis.

Die wehende saat ist wie gold noch •
Vielleicht nicht so hoch mehr und reich •
Rosen begrüssen dich hold noch •
Wird auch ihr glanz etwas bleich.

Verschweigen wir was uns verwehrt ist •
Geloben wir glücklich zu sein •
Wenn auch nicht mehr uns beschert ist
Als noch ein rundgang zu zwein.

Wer je die Flamme ...

Wer je die flamme umschritt
Bleibe der flamme trabant!
Wie er auch wandert und kreist:
Wo noch ihr schein ihn erreicht
Irrt er zu weit nie vom ziel.
Nur wenn sein blick sie verlor
Eigener Schimmer ihn trügt:
Fehlt ihm der mitte gesetz
Treibt er zerstiebend ins all.

ELSE LASKER-SCHÜLER

1869–1945

Weltende

Es ist ein Weinen in der Welt,
als ob der liebe Gott gestorben wär,
und der bleierne Schatten, der niederfällt,
lastet grabesschwer.

Komm, wir wollen uns näher verbergen
Das Leben liegt in aller Herzen
wie in Särgen.

Du, wir wollen uns tief küssen …
Es pocht eine Sehnsucht an die Welt,
an der wir sterben müssen.

Gebet

Ich suche allerlanden eine Stadt,
Die einen Engel vor der Pforte hat.
Ich trage seinen großen Flügel
Gebrochen schwer am Schulterblatt
Und in der Stirne seinen Stern als Siegel.

Und wandele immer in die Nacht…
Ich habe Liebe in die Welt gebracht,
Daß blau zu blühen jedes Herz vermag,
Und hab ein Leben müde mich gewacht,
In Gott gehüllt den dunklen Atemschlag.

O Gott, schließ um mich deinen Mantel fest.
Ich weiß, ich bin im Kugelglas der Rest,

Und wenn der letzte Mensch die Welt vergießt,
Du mich nicht wieder aus der Allmacht läßt,
Und sich ein neuer Erdball um mich schließt.

CHRISTIAN MORGENSTERN

1871–1914

Novembertag

Nebel hängt wie Rauch ums Haus,
Drängt die Welt nach innen;
Ohne Not geht niemand aus;
Alles fällt in Sinnen.

Leiser wird die Hand, der Mund,
Stiller die Gebärde.
Heimlich, wie auf Meeresgrund
Träumen Mensch und Erde.

Nacht am Fluß

Sitzen eine Sternennacht und lauschen,
Wie der Kahn an seiner Kette zieht –
Und die Welle flüstert und entflieht –
Und die Wipfel leis dawiderrauschen.

Und er seufzt und rüttelt ohne Ruh,
Freiheit wider Knechtschaft einzutauschen!
Armes Herz, so zerrst und stöhnst auch du.
Eine Nacht so seinem Schicksal lauschen …

Das ästhetische Wiesel

Ein Wiesel
saß auf einem Kiesel
inmitten Bachgeriesel.

Wißt Ihr
weshalb?

Das Mondkalb
verriet es mir
im Stillen:

Das raffinier-
te Tier
tats um des Reimes willen.

Die unmögliche Tatsache

Palmström, etwas schon an Jahren,
wird an einer Straßenbeuge
und von einem Kraftfahrzeuge
überfahren.

»Wie war« (spricht er, sich erhebend
und entschlossen weiterlebend)
»möglich, wie dies Unglück, ja –:
daß es überhaupt geschah?

Ist die Staatskunst anzuklagen
in bezug auf Kraftfahrwagen?
Gab die Polizeivorschrift
hier dem Fahrer freie Trift?

Oder war vielmehr verboten,
hier Lebendige zu Toten
umzuwandeln, – kurz und schlicht:
Durfte hier der Kutscher nicht –?«

Eingehüllt in feuchte Tücher,
prüft er die Gesetzesbücher
und ist alsobald im klaren:
Wagen durften dort nicht fahren!

Und er kommt zu dem Ergebnis:
»Nur ein Traum war das Erlebnis.
Weil«, so schließt er messerscharf,
»nicht sein *kann*, was nicht sein *darf.*«

Das Mondschaf

Das Mondschaf steht auf weiter Flur.
Es harrt und harrt der großen Schur.
Das Mondschaf.

Das Mondschaf rupft sich einen Halm
und geht dann heim auf seine Alm.
Das Mondschaf.

Das Mondschaf spricht zu sich im Traum:
»Ich bin des Weltalls dunkler Raum.«
Das Mondschaf.

Das Mondschaf liegt am Morgen tot.
Sein Leib ist weiß, die Sonn' ist rot.
Das Mondschaf.

Die zwei Parallelen

Es gingen zwei Parallelen
ins Endlose hinaus,
zwei kerzengrade Seelen
und aus solidem Haus.

Sie wollten sich nicht schneiden
bis an ihr seliges Grab:
Das war nun einmal der beiden
geheimer Stolz und Stab.

Doch als sie zehn Lichtjahre
gewandert neben sich hin,
da wards dem einsamen Paare
nicht irdisch mehr zu Sinn.

Warn sie noch Parallelen?
Sie wußtens selber nicht, –
sie flössen nur wie zwei Seelen
zusammen durch ewiges Licht.

Das ewige Licht durchdrang sie,
da wurden sie eins in ihm;
die Ewigkeit verschlang sie,
als wie zwei Seraphim.

Der Tanz

Ein Vierviertelschwein und eine Auftakteule
trafen sich im Schatten einer Säule,
die im Geiste ihres Schöpfers stand.
Und zum Spiel der Fiedelbogenpflanze
reichten sich die zwei zum Tanze
Fuß und Hand.

Und auf seinen dreien rosa Beinen
hüpfte das Vierviertelschwein graziös,
und die Auftakteul auf ihrem einen
wiegte rhythmisch ihr Gekrös.
Und der Schatten fiel,
und der Pflanze Spiel
klang verwirrend melodiös.

Doch des Schöpfers Hirn war nicht von Eisen,
und die Säule schwand, wie sie gekommen war,
und so mußte denn auch unser Paar
wieder in sein Nichts zurücke reisen.

Einen letzten Strich
tat der Geigerich –
und dann war nichts weiter zu beweisen.

Der Schnupfen

Ein Schnupfen hockt auf der Terrasse,
auf daß er sich ein Opfer fasse

– und stürzt alsbald mit großem Grimm
auf einen Menschen namens Schrimm.

Paul Schrimm erwidert prompt: ›Pitschü!‹
und hat ihn drauf bis Montag früh.

Der Sperling und das Känguruh

In seinem Zaun das Känguruh –
es hockt und guckt dem Sperling zu.

Der Sperling sitzt auf dem Gebäude –
doch ohne sonderliche Freude.

Vielmehr, er fühlt, den Kopf geduckt,
wie ihn das Känguruh beguckt.

Der Sperling sträubt den Federflaus –
die Sache ist auch gar zu kraus.

Ihm ist, als ob er kaum noch säße …
Wenn nun das Känguruh ihn fräße?!

Doch dieses dreht nach einer Stunde
den Kopf aus irgendeinem Grunde,

vielleicht auch ohne tiefern Sinn,
nach einer andern Richtung hin.

Der Lattenzaun

Es war einmal ein Lattenzaun,
mit Zwischenraum, hindurchzuschaun.

Ein Architekt, der dieses sah,
stand eines Abends plötzlich da –

und nahm den Zwischenraum heraus
und baute draus ein großes Haus.

Der Zaun indessen stand ganz dumm,
mit Latten ohne was herum.

Ein Anblick, gräßlich und gemein.
Drum zog ihn der Senat auch ein.

Der Architekt jedoch entfloh
nach Afri- od- Ameriko.

AUGUST STRAMM

1874–1915

Schwermut

Schreiten Streben
Leben sehnt
Schauern Stehen
Blicke suchen
Sterben wächst
Das Kommen
Schreit!
Tief
Stummen
Wir.

Traum

Durch die Büsche winden Sterne
Augen tauchen blaken sinken
Flüstern plätschert
Blüte gehren
Düfte spritzen
Schauer stürzen
Winde schnellen prellen schwellen
Tücher reißen
Falten schrickt in tiefe Nacht.

Patrouille

Die Steine feinden
Fenster grinst Verrat

Äste würgen
Berge Sträucher blättern raschlig
Gellen
Tod.

HUGO VON HOFMANNSTHAL

1874–1929

Vorfrühling

Es läuft der Frühlingswind
Durch kahle Alleen,
Seltsame Dinge sind
In seinem Wehn.

Er hat sich gewiegt,
Wo Weinen war,
Und hat sich geschmiegt
In zerrüttetes Haar.

Er schüttelte nieder
Akazienblüten
Und kühlte die Glieder,
Die atmend glühten.

Lippen im Lachen
Hat er berührt,
Die weichen und wachen
Fluren durchspürt.

Er glitt durch die Flöte
Als schluchzender Schrei,
An dämmernder Röte
Flog er vorbei.

Er flog mit Schweigen
Durch flüsternde Zimmer
Und löschte im Neigen
Der Ampel Schimmer.

Es läuft der Frühlingswind
Durch kahle Alleen,

Seltsame Dinge sind
In seinem Wehn.

Durch die glatten
Kahlen Alleen
Treibt sein Wehen
Blasse Schatten

Und den Duft,
Den er gebracht,
Von wo er gekommen
Seit gestern nacht.

Reiselied

Wasser stürzt, uns zu verschlingen,
Rollt der Fels, uns zu erschlagen,
Kommen schon auf starken Schwingen
Vögel her, uns fortzutragen.

Aber unten liegt ein Land,
Früchte spiegelnd ohne Ende
In den alterslosen Seen.

Marmorstirn und Brunnenrand
Steigt aus blumigem Gelände,
Und die leichten Winde wehen.

Ballade des äusseren Lebens

Und Kinder wachsen auf mit tiefen Augen,
Die von nichts wissen, wachsen auf und sterben,
Und alle Menschen gehen ihre Wege.

Und süße Früchte werden aus den herben
Und fallen nachts wie tote Vögel nieder
Und liegen wenig Tage und verderben.

Und immer weht der Wind, und immer wieder
Vernehmen wir und reden viele Worte
Und spüren Lust und Müdigkeit der Glieder.

Und Straßen laufen durch das Gras, und Orte
Sind da und dort, voll Fackeln, Bäumen, Teichen,
Und drohende, und totenhaft verdorrte...

Wozu sind diese aufgebaut und gleichen
Einander nie? und sind unzählig viele?
Was wechselt Lachen, Weinen und Erbleichen?

Was frommt das alles uns und diese Spiele,
Die wir doch groß und ewig einsam sind
Und wandernd nimmer suchen irgend Ziele?

Was frommts, dergleichen viel gesehen haben?
Und dennoch sagt der viel, der »Abend« sagt,
Ein Wort, daraus Tiefsinn und Trauer rinnt

Wie schwerer Honig aus den hohlen Waben.

Manche freilich ...

Manche freilich müssen drunten sterben,
Wo die schweren Ruder der Schiffe streifen,
Andre wohnen bei dem Steuer droben,
Kennen Vogelflug und die Länder der Sterne.

Manche liegen immer mit schweren Gliedern
Bei den Wurzeln des verworrenen Lebens.
Andern sind die Stühle gerichtet
Bei den Sibyllen, den Königinnen,
Und da sitzen sie wie zu Hause,
Leichten Hauptes und leichter Hände.

Doch ein Schatten fällt von jenen Leben
In die anderen Leben hinüber,

Und die leichten sind an die schweren
Wie an Luft und Erde gebunden:

Ganz vergessener Völker Müdigkeiten
Kann ich nicht abtun von meinen Lidern,
Noch weghalten von der erschrockenen Seele
Stummes Niederfallen ferner Sterne.

Viele Geschicke weben neben dem meinen,
Durcheinander spielt sie alle das Dasein,
Und mein Teil ist mehr als dieses Lebens
Schlanke Flamme oder schmale Leier.

Terzinen (III)

Wir sind aus solchem Zeug, wie das zu Träumen,
Und Träume schlagen so die Augen auf
Wie kleine Kinder unter Kirschenbäumen,

Aus deren Krone den blaßgoldnen Lauf
Der Vollmond anhebt durch die große Nacht.
... Nicht anders tauchen unsre Träume auf,

Sind da und leben wie ein Kind, das lacht,
Nicht minder groß im Auf- und Niederschweben
Als Vollmond, aus Baumkronen aufgewacht.

Das Innerste ist offen ihrem Weben;
Wie Geisterhände in versperrtem Raum
Sind sie in uns und haben immer Leben

Und drei sind eins: ein Mensch, ein Ding, ein Traum.

RAINER MARIA RILKE

1874–1929

Ich lebe mein Leben in wachsenden Ringen

Ich lebe mein Leben in wachsenden Ringen,
Die sich über die Dinge ziehn.
Ich werde den letzten vielleicht nicht vollbringen,
Aber versuchen will ich ihn.

Ich kreise um Gott, um den uralten Turm,
Und ich kreise jahrtausendelang;
Und ich weiß noch nicht, bin ich ein Falke, ein Sturm
Oder ein großer Gesang.

Herbsttag

Herr: es ist Zeit. Der Sommer war sehr groß.
Leg deinen Schatten auf die Sonnenuhren,
Und auf den Fluren laß die Winde los.

Befiehl den letzten Früchten voll zu sein;
Gib ihnen noch zwei südlichere Tage,
Dränge sie zur Vollendung hin und jage
Die letzte Süße in den schweren Wein.

Wer jetzt kein Haus hat, baut sich keines mehr.
Wer jetzt allein ist, wird es lange bleiben,
Wird wachen, lesen, lange Briefe schreiben
Und wird in den Alleen hin und her
Unruhig wandern, wenn die Blätter treiben.

Römische Fontäne

Zwei Becken, eins das andre übersteigend
Aus einem alten runden Marmorrand,
Und aus dem oberen Wasser leis sich neigend
Zum Wasser, welches unten wartend stand,

Dem leise redenden entgegenschweigend
Und heimlich, gleichsam in der hohlen Hand
Ihm Himmel hinter Grün und Dunkel zeigend
Wie einen unbekannten Gegenstand;

Sich selber ruhig in der schönen Schale
Verbreitend ohne Heimweh, Kreis aus Kreis,
Nur manchmal träumerisch und tropfenweis

Sich niederlassend an den Moosbehängen
Zum letzten Spiegel, der sein Becken leis
Von unten lächeln macht mit Übergängen.

Vor lauter Lauschen und Staunen sei still

Vor lauter Lauschen und Staunen sei still.
Du mein tieftiefes Leben;
Daß du weißt, was der Wind dir will,
Eh noch die Birken beben.

Und wenn dir einmal das Schweigen sprach,
Laß deine Sinne besiegen.
Jedem Hauche gib dich, gib nach,
Er wird dich lieben und wiegen.

Und dann, meine Seele, sei weit, sei weit,
Daß dir das Leben gelinge,
Breite dich wie ein Feierkleid
Über die sinnenden Dinge.

Nur wer die Leier schon hob

Nur wer die Leier schon hob
Auch unter Schatten,
Darf das unendliche Lob
Ahnend erstatten.

Nur wer mit Toten vom Mohn
Aß, von dem ihren,
Wird nicht den leisesten Ton
Wieder verlieren.

Mag auch die Spieglung im Teich
Oft uns verschwimmen:
Wisse das Bild.

Erst in dem Doppelbereich
Werden die Stimmen
Ewig und mild.

Der Panther

Im Jardin des Plantes, Paris

Sein Blick ist vom Vorübergehn der Stäbe
so müd geworden, daß er nichts mehr hält.
Ihm ist, als ob es tausend Stäbe gäbe
und hinter tausend Stäben keine Welt.

Der weiche Gang geschmeidig starker Schritte,
der sich im allerkleinsten Kreise dreht,
ist wie ein Tanz von Kraft um eine Mitte,
in der betäubt ein großer Wille steht.

Nur manchmal schiebt der Vorhang der Pupille
sich lautlos auf –. Dann geht ein Bild hinein,
geht durch der Glieder angespannte Stille –
und hört im Herzen auf zu sein.

Das Karussell
Jardin du Luxembourg

Mit einem Dach und seinem Schatten dreht
sich eine kleine Weile der Bestand
von bunten Pferden, alle aus dem Land,
das lange zögert, eh es untergeht.
Zwar manche sind an Wagen angespannt,
doch alle haben Mut in ihren Mienen;
ein böser roter Löwe geht mit ihnen
und dann und wann ein weißer Elefant.

Sogar ein Hirsch ist da, ganz wie im Wald,
nur daß er einen Sattel trägt und drüber
ein kleines blaues Mädchen aufgeschnallt.

Und auf dem Löwen reitet weiß ein Junge
und hält sich mit der kleinen heißen Hand,
dieweil der Löwe Zähne zeigt und Zunge.

Und dann und wann ein weißer Elefant.

Schlußstück

Der Tod ist groß.
Wir sind die Seinen
lachenden Munds.
Wenn wir uns mitten im Leben meinen,
wagt er zu weinen
mitten in uns.

Ausgesetzt auf den Bergen des Herzens

Ausgesetzt auf den Bergen des Herzens. Siehe, wie klein dort,
siehe: die letzte Ortschaft der Worte, und höher,

aber wie klein auch, noch ein letztes
Gehöft von Gefühl. Erkennst du's?
Ausgesetzt auf den Bergen des Herzens. Steingrund
unter den Händen. Hier blüht wohl
einiges auf; aus stummem Absturz
blüht ein unwissendes Kraut singend hervor.
Aber der Wissende? Ach, der zu wissen begann
und schweigt nun, ausgesetzt auf den Bergen des Herzens.
Da geht wohl, heilen Bewußtseins,
manches umher, manches gesicherte Bergtier,
wechselt und weilt. Und der große geborgene Vogel
kreist um der Gipfel reine Verweigerung. – Aber
ungeborgen, hier auf den Bergen des Herzens…

HERMANN HESSE

1877–1962

Im Nebel

Seltsam, im Nebel zu wandern!
Einsam ist jeder Busch und Stein,
Kein Baum sieht den andern,
Jeder ist allein.

Voll von Freunden war mir die Welt,
Als noch mein Leben licht war;
Nun, da der Nebel fällt,
Ist keiner mehr sichtbar.

Wahrlich, keiner ist weise,
Der nicht das Dunkel kennt,
Das unentrinnbar und leise
Von allen ihn trennt.

Seltsam, im Nebel zu wandern!
Leben ist Einsamsein.
Kein Mensch kennt den andern,
Jeder ist allein!

Stufen

Wie jede Blüte welkt und jede Jugend
Dem Alter weicht, blüht jede Lebensstufe,
Blüht jede Weisheit auch und jede Tugend
Zu ihrer Zeit und darf nicht ewig dauern.

Es muß das Herz bei jedem Lebensrufe
Bereit zum Abschied sein und Neubeginne,

Um sich in Tapferkeit und ohne Trauern
in andre, neue Bindungen zu geben.

Und jedem Anfang wohnt ein Zauber inne,
Der uns beschützt und der uns hilft zu leben.

Wir sollen heiter Raum um Raum durchschreiten,
An keinem wie an einer Heimat hängen,
Der Weltgeist will nicht fesseln uns und engen,
Er will uns Stuf' um Stufe heben, weiten.

Kaum sind wir heimisch einem Lebenskreise
Und traulich eingewohnt, so droht Erschlaffen,
Nur wer bereit zu Aufbruch ist und Reise,
Mag lähmender Gewöhnung sich entraffen.

Es wird vielleicht auch noch die Todesstunde
Uns neuen Räumen jung entgegensenden,
Des Lebens Ruf an uns wird niemals enden …
Wohlan denn, Herz, nimm Abschied und gesunde!

ERICH MÜHSAM

1878–1934

Der Revoluzzer

Der deutschen Sozialdemokratie gewidmet

War einmal ein Revoluzzer,
im Zivilstand Lampenputzer;
ging im Revoluzzerschritt
mit den Revoluzzern mit.

Und er schrie: »Ich revolüzze!«
Und die Revoluzzermütze
schob er auf das linke Ohr,
kam sich höchst gefährlich vor.

Doch die Revoluzzer schritten
mitten in der Straßen Mitten
wo er sonsten unverdrutzt
alle Gaslaternen putzt.

Sie vom Boden zu entfernen,
rupfte man die Gaslaternen
aus dem Straßenpflaster aus,
zwecks des Barrikadenbaus.

Aber unser Revoluzzer
schrie: »Ich bin der Lampenputzer
dieses guten Leuchtelichts.
Bitte, bitte, tut ihm nichts!

Wenn wir ihn' das Licht ausdrehen,
kann kein Bürger nichts mehr sehen.
Laßt die Lampen stehn, ich bitt! –
Denn sonst spiel' ich nicht mehr mit!«

Doch die Revoluzzer lachten,
und die Gaslaternen krachten,
und der Lampenputzer schlich
fort und weinte bitterlich.

Dann ist er zuhaus geblieben
und hat dort ein Buch geschrieben:
nämlich, wie man revoluzzt
und dabei doch Lampen putzt.

HANS CAROSSA

1878–1956

Der alte Brunnen

Lösch aus dein Licht und schlaf! Das immer wache
Geplätscher nur vom alten Brunnen tönt.
Wer aber Gast war unter meinem Dache,
Hat sich stets bald an diesen Ton gewöhnt.

Zwar kann es einmal sein, wenn du schon mitten
Im Traume bist, daß Unruh geht ums Haus,
Der Kies beim Brunnen knirscht von harten Tritten,
Das helle Plätschern setzt auf einmal aus.

Und du erwachst, – dann mußt du nicht erschrecken!
Die Sterne stehn vollzählig überm Land,
Und nur ein Wandrer trat ans Marmorbecken,
Der schöpft vom Brunnen mit der hohlen Hand.

Er geht gleich weiter. Und es rauscht wie immer.
O freue dich, du bleibst nicht einsam hier.
Viel Wandrer gehen fern im Sternenschimmer,
Und mancher noch ist auf dem Weg zu dir.

WILHELM LEHMANN

1882–1968

Lied des alternden Weingott

Wo sind nun meine Tage hin?
Sie sind wie geschnittenes Gras.
Langsam sickert es durch mich hin,
Und ich denke dies und das.

Klar sein über dich willst du?
So laß es nur geschehn –
Mit weichen Pinselstrichen
Die Tausendfüßler gehn.

Klar sein über dich willst du?
Ich brauch es nicht zu verstehn,
Die Tage sind langsam und lichtig
Und fließen über die Höhn.

Du brauchst dich nicht zu ergründen,
So laß uns weiter fliehn,
Mit runden Schulterknochen
Wie Eichelhäher ziehn.

Bestehen ist nur ein Sehen,
Und ein Hören ist darin:
Im Ohr mir die Dompfaffen zirpen –
Und ich halte die Augen hin.

Die Menschen sind fremd zueinander,
Und deine haßt meine Glut,
Sie wanken unsicher zusammen,
Ich sehe, wie es tut.

Listig sind die Vögel –
Sie wissen nicht, wer ich bin,

Luftig und dünn und lautlos wird es,
Ich sinke ohnmächtig hin.

Die Signatur

Damastner Glanz des Schnees.
Darauf liest sich die Spur
Des Hasen, Finken, Rehs,
Der Wesen Signatur.

In ihre Art geschickt,
Lebt alle Kreatur.
Bin ich nur ihr entrückt
Und ohne Signatur?

Es huscht und fließt und girrt –
Taut Papagenos Spiel
Den starren Januar?
Durchs Haupt der Esche schwirrt,
Der Esche Yggdrasil,
Die Hänflings-, Zeisigschar.

Die goldnen Bälle blitzen,
Vom Mittagslicht gebannt,
Bis sie in Reihen sitzen,
Der Sonne zugewandt,
Wie Geister von Verklärten,
Die noch die Götter ehrten.

Die leisen Stimmen wehn
Aus den verzückten Höhn
Ein Cembalogetön.
Die Vogelkreatur,
Kann ich sie hören, sehn,
Brauch ich nicht mehr zu flehn
Um meine Signatur.

JOACHIM RINGELNATZ

1883–1934

Überall

Überall ist Wunderland.
Überall ist Leben.
Bei meiner Tante im Strumpfenband.
Wie irgendwo daneben.

Überall ist Dunkelheit.
Kinder werden Väter.
Fünf Minuten später
Stirbt sich was für einige Zeit.
Überall ist Ewigkeit.

Wenn du einen Schneck behauchst,
Schrumpft er ins Gehäuse,
Wenn du ihn in Kognak tauchst,
Sieht er weiße Mäuse.

Bumerang

War einmal ein Bumerang;
War ein weniges zu lang.
Bumerang flog ein Stück,
Aber kam nicht mehr zurück.
Publikum – noch stundenlang –
Wartete auf Bumerang.

Ich habe dich so lieb

Ich habe dich so lieb!
Ich würde dir ohne Bedenken
Eine Kachel aus meinem Ofen
Schenken.

Ich habe dir nichts getan.
Nun ist mir traurig zu Mut.
An den Hängen der Eisenbahn
Leuchtet der Ginster so gut.

Vorbei – verjährt –
Doch nimmer vergessen.
Ich reise.
Alles, was lange währt,
Ist leise.

Die Zeit entstellt
Alle Lebewesen.
Ein Hund bellt.
Er kann nicht lesen.
Er kann nicht schreiben.
Wir können nicht bleiben.

Ich lache.
Die Löcher sind die Hauptsache
An einem Sieb.

Ich habe dich so lieb.

Im Park

Ein ganz kleines Reh stand am ganz kleinen Baum
Still und verklärt wie im Traum.
Das war des Nachts elf Uhr zwei.
Und dann kam ich um vier

Morgens wieder vorbei,
Und da träumte noch immer das Tier.
Nun schlich ich mich leise – ich atmete kaum –
Gegen den Wind an den Baum,
Und gab dem Reh einen ganz kleinen Stips.
Und da war es aus Gips.

Kindergebetchen

Erstes

Lieber Gott, ich liege
Im Bett. Ich weiß, ich wiege
Seit gestern fünfunddreißig Pfund.
Halte Pa und Ma gesund.
Ich bin ein armes Zwiebelchen,
Nimm mir das nicht übelchen.

Zweites

Lieber Gott, recht gute Nacht.
Ich hab noch schnell Pipi gemacht,
Damit ich von dir träume.
Ich stelle mir den Himmel vor
Wie hinterm Brandenburger Tor
Die Lindenbäume.
Nimm meine Worte freundlich hin,
Weil ich schon sehr erwachsen bin.

Drittes

Lieber Gott mit Christussohn,
Ach schenk mir doch ein Grammophon.
Ich bin ein ungezognes Kind,
Weil meine Eltern Säufer sind.
Verzeih mir, daß ich gähne.
Beschütze mich in aller Not,
Mach meine Eltern noch nicht tot
Und schenk der Oma Zähne.

Maikäfermalen

Setze Maikäfer in Tinte. (Es geht auch mit Fliegen.)
Zweierlei Tinte ist noch besser, schwarz und rot.
Laß sie aber nicht zu lange darin liegen,
Sonst werden sie tot.

Flügel brauchst du nicht erst rauszureißen.
Dann mußt du sie alle schnell aufs Bett schmeißen
Und mit einem Bleistift so herumtreiben,
Daß sie lauter komische Bilder und Worte schreiben.
Bei mir schrieben sie einmal ein ganzes Gedicht.

Wenn deine Mutter kommt, mache ein dummes Gesicht;
Sage ganz einfach: »Ich war es nicht!«

Eine Erfindung machen

(Nur für Kinder, die keinen Schiß haben)

Wer was erfindet, wird furchtbar reich.
Was man erfindet, ist ganz gleich.
Wenn man nur allerlei Dinge zusammenmischt,
Noch länger, als bis es zischt, und das Richtige rausfischt,
Dann wird man in wenigen Stunden
Berühmt oder macht Gold.
Ich hab auch schon mal was zur Hälfte erfunden,
Aber Wolfgang, mein Bruder, wollte nicht mehr. –
Wenn ihr das etwa fertig erfinden wollt,
Will ich's euch sagen. Aber es ist sehr, furchtbar sehr schwer.

Das allerwichtigste ist die teure
Furchtbar gefährliche Salzsäure.
Entweder findet ihr die im Klosett
Hoch oben auf einem Brett.
Oder ihr müßt euch unter das Dienstmädchen stecken.
Dürft aber ja nicht dran lecken.

Erst legt ihr einen Goldfisch oder andern Fisch –
Es kann auch ein Rollmops sein –
Nicht etwa auf den Tisch,
Sondern: Auf Elfenbein.
Und zwar auf die weißen Tasten von dem Klavier.
Müßt aber die Fische vorher mit Bier
Und Zahnpulver kneten,
Und auch erst tot treten,
Damit sie auch liegen bleiben.
Nun müßt ihr Seife, dann Zwiebel darüber reiben.
Dann müßt ihr Pfennige, Nachtleuchterstücken
Und anderes Kupfer tief in die Fische drücken,
Und nun darüber langsam Salzsäure träufeln.
Dann holt ihr schnell eine Schaufel (eigentlich zwei Schäufeln)

Voll glühender Kohlen.
Wolfgang ließ mich damals die zweite Schaufel nicht holen.
Der dumme Ochse ist ja zu unverschämt.

Aber ihr müßt das zu Ende bringen.
Wenn ihr noch Soda und Wachs und so was zu nehmt,
Dann wird's schon gelingen.
Und wenn eure Eltern was wollen,

Dann müßt ihr zum Trotz in die glühenden Kohlen fassen.
Und sagt nur ganz barsch: Sie sollen
Sich lieber und recht bald begraben lassen.

ERNST STADLER

1883–1914

Der Spruch

In einem alten Buche
    stieß ich auf ein Wort,
Das traf mich wie ein Schlag
    und brennt durch meine Tage fort:
Und wenn ich mich an
    trübe Lust vergebe,
Schein, Lug und Spiel zu mir
    anstatt des Wesens hebe,
Wenn ich gefällig mich
    mit raschem Sinn belüge,
Als wäre Dunkles klar, als wenn nicht Leben
    tausend wild verschlossne Tore trüge,
Und Worte wiederspreche,
    deren Weite nie ich ausgefühlt,
Und Dinge fasse,
    deren Sein mich niemals aufgewühlt,
Wenn mich willkommner Traum
    mit Sammethänden streicht,
Und Tag und Wirklichkeit
    von mir entweicht,
Der Welt entfremdet,
    fremd dem tiefsten Ich,
Dann steht das Wort mir auf:
    Mensch, werde wesentlich!

Fahrt über die Kölner Rheinbrücke bei Nacht

Der Schnellzug tastet sich
    und stößt die Dunkelheit entlang.

Kein Stern will vor. Die ganze Welt ist nur ein enger,
   nachtumschienter Minengang,
Darein zuweilen Förderstellen
   blauen Lichtes jähe Horizonte reißen: Feuerkreis
Von Kugellampen, Dächern, Schloten,
   dampfend, strömend . . nur sekundenweis . .
Und wieder alles schwarz.
   Als führen wir ins Eingeweid der Nacht zur Schicht.
Nun taumeln Lichter her . . verirrt, trostlos vereinsamt . .
   mehr . . und sammeln sich . . und werden dicht.
Gerippe grauer Häuserfronten liegen bloß,
   im Zwielicht bleichend, tot –
   etwas muß kommen . . o, ich fühl es schwer
Im Hirn. Eine Beklemmung singt im Blut.
   Dann dröhnt der Boden plötzlich wie ein Meer:
Wir fliegen, aufgehoben
   königlich durch nachtentrissne Luft, hoch übern Strom.
   O Biegung der Millionen Lichter, stumme Wacht,
Vor deren blitzender Parade
   schwer die Wasser abwärts rollen.
   Endloses Spalier, zum Gruß gestellt bei Nacht!
Wie Fackeln stürmend! Freudiges!
   Salut von Schiffen über blauer See! Bestirntes Fest!
Wimmelnd, mit hellen Augen hingedrängt!
   Bis wo die Stadt
   mit letzten Häusern ihren Gast entläßt.
Und dann die langen Einsamkeiten. Nackte Ufer.
   Stille. Nacht. Besinnung. Einkehr. Kommunion.
   Und Glut und Drang
Zum Letzten, Segnenden. Zum Zeugungsfest.
   Zur Wollust. Zum Gebet. Zum Meer.
   Zum Untergang.

Vorfrühling

In dieser Märznacht
   trat ich spät aus meinem Haus.

Die Straßen waren aufgewühlt von Lenzgeruch
und grünem Saatregen.
Winde schlugen an. Durch die verstörte Häusersenkung
ging ich weit hinaus
Bis zu dem unbedeckten Wall und spürte:
meinem Herzen schwoll ein neuer Takt entgegen.

In jedem Lufthauch
war ein junges Werden ausgespannt.
Ich lauschte,
wie die starken Wirbel mir im Blute rollten.
Schon dehnte sich bereitet Acker.
In den Horizonten eingebrannt
War schon die Bläue hoher Morgenstunden,
die ins Weite fuhren sollten.

Form ist Wollust

Form und Riegel mußten erst zerspringen,
Welt durch aufgeschlossne Röhren dringen:
Form ist Wollust, Friede, himmlisches Genügen,
Doch mich reißt es, Ackerschollen umzupflügen.
Form will mich verschnüren und verengen,
Doch ich will mein Sein in alle Weiten drängen –
Form ist klare Härte ohn' Erbarmen,
Doch mich treibt es zu den Dumpfen, zu den Armen,
Und in grenzenlosem Michverschenken
Will mich Leben mit Erfüllung tränken.

Gang im Schnee

Nun rieseln weiße Flocken unsre Schritte ein.
Der Weidenstrich läßt fröstelnd letzte Farben sinken,
Das Dunkel steigt vom Fluß, um den versprengte Lichter blinken,
Mit Schnee und bleicher Stille weht die Nacht herein.

Nun ist in samtnen Teppichen das Land verhüllt,
Und unsre Worte tasten auf und schwanken nieder
Wie junge Vögel mit verängstetem Gefieder –
Die Ebene ist grenzenlos mit Dämmerung gefüllt.

Um graue Wolkenbündel blüht ein schwacher Schein,
Er leuchtet unserm Pfad in nachtverhängte Weite,
Dein Schritt ist wie ein fremder Traum an meiner Seite –
Nun rieseln weiße Flocken unsre Sehnsucht ein.

OSKAR LOERKE

1184–1941

Pansmusik

Ein Floß schwimmt aus dem fernen Himmelsrande,
Drauf tönt es dünn und blaß
Wie eine alte süße Sarabande.
Das Auge wird mir naß.

Es ist, wie wenn den weiten Horizonten
Die Seele übergeht,
Der Himmel auf den Ebnen, den besonnten,
Aufhorcht wie ein Prophet

Und eine arme Weise in die Ohren
Der höhern Himmel spricht:
Das Spielen wankt, im Spielen unverloren,
Das Licht wankt durch das Licht.

Heut fährt der Gott der Welt auf einem Floße,
Er sitzt auf Schilf und Rohr,
Und spielt die sanfte, abendliche, große,
Und spielt die Welt sich vor.

Er spielt das große Licht der Welt zur Neige,
Tief aus sich her den Strom
Durch Ebnen mit der Schwermut langer Steige
Und Ewigkeitsarom.

Er baut die Ebenen und ihre Städte
Mit weichen Mundes Ton
Und alles Werden bis in dieses späte
Verspieltsein und Verlohn:

Doch alles wie zu stillendem Genusse
Den Augen bloß, dem Ohr.

So fährt er selig auf dem großen Flusse
Und spielt die Welt sich vor.

So fährt sein Licht und ist bald bei den größern,
Orion, Schwan und Bär:
Sie alle scheinen Flöße schon mit Flößern
Der Welt ins leere Meer.

Bald wird die Grundharmonika verhallen,
Die Seele schläft mir ein,
Bald wird der Wind aus seiner Höhe fallen,
Die Tiefe nicht mehr sein.

Altes Gemäuer

Ein Mauerwerk zerbröckelt in das Schweigen,
Worein die Fugengräser sinken, steigen:
Das Mittelalter in ihm rührt sich nicht,
Das Altertum in ihm, es spürt sich nicht.

Die Ritzengräser heben sich und sinken,
Wenn Windeskrüppel durch die Stille hinken.
Die gehn vorbei, sie haben keinen Stecken,
Die Jugend im Gemäuer aufzuwecken.

Vielleicht, daß wir sein Einst uns nur erdachten
Und Treppen in den Zeitenspuk uns machten.
Vielleicht, daß Gott uns Zeitenträume gönnte,
Doch Welt nicht ist, was je erwachen könnte.

Denn alles ist schon wach, was um uns her ist,
Was rispenleicht und backsteinmauerschwer ist,
Die Arche des Vergangnen, das wir schufen
Bei Tag, bei Nacht,
Die Zukunftsfracht
Auf Wolkenschlitten ohne Kufen.

GOTTFRIED BENN

1886–1956

Mann und Frau gehn durch die Krebsbaracke

Der Mann:
Hier diese Reihe sind zerfallene Schöße
Und diese Reihe ist zerfallene Brust.
Bett stinkt bei Bett. Die Schwestern wechseln stündlich.

Komm, hebe ruhig diese Decke auf.
Sieh, dieser Klumpen Fett und faule Säfte,
das war einst irgendeinem Mann groß
und hieß auch Rausch und Heimat.

Komm, sieh auf diese Narbe an der Brust.
Fühlst du den Rosenkranz von weichen Knoten?
Fühl ruhig hin. Das Fleisch ist weich und schmerzt nicht.

Hier diese blutet wie aus dreißig Leibern.
Kein Mensch hat so viel Blut.
Hier dieser schnitt man
erst noch ein Kind aus dem verkrebsten Schoß.

Man läßt sie schlafen. Tag und Nacht. – Den Neuen
sagt man: Hier schläft man sich gesund. – Nur Sonntags
für den Besuch läßt man sie etwas wacher.

Verlorenes Ich

Verlorenes Ich, zersprengt von Stratosphären,
Opfer des Ion –: Gamma-Strahlen-Lamm –
Teilchen und Feld –: Unendlichkeitschimären
auf deinem grauen Stein von Notre-Dame.

Die Tage gehn dir ohne Nacht und Morgen,
die Jahre halten ohne Schnee und Frucht
bedrohend das Unendliche verborgen –
die Welt als Flucht.

Wo endest du, wo lagerst du, wo breiten
sich deine Sphären an – Verlust, Gewinn –:
ein Spiel von Bestien: Ewigkeiten,
an ihren Gittern fliehst du hin.

Der Bestienblick: die Sterne als Kaldaunen,
der Dschungeltod als Seins- und Schöpfungsgrund,
Mensch, Völkerschlachten, Katalaunen
hinab den Bestienschlund.

Die Welt zerdacht. Und Raum und Zeiten
und was die Menschheit wob und wog,
Funktion nur von Unendlichkeiten –
die Mythe log.

Woher, wohin – nicht Nacht, nicht Morgen,
kein Evoë, kein Requiem,
du möchtest dir ein Stichwort borgen –
allein bei wem?

Ach, als sich alle einer Mitte neigten
und auch die Denker nur den Gott gedacht,
sie sich den Hirten und dem Lamm verzweigten,
wenn aus dem Kelch das Blut sie rein gemacht,

und alle rannen aus der einen Wunde,
brachen das Brot, das jeglicher genoß –
o ferne zwingende erfüllte Stunde,
die einst auch das verlorne Ich umschloß.

Nur zwei Dinge

Durch so viel Formen geschritten,
durch Ich und Wir und Du,
doch alles blieb erlitten
durch die ewige Frage: wozu?

Das ist eine Kinderfrage.
Dir wurde erst spät bewußt,
es gibt nur eines: ertrage
- ob Sinn, ob Sucht, ob Sage –
dein fernbestimmtes: Du mußt.

Ob Rosen, ob Schnee, ob Meere,
was alles erblühte, verblich,
es gibt nur zwei Dinge: die Leere
und das gezeichnete Ich.

Das Ganze

Im Taumel war ein Teil, ein Teil in Tränen,
in manchen Stunden war ein Schein und mehr,
in diesen Jahren war das Herz, in jenen
waren die Stürme – wessen Stürme – wer?

Niemals im Glücke, selten mit Begleiter,
meistens verschleiert, da es tief geschah,
und alle Ströme liefen wachsend weiter
und alles Außen ward nur innen nah.

Der sah dich hart, der andre sah dich milder,
der wie es ordnet, der wie es zerstört,
doch was sie sahn, das waren halbe Bilder,
da dir das Ganze nur allein gehört.

Im Anfang war es heller, was du wolltest
und zielte vor und war dem Glauben nah,

doch als du dann erblicktest, was du solltest,
was auf das Ganze steinern niedersah

da war es kaum ein Glanz und kaum ein Feuer,
in dem dein Blick, der letzte, sich verfing:
ein nacktes Haupt, in Blut, ein Ungeheuer,
an dessen Wimper eine Träne hing.

HUGO BALL

1886–1927

Die Sonne

Zwischen meinen Augenlidern fährt ein Kinderwagen.
Zwischen meinen Augenlidern geht ein Mann mit einem Pudel.
Eine Baumgruppe wird zum Schlangenbündel und zischt in den Himmel.
Ein Stein hält eine Rede. Bäume in Grünbrand. Fliehende Inseln.
Schwanken und Muschelgeklingel und Fischkopf wie auf dem Meeresboden.

Meine Beine strecken sich aus bis zum Horizont. Eine Hofkutsche knackt
drüber weg. Meine Stiefel ragen am Horizont empor wie die Türme einer
versinkenden Stadt. Ich bin der Riese Goliath. Ich verdaue Ziegenkäse.
Ich bin ein Mammutkälbchen. Grüne Grasigel schnüffeln an mir.
Gras spannt grüne Säbel und Brücken und Regenbögen über meinen Bauch.

Meine Ohren sind rosa Riesenmuscheln, ganz offen. Mein Körper schwillt an
von Geräuschen, die sich gefangen haben darin. Ich höre das Meckern
des großen Pan. Ich höre die zinnoberrote Musik der Sonne.
Sie steht links oben. Zinnoberrot sprühen die Fetzen hinaus in die Weltnacht.
Wenn sie herunterfällt, zerquetscht sie die Stadt und die Kirchtürme
und alle Vorgärten voll Krokus und Hyazinthen, und wird einen Schall geben
wie Blech von Kindertrompeten.
Aber es ist in der Luft ein Gegeneinanderwehen von Purpur und Eigelb
und Flaschengrün: Schaukeln, die eine orangene Faust festhält an langen Fäden,

und ist ein Singen von Vogelhälsen, die über die Zweige hüpfen.
Ein sehr zartes Gestänge von Kinderfahnen.

Morgen wird man die Sonne auf einen großrädrigen Wagen laden
und in die Kunsthandlung Caspari fahren. Ein viehköpfiger Neger
mit wulstigem Nacken, Blähnase und breitem Schritt wird fünfzig weiß-
juckende Esel halten, die vor den Wagen gespannt sind beim
Pyramidenbau.

Eine Menge blutbunten Volks wird sich stauen: Kindsbetterinnen und
Ammen,
Kranke im Fahrstuhl, ein stelzender Kranich, zwei Veitstänzerinnen,
ein Herr mit einer Ripsschleifenkrawatte und ein rotduftender
Schutzmann.

Ich kann mich nicht halten: Ich bin voller Seligkeit. Die Fensterkreuze
zerplatzen. Ein Kinderfräulein hängt bis zum Nabel aus einem Fenster
heraus.
Ich kann mir nicht helfen: Die Dome zerplatzen mit Orgelfugen.
Ich will
eine neue Sonne schaffen. Ich will zwei gegeneinanderschlagen
wie Zymbeln, und meiner Dame die Hand hinreichen. Wir werden
entschweben
in einer violetten Sänfte über die Dächer euerer
hellgelben Stadt wie Lampenschirme aus Seidenpapier im Zugwind.

GEORG HEYM

1887–1912

Träumerei in Hellblau

Alle Landschaften haben
Sich mit Blau gefüllt.
Alle Büsche und Bäume des Stromes,
Der weit in den Norden schwillt.

Blaue Länder der Wolken,
Weiße Segel dicht,
Die Gestade des Himmels in Fernen
Zergehen in Wind und Licht.

Wenn die Abende sinken
Und wir schlafen ein,
Gehen die Träume, die schönen,
Mit leichten Füßen herein.

Zymbeln lassen sie klingen
In den Händen licht.
Manche flüstern, und halten
Kerzen vor ihr Gesicht.

Deine Wimpern, die langen

Deine Wimpern, die langen,
Deiner Augen dunkele Wasser,
Laß mich tauchen darein,
Laß mich zur Tiefe gehn.

Steigt der Bergmann zum Schacht
Und schwankt seine trübe Lampe
Über der Erze Tor,
Hoch an der Schattenwand,

Sieh, ich steige hinab,
In deinem Schoß zu vergessen,
Fern was von oben dröhnt,
Helle und Qual und Tag.

An den Feldern verwächst,
Wo der Wind steht, trunken vom Korn,
Hoher Dorn, hoch und krank
Gegen das Himmelsblau.

Gib mir die Hand,
Wir wollen einander verwachsen,
Einem Winde Beute,
Einsamer Vögel Flug,

Hören im Sommer
Die Orgel der matten Gewitter,
Baden in Herbsteslicht,
Am Ufer des blauen Tags.

Manchmal wollen wir stehn
Am Rand des dunkelen Brunnens,
Tief in die Stille zu sehn,
Unsere Liebe zu suchen.

Oder wir treten hinaus
Vom Schatten der goldenen Wälder,
Groß in ein Abendrot,
Das dir berührt sanft die Stirn.

Einmal am Ende zu stehen,
Wo Meer in gelblichen Flecken
Leise schwimmt schon herein
Zu der September Bucht.

Oben zu ruhn
Im Haus der dürftigen Blumen,
Über die Felsen hinab
Singt und zittert der Wind.

Doch von der Pappel,
Die ragt im Ewigen Blauen,
Fällt schon ein braunes Blatt,
Ruht auf dem Nacken dir aus.

Göttliche Trauer,
Schweige der ewigen Liebe.
Heben den Krug herauf,
Trinke den Schlaf.

Der Krieg

Aufgestanden ist er, welcher lange schlief,
Aufgestanden unten aus Gewölben tief.
In der Dämmrung steht er, groß und unerkannt,
Und den Mond zerdrückt er in der schwarzen Hand.

In den Abendlärm der Städte fällt es weit,
Frost und Schatten einer fremden Dunkelheit,
Und der Märkte runder Wirbel stockt zu Eis.
Es wird still. Sie sehn sich um. Und keiner weiß.

In den Gassen faßt es ihre Schulter leicht.
Eine Frage. Keine Antwort. Ein Gesicht erbleicht.
In der Ferne wimmert ein Geläute dünn
Und die Bärte zittern um ihr spitzes Kinn.

Auf den Bergen hebt er schon zu tanzen an
Und er schreit: Ihr Krieger alle, auf und an.
Und es schallet, wenn das schwarze Haupt er schwenkt,
Drum von tausend Schädeln laute Kette hängt.

Einem Turm gleich tritt er aus die letzte Glut,
Wo der Tag flieht, sind die Ströme schon voll Blut.
Zahllos sind die Leichen schon im Schilf gestreckt,
Von des Todes starken Vögeln weiß bedeckt.

Über runder Mauern blauem Flammenschwall
Steht er, über schwarzer Gassen Waffenschall.
Über Toren, wo die Wächter liegen quer,
Über Brücken, die von Bergen Toter schwer.

In die Nacht er jagt das Feuer querfeldein
Einen roten Hund mit wilder Mäuler Schrein.
Aus dem Dunkel springt der Nächte schwarze Welt,
Von Vulkanen furchtbar ist ihr Rand erhellt.

Und mit tausend roten Zipfelmützen weit
Sind die finstren Ebnen Hackend überstreut,
Und was unten auf den Straßen wimmelt hin und her,
Fegt er in die Feuerhaufen, daß die Flamme brenne mehr.

Und die Flammen fressen brennend Wald um Wald,
Gelbe Fledermäuse zackig in das Laub gekrallt.
Seine Stange haut er wie ein Köhlerknecht
In die Bäume, daß das Feuer brause recht.

Eine große Stadt versank in gelbem Rauch,
Warf sich lautlos in des Abgrunds Bauch.
Aber riesig über glühnden Trümmern steht
Der in wilde Himmel dreimal seine Fackel dreht,

Über sturmzerfetzter Wolken Widerschein,
In des toten Dunkels kalte Wüstenein,
Daß er mit dem Brande weit die Nacht verdorr,
Pech und Feuer träufet unten auf Gomorrh.

Ophelia

I

Im Haar ein Nest von jungen Wasserratten,
Und die beringten Hände auf der Flut
Wie Flossen, also treibt sie durch den Schatten
Des großen Urwalds, der im Wasser ruht.

Die letzte Sonne, die im Dunkel irrt,
Versenkt sich tief in ihres Hirnes Schrein.
Warum sie starb? Warum sie so allein
Im Wasser treibt, das Farn und Kraut verwirrt?

Im dichten Röhricht steht der Wind. Er scheucht
Wie eine Hand die Fledermäuse auf.
Mit dunklem Fittich, von dem Wasser feucht
Stehn sie wie Rauch im dunklen Wasserlauf,

Wie Nachtgewölk. Ein langer, weißer Aal
Schlüpft über ihre Brust. Ein Glühwurm scheint
Auf ihrer Stirn. Und eine Weide weint
Das Laub auf sie und ihre stumme Qual.

II

Korn. Saaten. Und des Mittags roter Schweiß.
Der Felder gelbe Winde schlafen still.
Sie kommt, ein Vogel, der entschlafen will.
Der Schwäne Fittich überdacht sie weiß.

Die blauen Lider schatten sanft herab.
Und bei der Sensen blanken Melodien
Träumt sie von eines Kusses Karmoisin
Den ewigen Traum in ihrem ewigen Grab.

Vorbei, vorbei. Wo an das Ufer dröhnt
Der Schall der Städte. Wo durch Dämme zwingt
Der weiße Strom. Der Widerhall erklingt
Mit weitem Echo. Wo herunter tönt

Hall voller Straßen. Glocken und Geläut.
Maschinenkreischen. Kampf. Wo westlich droht
In blinde Scheiben dumpfes Abendrot,
In dem ein Kran mit Riesenarmen dräut,

Mit schwarzer Stirn, ein mächtiger Tyrann,
Ein Moloch, drum die schwarzen Knechte knien.
Last schwerer Brücken, die darüber ziehn
Wie Ketten auf dem Strom, und harter Bann.

Unsichtbar schwimmt sie in der Flut Geleit.
Doch wo sie treibt, jagt weit den Menschenschwarm
Mit großem Fittich auf ein dunkler Harm,
Der schattet über beide Ufer breit.

Vorbei, vorbei. Da sich dem Dunkel weiht
Der westlich hohe Tag des Sommers spät,
Wo in dem Dunkelgrün der Wiesen steht
Des fernen Abends zarte Müdigkeit.

Der Strom trägt weit sie fort, die untertaucht,
Durch manchen Winters trauervollen Port.
Die Zeit hinab. Durch Ewigkeiten fort,
Davon der Horizont wie Feuer raucht.

Der Gott der Stadt

Auf einem Häuserblocke sitzt er breit.
Die Winde lagern schwarz um seine Stirn.
Er schaut voll Wut, wo fern in Einsamkeit
Die letzten Häuser in das Land verirrn.

Vom Abend glänzt der rote Bauch dem Baal,
Die großen Städte knien um ihn her.
Der Kirchenglocken ungeheure Zahl
Wogt auf zu ihm aus schwarzer Türme Meer.

Wie Korybanten-Tanz dröhnt die Musik
Der Millionen durch die Straßen laut.
Der Schlote Rauch, die Wolken der Fabrik
Ziehn auf zu ihm, wie Duft von Weihrauch blaut.

Das Wetter schwelt in seinen Augenbrauen.
Der dunkle Abend wird in Nacht betäubt.
Die Stürme flattern, die wie Geier schauen
Von seinem Haupthaar, das im Zorne sträubt.

Er streckt ins Dunkel seine Fleischerfaust.
Er schüttelt sie. Ein Meer von Feuer jagt
Durch eine Straße. Und der Glutqualm braust
Und frißt sie auf, bis spät der Morgen tagt.

Die Dämonen der Städte

Sie wandern durch die Nacht der Städte hin,
Die schwarz sich ducken unter ihrem Fuß.
Wie Schifferbärte stehen um ihr Kinn
Die Wolken schwarz vom Rauch und Kohlenruß.

Ihr langer Schatten schwankt im Häusermeer
Und löscht der Straßen Lichterreihen aus.
Es kriecht wie Nebel auf dem Pflaster schwer
Und tastet langsam vorwärts Haus für Haus.

Den einen Fuß auf einen Platz gestellt,
Den anderen gekniet auf einen Turm,
Ragen sie auf, wo schwarz der Regen fällt,
Panspfeifen blasend in den Wolkensturm.

Um ihre Füße kreist das Ritornell
Des Städtemeers mit trauriger Musik,
Ein großes Sterbelied. Bald dumpf, bald grell
Wechselt der Ton, der in das Dunkel stieg.

Sie wandern an dem Strom, der schwarz und breit
Wie ein Reptil, den Rücken gelb gefleckt
Von den Laternen, in die Dunkelheit
Sich traurig wälzt, die schwarz den Himmel deckt.

Sie lehnen schwer auf einer Brückenwand
Und stecken ihre Hände in den Schwarm
Der Menschen aus, wie Faune, die am Rand
Der Sümpfe bohren in den Schlamm den Arm.

Einer steht auf. Dem weißen Monde hängt
Er eine schwarze Larve vor. Die Nacht,
Die sich wie Blei vom finstern Himmel senkt,
Drückt tief die Häuser in des Dunkels Schacht.

Der Städte Schultern knacken. Und es birst
Ein Dach, daraus ein rotes Feuer schwemmt.
Breitbeinig sitzen sie auf seinem First
Und schrein wie Katzen auf zum Firmament.

In einer Stube voll von Finsternissen
Schreit eine Wöchnerin in ihren Wehn.
Ihr starker Leib ragt riesig aus den Kissen,
Um den herum die großen Teufel stehn.

Sie hält sich zitternd an der Wehebank.
Das Zimmer schwankt um sie von ihrem Schrei,
Da kommt die Frucht. Ihr Schoß klafft rot und lang
Und blutend reißt er von der Frucht entzwei.

Der Teufel Hälse wachsen wie Giraffen.
Das Kind hat keinen Kopf. Die Mutter hält
Es vor sich hin. In ihrem Rücken klaffen
Des Schrecks Froschfinger, wenn sie rückwärts fällt.

Doch die Dämonen wachsen riesengroß.
Ihr Schläfenhorn zerreißt den Himmel rot.
Erdbeben donnert durch der Städte Schoß
Um ihren Huf, den Feuer überloht.

GEORG TRAKL

1887-1914

Frühling der Seele

Aufschrei im Schlaf; durch schwarze Gassen stürzt der Wind,
Das Blau des Frühlings winkt durch brechendes Geäst,
Purpurner Nachttau, und es erlöschen rings die Sterne.
Grünlich dämmert der Fluß, silbern die alten Alleen
Und die Türme der Stadt. O sanfte Trunkenheit
Im gleitenden Kahn und die dunklen Rufe der Amsel
In kindlichen Gärten. Schon lichtet sich der rosige Flor.

Feierlich rauschen die Wasser. O die feuchten Schatten der Au,
Das schreitende Tier. Grünendes Blütengezweig
Rührt die kristallene Stirne; schimmernder Schaukelkahn.
Leise tönt die Sonne des Tannenwalds, die ernsten Schatten am Fluß.
Reinheit! Reinheit! Wo sind die furchtbaren Pfade des Todes,
Des grauen, steinernen Schweigens, die Felsen der Nacht.
Und die friedlosen Schatten? Strahlender Sonnenabgrund.
Schwester, da ich dich fand an einsamer Lichtung
Des Waldes und Mittag war und groß das Schweigen des Tiers;
Weiße unter wilder Eiche, und es blühte silbern der Dorn.
Gewaltiges Sterben und die singende Flamme im Herzen.

Dunkler umfließen die Wasser die schönen Spiele der Fische.
Stunde der Trauer, schweigender Anblick der Sonne;
Es ist die Seele ein Fremdes auf Erden. Geistlich dämmert
Bläue über den verhauenen Wald, und es läutet
Lange eine dunkle Glocke im Dorf; friedlich Geleit.
Stille blüht die Myrte über den weißen Lidern des Toten.
Leise tönen die Wasser im sinkenden Nachmittag,
Und es grünet dunkler die Wildnis am Ufer, Freude im rosigen Wind;
Der sanfte Gesang des Bruders am Abendhügel.

Verklärter Herbst

Gewaltig endet so das Jahr
Mit goldnem Wein und Frucht der Gärten.
Rund schweigen Wälder wunderbar
Und sind des Einsamen Gefährten.

Das sagt der Landmann: Es ist gut.
Ihr Abendglocken lang und leise
Gebt noch zum Ende frohen Mut.
Ein Vogelzug grüßt auf der Reise.

Es ist der Liebe milde Zeit.
Im Kahn den blauen Fluß hinunter
Wie schön sich Bild an Bildchen reiht –
Das geht in Ruh und Schweigen unter.

Der Herbst der Einsamen

Der dunkle Herbst kehrt ein voll Frucht und Fülle,
Vergilbter Glanz von schönen Sommertagen.
Ein reines Blau tritt aus verfallener Hülle;
Der Flug der Vögel tönt von alten Sagen.
Gekeltert ist der Wein, die milde Stille
Erfüllt von leiser Antwort dunkler Fragen.

Und hier und dort ein Kreuz auf ödem Hügel;
Im roten Wald verliert sich eine Herde.
Die Wolke wandert übern Weiherspiegel,
Es ruht des Landmanns ruhige Gebärde.
Sehr leise rührt des Abends blauer Flügel
Ein Dach von dürrem Stroh, die schwarze Erde.

Bald nisten Sterne in des Müden Brauen;
In kühle Stuben kehrt ein still Bescheiden
Und Engel treten leise aus den blauen
Augen der Liebenden, die sanfter leiden.

Es rauscht das Rohr; anfällt ein knöchern Grauen,
Wenn schwarz der Tau tropft von den kahlen Weiden.

In den Nachmittag geflüstert

Sonne, herbstlich dünn und zag,
Und das Obst fällt von den Bäumen.
Stille wohnt in blauen Räumen
Einen langen Nachmittag.

Sterbeklänge von Metall,
Und ein weißes Tier bricht nieder.
Brauner Mädchen rauhe Lieder
Sind verweht im Blätterfall.

Stirne Gottes Farben träumt,
Spürt des Wahnsinns sanfte Flügel.
Schatten drehen sich am Hügel,
Von Verwesung schwarz umsäumt.

Dämmerung voll Ruh und Wein;
Traurige Gitarren rinnen.
Und zur milden Lampe drinnen
Kehrst du wie im Traume ein.

Die schöne Stadt

Alte Plätze sonnig schweigen.
Tief in Blau und Gold versponnen
Traumhaft hasten sanfte Nonnen
Unter schwüler Buchen Schweigen.

Aus den braun erhellten Kirchen
Schaun des Todes reine Bilder,
Großer Fürsten schöne Schilder.
Kronen schimmern in den Kirchen.

Rösser tauchen aus dem Brunnen.
Blütenkrallen drohn aus Bäumen.
Knaben spielen wirr von Träumen
Abends leise dort am Brunnen.

Mädchen stehen an den Toren,
Schauen scheu ins farbige Leben.
Ihre feuchten Lippen beben
Und sie warten an den Toren.

Zitternd flattern Glockenklänge,
Marschtakt hallt und Wacherufen.
Fremde lauschen auf den Stufen.
Hoch im Blau sind Orgelklänge.

Helle Instrumente singen.
Durch der Gärten Blätterrahmen
Schwirrt das Lachen schöner Damen.
Leise junge Mütter singen.

Heimlich haucht an blumigen Fenstern
Duft von Weihrauch, Teer und Flieder.
Silbern flimmern müde Lider
Durch die Blumen an den Fenstern.

Elis

I.

Vollkommen ist die Stille dieses goldenen Tags.
Unter alten Eichen
Erscheinst du, ein Ruhender mit runden Augen.
Ihre Bläue spiegelt den Schlummer der Liebenden.
An deinem Mund
Verstummen ihre rosigen Seufzer.

Am Abend zog der Schiffer die schweren Netze ein.
Ein guter Hirt

Führt seine Herde am Waldsaum hin.
Oh! wie gerecht sind, Elis, alle deine Tage.

Leise sinkt
An kahlen Mauern des Ölbaums blaue Stille,
Erstirbt eines Greises dunkler Gesang.

Ein goldener Kahn
Schaukelt, Elis, dein Herz am einsamen Himmel.

II.

Ein sanftes Glockenspiel tönt in Elis' Brust
Am Abend,
Da sein Haupt in schwarze Kissen sinkt.

Ein blaues Wild
Blutet leise im Dornengestrüpp.

Ein brauner Baum steht abgeschieden da;
Seine blauen Früchte fielen von ihm.

Zeichen und Sterne
Versinken leise im Abendweiher.

Hinter dem Hügel ist es Winter geworden.

Blaue Tauben
Trinken nachts den eisigen Schweiß,
Der von Elis' kristallener Stirne rinnt.

Immer tönt
An schwarzen Mauern Gottes einsamer Wind.

Grodek

Am Abend tönen die herbstlichen Wälder
Von tödlichen Waffen, die goldnen Ebenen

Und blauen Seen, darüber die Sonne
Düstrer hinrollt; umfängt die Nacht
Sterbende Krieger, die wilde Klage
Ihrer zerbrochenen Münder.
Doch stille sammelt im Weidengrund
Rotes Gewölk, darin ein zürnender Gott wohnt
Das vergoßne Blut sich, mondne Kühle;
Alle Straßen münden in schwarze Verwesung.
Unter goldnem Gezweig der Nacht und Sternen
Es schwankt der Schwester Schatten durch den schweigenden Hain,
Zu grüßen die Geister der Helden, die blutenden Häupter;
Und leise tönen im Rohr die dunkeln Flöten des Herbstes.
O stolzere Trauer! ihr ehernen Altäre
Die heiße Flamme des Geistes nährt heute ein gewaltiger Schmerz,
Die ungebornen Enkel.

Psalm

Es ist ein Licht, das der Wind ausgelöscht hat.
Es ist ein Heidekrug, den am Nachmittag ein Betrunkener verläßt.
Es ist ein Weinberg, verbrannt und schwarz mit Löchern voll Spinnen.
Es ist ein Raum, den sie mit Milch getüncht haben.
Der Wahnsinnige ist gestorben. Es ist eine Insel der Südsee,
Den Sonnengott zu empfangen. Man rührt die Trommeln.
Die Männer führen kriegerische Tänze auf.
Die Frauen wiegen die Hüften in Schlinggewächsen und Feuerblumen,
Wenn das Meer singt. O unser verlorenes Paradies.

Die Nymphen haben die goldenen Wälder verlassen.
Man begräbt den Fremden. Dann hebt ein Flimmerregen an.
Der Sohn des Pan erscheint in Gestalt eines Erdarbeiters,
Der den Mittag am glühenden Asphalt verschläft.
Es sind kleine Mädchen in einem Hof in Kleidchen voll herzzerreißender Armut.
Es sind Zimmer, erfüllt von Akkorden und Sonaten.
Es sind Schatten, die sich vor einem erblindeten Spiegel umarmen.

An den Fenstern des Spitals wärmen sich Genesende.
Ein weißer Dampfer am Kanal trägt blutige Seuchen herauf.

Die fremde Schwester erscheint wieder in jemands bösen Träumen.
Ruhend im Haselgebüsch spielt sie mit seinen Schatten.
Der Student, vielleicht ein Doppelgänger, schaut ihr lange vom Fenster nach.
Hinter ihm steht sein toter Bruder, oder er geht die alte Wendeltreppe herab.
Im Dunkel brauner Kastanien verblaßt die Gestalt des jungen Novizen.
Der Garten ist im Abend. Im Kreuzgang flattern die Fledermäuse umher.
Die Kinder des Hausmeisters hören zu spielen auf und suchen das Gold des Himmels.
Endakkorde eines Quartetts. Die kleine Blinde läuft zitternd durch die Allee,
Und später tastet ihr Schatten an kalten Mauern hin, umgeben vom Märchen und heiligen Legenden.

Es ist ein leeres Boot, das am Abend en schwarzen Kanal heruntertreibt.
In der Düsternis des alten Asyls verfallen menschliche Ruinen.
Die toten Waisen liegen an der Gartenmauer.
Aus grauen Zimmern treten Engel mit kotgefleckten Flügeln.
Würmer tropfen von ihren vergilbten Lidern.
Der Platz vor der Kirche ist finster und schweigsam, wie in den Tagen der Kindheit.
Auf silbernen Sohlen gleiten frühere Leben vorbei
Und die Schatten der Verdammten steigen zu den seufzenden Wassern nieder.
In seinem Grab spielt der weiße Magier mit seinen Schlangen.

Schweigsam über der Schädelstätte öffnen sich Gottes goldene Augen.

JAKOB VAN HODDIS

1887–1942

Weltende

Dem Bürger fliegt vom spitzen Kopf der Hut,
In allen Lüften hallt es wie Geschrei.
Dachdecker stürzen ab und gehn entzwei
Und an den Küsten – liest man – steigt die Flut.

Der Sturm ist da, die wilden Meere hupfen
An Land, um dicke Dämme zu zerdrücken.
Die meisten Menschen haben einen Schnupfen.
Die Eisenbahnen fallen von den Brücken.

KURT SCHWITTERS

1887–1945

An Anna Blume

O, du Geliebte meiner siebenundzwanzig
Sinne, ich liebe dir! – Du deiner dich dir,
ich dir, du mir. – Wir?
Das gehört (beiläufig) nicht hierher.
Wer bist du, ungezähltes Frauenzimmer? Du
bist – bist du? – Die Leute sagen, du
wärest – laß sie sagen, sie sie wissen nicht,
wie der Kirchturm steht.
Du trägst den Hut auf deinen Füßen und
wanderst auf die Hände, auf den Händen wanderst du.
Hallo deine roten Kleider, in weiße Falten
zersägt. Rot liebe ich Anna Blume, rot liebe
ich dir! – Du deiner dich dir, ich dir, du mir.-Wir?
Das gehört (beiläufig) in die kalte Glut.
Rote Blume, rote Anna Blume, wie sagen die Leute?
Preisfrage: 1. Anna Blume hat ein Vogel.
2. Anna Blume ist rot.
3. Welche Farbe hat der Vogel?
Blau ist die Farbe deines gelben Haares.
Rot ist das Girren deines grünen Vogels.
Du schlichtes Mädchen im Alltagskleid, du
liebes grünes Tier, ich liebe dir? – Du
deiner dich dir, ich dir, du mir. – Wir?
Das gehört (beiläufig) in die Glutenkiste.
Anna Blume! Anna, a-n-n-a ich träufle
deinen Namen. Dein Name tropft wie weiches Rindertalg.
Weißt du es Anna, weißt du es schon?
Man kann dich auch von hinten lesen, und
du, du Herrlichste von allen, du bist von hinten wie von
vorne: »a-n-n-a«.
Rindertalg träufelt streicheln über meinen Rücken.
Anna Blume, du tropfes Tier, ich liebe dir!

HANS ARP

1887–1966

die flammen füttern den tod

1

die flammen füttern den tod
ach wie schrecklich gurrt der tag
zunge liegt bei zunge
die luft ist voller wunden
und in den wunden nisten schatten

2

der tod gurrt
die flammen sind die Zungen des tages
tag liegt bei tag
die schatten füttern die wunden

3

wer pflückt das blatt des himmels
die bäume leben nicht
das licht hat narben

4

der tod pflückt tag um tag
die luft ist ein blatt
schatten liegt bei schatten
die tage leben nicht

5

nur im schlaf ist der himmel voller augen und knospen
nur im schlaf werfen die flügel keinen schatten
auf die lichter der augen
und die lieder wandern mit den wellen und wolken
doch solche jahre leben nicht länger als ein tag

6

in den bäumen des lichtes wandert der schlaf
die wolken sind die knospen der luft
ach solche lieder leben nicht länger als wellen

Worte

Worte von Wunderwanderungen.
Worte auf Wanderungen.
Flockenworte.
Lichte Worte entflohener Blumen.
Worte von schwebenden Bergen
oder wenn Sie dies übertrieben finden
Worte von Wolkenbergen.

Worte alter alter Eisenbahnen
durch ihren Salatschwenkekorb gehustet.

Worte von Sündern
beim Auspacken einer Sendung
von Engelszungen.

Träumende Flockenworte.

Unverhofft blühen Worte um Worte auf
mit lichten Blumengesichtern.

Worte aus dunkelfunkelndem Duft.
Wortlose schwarze Kugelsterne.
Falsche Worte die richtige Worte wittern
und zittern.
Überpüppische Worte.
Blumenworte überpüppischer Blumen.
Kastalische Quellenworte.
Herrliche Katachresenworte.

Einbalsamierte Worte.
Worte von Hindinnen gesprochen
bei dem leidigen Gänsemarsch.

Engel in Gestalt von leuchtenden Rosen und Sternen
werdet ihr
durch das unendliche Licht schweben sehen.
Wer dürfte ihnen
mit unseren tollwütigen fortschrittlichen
Atombonbonnieren entgegentreten.
Lautlos wie von jeher
schweben die Engel im Licht.
Von jeher waren sie da.

Wir aber haben unser Gesicht
nur im Diecb gebadet.

Worte von Engeln für Engel.

Worte von Mund zu Abgrund.
Worte um in trüben Wassern zu fischen.
Entsprechende Wortspäße
für verteufelte finstere Gründe.

Bächleinworte.
Worte in Baumrinden geschnitten.

Ein unangenehm gepflegtes Wörterbeet.
Piratenwörter ranken an erstarrten Blitzgittern
in den Himmel hinauf.

Fremdherrschaften die sich bei Wörtern
nicht nur der Leiter bedienen
sondern auch der Tonleiter
der Ganztonleiter
und der chinesischen Tonleiter.

Spiegelschriftworte.
Ein richtiges Wort am falschen Ort
und ein falsches Wort am richtigen Ort.
Roboterworte.
Worte auf Traumtalare zu sticken.
Worte als Antwort
auf warmes Blut
und auf blutigeWorte.

Laichende Worte
in seichten stehenden Reden.

Unter meiner Türe
fand ich folgende Worte auf der Schwelle:
»Heute öffnen sich die himmlischen Fenster«.

Diese mit Kreide
an die Wandtafel geschriebenen Worte
wurden ausgewischt
und durch nachfolgende Worte ersetzt:
»Eine fleischgewordene Fahne
mit einem Basiliskenblick".
Eine Pfeife schreibt still vergnügt

ohne lästigen Raucher
lautlose Rauchworte in die Luft.
Lichte lautlose süßduftende Worte
entflohener Blumen.

Englische Grüße
Englische Worte

Ein Wort an niemand.
Ein Wort an alle.

Worte von einem Teufel
schwarz auf schwarz geschrieben
an einen Luftballon befestigt
und zum Teufel geschickt.

Aus einer Menschenschlange
schlangenstehender Menschen
werden einige Teile von Schlangenworten hörbar.
Tuschschwarze teigige überreife Wortfrüchte.
Worte bei starkem Regenfall oder Schneefall
in Gegenwart gefallener Mädchen zu sprechen.

Worte die das Traumlicht
eines Schattendaseins sind.
Ein Wörterstrauß
der alle seine Blumen
auf einmal sprechen läßt.

Worte die nicht geschrieben oder gesprochen
sondern nur geduftet werden können.
Worte die nur gemalt werden können.

Hört andächtig
auf die morschen mächtigen Worte
der Armen.

Worte verwandeln den sprechenden Armen
in einen Wortreichen
der an jedem Arm einen Wortarmen führt.
Worte wittern die falschen und die richtigen Worte.
Oft sind die falschen Worte die richtigen Worte.

Und die Worte der Dichter
....
.

GEORG VON DER VRING

1889–1968

Die Liebenden

Zweierlei tun die heimlich Liebenden,
Wenn sie einander begegnen: Sie lächeln
Und sie erzittern. Das Lächeln gleitet hinweg,
Aber das Zittern bleibt und breitet sich aus, wo die Seele
Flügelbebend sich öffnet.

Doch, wenn der Abend kommt,
Nacht ruht in jeder Blume, und schwarz ist geworden
Der Mohn, kein Zittern, kein Lächeln mehr ist, und der Kuß
Geendet: wie flügelt die Seele dann,
Oh wie schwebt sie, die unsre, in eins gefaltete, ruhlose,
Über dem Tode.

Aus einer Nacht

Oh Nachtgedank, mein Ungewinn:
Ich werde nie sein, der ich bin.
Der Ulmbaum ists, das Weinlaub ists,
Du Regenguß an Scheiben bists,
Ihr Füchse seids, ihr Gruben seids,
Ein hingeflüstert Wort bereits.

Dies lag mir schon im Kindersinn:
Ich werde nie sein, der ich bin.
Die Mutter wars, das Zimmer wars,
Der Fluß im Sterngeflimmer wars.
Ein Hund im Ort, ein Hund an Bord,
Ihr Zorngebell durch Stunden fort.

Mich führt kein Weg zu keinem hin:
Ich werde nie sein, der ich bin.
Was ich bedenk, bleibt ungelenk,
Was ich betracht, scheint ungeschlacht;
Was ich mir träum, sind Uferbäum,
Darin ich euren Ruf versäum.

Ihr ruft mir schon seit Anbeginn,
Jedoch ich bin nicht, der ich bin.
Ich hör im Ried, ich hör im Schilf
Mein unverlierbar Lied: Gott hilf!
Und greif ins Haar, ob ich erfahr,
Daß ich ein Schilf, ein Ried nie war.

FRANZ WERFEL

1890–1945

Lächeln Atmen Schreiten

Schöpfe du, trage du, halte
Tausend Gewässer des Lächelns in deiner Hand!
Lächeln, selige Feuchte ist ausgespannt
All übers Antlitz.
Lächeln ist keine Falte,
Lächeln ist Wesen vom Licht.
Durch die Räume bricht Licht, doch ist es noch nicht.
Nicht die Sonne ist Licht,
Erst im Menschengesicht
Wird das Licht als Lächeln geboren.
Aus den tönenden, leicht, unsterblichen Toren,
Aus den Toren der Augen wallte
Frühling zum erstenmal, Himmelsgischt,
Lächelns nieglühender Brand.
Im Regenbrand des Lächelns spüle die alte Hand,
Schöpfe du, trage du, halte!

Lausche du, horche du, höre!
In der Nacht ist der Einklang des Atems los,
Der Atem, die Eintracht des Busens groß.
Atem schwebt
Über Feindschaft finsterer Chöre.
Atem ist Wesen vom höchsten Hauch.
Nicht der Wind, der sich taucht
In Weid, Wald und Strauch,
Nicht das Wenn, vor dem die Blätter sich drehn …
Gottes Hauch wird im Atem der Menschen geboren.
Aus den Lippen, den schweren,
Verhangen, dunkel, unsterblichen Toren,
Fährt Gottes Hauch, die Welt zu bekehren.
Auf dem Windmeer des Atems hebt an

Die Segel zu brüsten im Rausche,
Der unendlichen Worte nächtlich beladener Kahn.
Horche du, höre du, lausche!

Sinke hin, kniee hin, weine!
Sieh der Geliebten erdenlos schwindenden Schritt!
Schwinge dich hin, schwinde ins Schreiten mit!
Schreiten entführt
Alles ins Reine, alles ins Allgemeine.
Schreiten ist mehr als Lauf und Gang,
Der sternenden Sphäre Hinauf und Entlang,
Mehr als des Raumes tanzender Überschwang.
Im Schreiten der Menschen wird die Bahn der Freiheit geboren.
Mit dem Schreiten der Menschen tritt
Gottes Anmut und Wandel aus allen Herzen und Toren.
Lächeln, Atem und Schritt
Sind mehr als des Lichtes, des Windes, der Sterne Bahn,
Die Welt fängt im Menschen an.
Im Lächeln, im Atem, im Schritt der Geliebten ertrinke!
Weine hin, kniee hin, sinke!

GERRIT ENGELKE

1890–1918

Schlummermelodie

Hängt ein Stern in der Nacht,
Irgendwo –
Irrt ein Herz durch die Nacht –
Irgendwo –

Saust Wind imWald,
Irgendwo –
Eulen-Schuhu hallt
Irgendwo –

Blüht ein Wunderbaum
Irgendwo –
In einem Traum –
Irgendwo –

Hängt ein Stern in der Nacht,
Irgendwo –
Golden ist der Mond erwacht –
Irgendwo –

Irgendwo –

Seele

Straßenbahnschienen klirren,
Hundert Menschen umschwirren,
Fabriken umrauchen dich,
Im Ohre gellt dir: – Messerstich,
Geschäft, Diebstahl, Geld, Brand –

Wände stürzen über dir ein:
Du verkümmerst, wirst klein und gemein –
Hinaus!
Hinaus aufs Land!

Die Fabrik

Düster, breit, kahl und eckig
Liegt im armen Vorort die Fabrik.
Zuckend schwillt, schrill und brutal
Aus den Toren Maschinen-Musik.

Schlot und Rohr und Schlot und Schlot,
Heißdurchkochtes Turmgestein,
Speien dickes Qualmgewölk
Über traurigstarre Häuser, Straßenkot.

Tausend Mann, Schicht um Schicht,
Saugt die laute Arbeits-Hölle auf.
Zwingt sie all in harte Pflicht
Stunde um Stunde.

Bis der Pfiff heiser gellt:
Aus offnem Tore strömen dann
Mädchen, Frauen, Mann und Mann –
Blasses Volk – müde – verquält –

Schläft der Ort –: glüh und grell
Schreit aus hundert Fenstern Licht!
Kraftgesumm, Rädersausen, Qualm durchbricht
Roh und dumpf die Nacht –

Tag und Nacht: Lärm und Dampf,
Immer Arbeit, immer Kampf:
Unerbittlich schröpft das Moloch-Haus
Stahl und Mensch um Menschen aus.

KURT TUCHOLSKY

1890–1935

Ideal und Wirklichkeit

In stiller Nacht und monogamen Betten
denkst du dir aus, was dir am Leben fehlt.
Die Nerven knistern. Wenn wir das doch hätten,
was uns, weil es nicht da ist, leise quält.
Du präparierst dir im Gedankengange
das, was du willst – und nachher kriegst dus nie …
Man möchte immer eine große Lange,
und dann bekommt man eine kleine Dicke –
C'est la vie-!

Sie muß sich wie in einem Kugellager
in ihren Hüften biegen, groß und blond.
Ein Pfund zu wenig – und sie wäre mager,
wer je in diesen Haaren sich gesonnt …
Nachher erliegst du dem verfluchten Hange,
der Eile und der Phantasie.
Man möchte immer eine große Lange,
und dann bekommt man eine kleine Dicke –
Ssälawih –!

Man möchte eine helle Pfeife kaufen
und kauft die dunkle – andere sind nicht da.
Man möchte jeden Morgen dauerlaufen
und tut es nicht. Beinah … beinah …
Wir dachten unter kaiserlichem Zwange
an eine Republik … und nun ists die!
Man möchte immer eine große Lange,
und dann bekommt man eine kleine Dicke –
Ssälawih –!

Augen in der Groß-Stadt

Wenn du zur Arbeit gehst
am frühen Morgen,
wenn du am Bahnhof stehst
mit deinen Sorgen:
        da zeigt die Stadt
        dir asphaltglatt
    im Menschentrichter
    Millionen Gesichter:
Zwei fremde Augen, ein kurzer Blick,
die Braue, Pupillen, die Lider –
Was war das? vielleicht dein Lebensglück …
vorbei, verweht, nie wieder.

Du gehst dein Leben lang
auf tausend Straßen;
du siehst auf deinem Gang,
die dich vergaßen.
        Ein Auge winkt,
        die Seele klingt;
    du hasts gefunden,
    nur für Sekunden …
Zwei fremde Augen, ein kurzer Blick,
die Braue, Pupillen, die Lider;
Was war das? kein Mensch dreht die Zeit zurück …
Vorbei, verweht, nie wieder.

Du mußt auf deinem Gang
durch Städte wandern;
siehst einen Pulsschlag lang
den fremden Andern.
        Es kann ein Feind sein,
        es kann ein Freund sein,
        es kann im Kampfe dein
        Genosse sein.
    Es sieht hinüber
    und zieht vorüber…

Zwei fremde Augen, ein kurzer Blick,
die Braue, Pupillen, die Lider.
Was war das?
    Von der großen Menschheit ein Stück!
Vorbei, verweht, nie wieder.

NELLY SACHS

1891–1970

In der Flucht

In der Flucht
welch großer Empfang
unterwegs –

Eingehüllt
in der Winde Tuch
Füße im Gebet des Sandes
der niemals Amen sagen kann
denn er muß
von der Flosse in den Flügel
und weiter –

Der kranke Schmetterling
weiß bald wieder vom Meer –
Dieser Stein
mit der Inschrift der Fliege
hat sich mir in die Hand gegeben –

An Stelle von Heimat
halte ich die Verwandlungen der Welt –

Aber vielleicht haben wir

Aber vielleicht
haben wir
vor Irrtum Rauchende
doch ein wanderndes Weltall geschaffen
mit der Sprache des Atems?

Immer wieder die Fanfare
des Anfangs geblasen
das Sandkorn in Windeseile geprägt
bevor es wieder Licht ward
über der Geburtenknospe
des Embryos?

Und sind immer wieder
eingekreist
in deinen Bezirken
auch wenn wir nicht der Nacht gedenken
und der Tiefe des Meeres
mit Zähnen abbeißen
der Worte Sterngeäder.

Und bestellen doch deinen Acker
hinter dem Rücken des Todes.

Vielleicht sind die Umwege des Sündenfalles
wie der Meteore heimliche Fahnenfluchten
doch im Alphabet der Gewitter
eingezeichnet neben den Regenbögen –

Wer weiß auch
die Grade des Fruchtbarmachens
und wie die Saaten gebogen werden
aus fortgezehrten Erdreichen
für die saugenden Münder
des Lichts.

GEORG BRITTING

1891–1964

Was hat, Achill ...

Unbehelmt,
Voran der Hundemeute,
Über das kahle Vorgebirge her
Auf ihrem Rappen eine,
Den Köcher an der bleichen Mädchenhüfte.

Ein Falke kreist im blauen, großen,
Unermeßlich blauen,
Großen Himmel.

Er wird niederstoßen,
Die harten Krallen und den krummen Schnabel
Im Blut zu tränken, dem purpurnen Saft,
An dem das Falkenvolk sich wild berauscht.

Die nackte Brust der Reiterin.
Ihr glühend Aug.
Die Tigerhunde.
Der Rappe, goldgezügelt.
Sie hält ihn an.

Mit allem Licht
Tritt aus den Wäldern vor
Der Mann der Männer.
Die Tonnenbrust.
Auf starkem Hals das apfelkleine Haupt.

Er sieht die Reiterin.
Und sie sieht ihn.
So stehn sich zwei Gewitter still
Am Morgen- und am Abendhimmel gegenüber.

Der Falke schwankt betrunken auf der Beute.
Was hat, Achill,
Dein Herz?
Was auch sein Schlag bedeute:
Heb auf den Schild aus Erz!

Das Windlicht

Im Garten
Zur schwarzen Mitternacht,
Unter den Sternen,
Wenn es raschelt im Strauch –
Zünde das Windlicht an!

Die Fledermaus taumelt vorbei
Und der bläuliche Falter,
Und der Igel,
Starrend von Stacheln,
Geht über den Weg,
Und die goldaugige Kröte.

Es ist die Nacht nur
Der schwarze Bruder des Tags,
Und bis der dir wieder erscheint –
Es brennt ja das Windlicht.

Leere den Weinkrug!
Schau der Flamme goldnes Gesicht!
Weißt du es nicht?
Kein Bild ist Betrug.

JOSEF WEINHEBER

1892–1945

Im Grase

Glocken und Zyanen,
Thymian und Mohn.
Ach, ein fernes Ahnen
hat das Herz davon.

Und im sanften Nachen
trägt es so dahin.
Zwischen Traum und Wachen
frag ich, wo ich bin.

Seh die Schiffe ziehen,
fühl den Wellenschlag,
weiße Wolken fliehen
durch den späten Tag –

Glocken und Zyanen,
Mohn und Thymian.
Himmlisch wehn die Fahnen
über grünem Plan:

Löwenzahn und Raden,
Klee und Rosmarin.
Lenk es, Gott, in Gnaden
nach der Heimat hin.

Das ist deine Stille.
Ja, ich hör dich schon.
Salbei und Kamille,
Thymian und Mohn,

und schon halb im Schlafen
– Mohn und Thymian –
landet sacht im Hafen
nun der Nachen an.

Notturno

Kiesweg und Mond überm Baume:
Alles ist leise gesagt.
Alles ist innen im Traume.

Spur um den Mund, die es klagt,
Stirn, die hinauf zu den Sternen
leidet und lodert und fragt.

Ach, aus der Reue zu lernen:
Jegliches ist nur geschenkt,
uns von uns selbst zu entfernen.

Zeit, wo die Kühle sich senkt!
Stund, wo der heimlich Verstörte
bitter den Abschied bedenkt.

Daß doch dein Herz es noch hörte!
Fühl, wie der Nachthimmel ragt,
der uns vor jenem betörte.

Spur um den Mund, die es klagt,
Kiesweg und Mond überm Baume.
Kerze, verflackernd im Raume:
Alles ist leise gesagt …

BERTOLT BRECHT

1898–1956

Vom Schwimmen in Seen und Flüssen

1

Im bleichen Sommer, wenn die Winde oben
Nur in dem Laub der großen Bäume sausen
Muß man in Flüssen liegen oder Teichen
Wie die Gewächse, worin Hechte hausen.
Der Leib wird leicht im Wasser. Wenn der Arm
Leicht aus dem Wasser in den Himmel fällt
Wiegt ihn der kleine Wind vergessen
Weil er ihn wohl für braunes Astwerk hält.

2

Der Himmel bietet mittags große Stille.
Man macht die Augen zu, wenn Schwalben kommen.
Der Schlamm ist warm. Wenn kühle Blasen quellen
Weiß man: ein Fisch ist jetzt durch uns geschwommen.
Mein Leib, die Schenkel und der stille Arm
Wir liegen still im Wasser, ganz geeint
Nur wenn die kühlen Fische durch uns schwimmen
Fühl ich, daß Sonne überm Tümpel scheint.

3

Wenn man am Abend von dem langen Liegen
Sehr faul wird, so, daß alle Glieder beißen
Muß man das alles, ohne Rücksicht, klatschend
In blaue Flüsse schmeißen, die sehr reißen.
Am besten ist's, man hält's bis Abend aus.
Weil dann der bleiche Haifischhimmel kommt
Bös und gefräßig über Fluß und Sträuchern
Und alle Dinge sind, wies ihnen frommt.

4

Natürlich muß man auf dem Rücken liegen
So wie gewöhnlich. Und sich treiben lassen.
Man muß nicht schwimmen, nein, nur so tun, als
Gehöre man einfach zu Schottermassen.
Man soll den Himmel anschaun und so tun
Als ob einen ein Weib trägt, und es stimmt.
Ganz ohne großen Umtrieb, wie der liebe Gott tut
Wenn er am Abend noch in seinen Flüssen schwimmt.

Legende von der Entstehung des Buches Taoteking auf dem Weg des Laotse in die Emigration

1

Als er Siebzig war und war gebrechlich
Drängte es den Lehrer doch nach Ruh
Denn die Güte war im Lande wieder einmal schwächlich
Und die Bosheit nahm an Kräften wieder einmal zu.
Und er gürtete den Schuh.

2

Und er packte ein, was er so brauchte:
Wenig. Doch es wurde dies und das.
So die Pfeife, die er immer abends rauchte
Und das Büchlein, das er immer las.
Weißbrot nach dem Augenmaß.

3

Freute sich des Tals noch einmal und vergaß es
Als er ins Gebirg den Weg einschlug.
Und sein Ochse freute sich des frischen Grases
Kauend, während er den Alten trug.
Denn dem ging es schnell genug.

4

Doch am vierten Tag im Felsgesteine
Hat ein Zöllner ihm den Weg verwehrt:
»Kostbarkeiten zu verzollen?« – »Keine.«
Und der Knabe, der den Ochsen führte, sprach: »Er hat
gelehrt.«
Und so war auch das erklärt.

5

Doch der Mann in einer heitren Regung
Fragte noch: »Hat er was rausgekriegt?«
Sprach der Knabe: »Daß das weiche Wasser in Bewegung
Mit der Zeit den mächtigen Stein besiegt.
Du verstehst, das Harte unterliegt.«

6

Daß er nicht das letzte Tageslicht verlöre
Trieb der Knabe nun den Ochsen an
Und die drei verschwanden schon um eine schwarze Föhre
Da kam plötzlich Fahrt in unsern Mann
Und er schrie: »He, du! Halt an!

7

Was ist das mit diesem Wasser, Alter?«
Hielt der Alte: »Intressiert es dich?«
Sprach der Mann: »Ich bin nur Zollverwalter
Doch wer wen besiegt, das intressiert auch mich.
Wenn du's weißt, dann sprich!

8

Schreib mir's auf! Diktier es diesem Kinde!
So was nimmt man doch nicht mit sich fort.
Da gibt's doch Papier bei uns und Tinte
Und ein Nachtmahl gibt es auch: ich wohne dort.
Nun, ist das ein Wort?«

9

Über seine Schulter sah der Alte
Auf den Mann: Flickjoppe. Keine Schuh.
Und die Stirne eine einzige Falte.
Ach, kein Sieger trat da auf ihn zu.
Und er murmelte: »Auch du?«

10

Eine höfliche Bitte abzuschlagen
War der Alte, wie es schien, zu alt.
Denn er sagte laut: »Die etwas fragen
Die verdienen Antwort.« Sprach der Knabe: »Es wird auch schon kalt.«
»Gut, ein kleiner Aufenthalt.«

11

Und von seinem Ochsen stieg der Weise
Sieben Tage schrieben sie zu zweit.
Und der Zöllner brachte Essen (und er fluchte nur noch leise
Mit den Schmugglern in der ganzen Zeit).
Und dann war's soweit.

12

Und dem Zöllner händigte der Knabe
Eines Morgens einundachtzig Sprüche ein.
Und mit Dank für eine kleine Reisegabe
Bogen sie um jene Föhre ins Gestein.
Sagt jetzt: kann man höflicher sein?

13

Aber rühmen wir nicht nur den Weisen
Dessen Name auf dem Buche prangt!
Denn man muß dem Weisen seine Weisheit erst entreißen.
Darum sei der Zöllner auch bedankt:
Er hat sie ihm abverlangt.

An die Nachgeborenen

I

Wirklich, ich lebe in finsteren Zeiten!
Das arglose Wort ist töricht. Eine glatte Stirn
Deutet auf Unempfindlichkeit hin. Der Lachende
Hat die furchtbare Nachricht
Nur noch nicht empfangen.

Was sind das für Zeiten, wo
Ein Gespräch über Bäume fast ein Verbrechen ist
Weil es ein Schweigen über so viele Untaten einschließt!
Der dort ruhig über die Straße geht
Ist wohl nicht mehr erreichbar für seine Freunde
Die in Not sind?

Es ist wahr: ich verdiene noch meinen Unterhalt
Aber glaubt mir: das ist nur ein Zufall. Nichts
Von dem, was ich tue, berechtigt mich dazu, mich sattzuessen.
Zufällig bin ich verschont. (Wenn mein Glück aussetzt, bin
ich verloren.)

Man sagt mir: Iß und trink du! Sei froh, daß du hast!
Aber wie kann ich essen und trinken, wenn
Ich dem Hungernden entreiße, was ich esse, und
Mein Glas Wasser einem Verdurstenden fehlt?
Und doch esse und trinke ich.

Ich wäre gerne auch weise.
In den alten Büchern steht, was weise ist:
Sich aus dem Streit der Welt halten und die kurze Zeit
Ohne Furcht verbringen
Auch ohne Gewalt auskommen
Böses mit Gutem vergelten
Seine Wünsche nicht erfüllen, sondern vergessen
Gilt für weise.
Alles das kann ich nicht:
Wirklich, ich lebe in finsteren Zeiten!

II

In die Städte kam ich zur Zeit der Unordnung
Als da Hunger herrschte.
Unter die Menschen kam ich zu der Zeit des Aufruhrs
Und ich empörte mich mit ihnen.
So verging meine Zeit
Die auf Erden mir gegeben war.

Mein Essen aß ich zwischen den Schlachten
Schlafen legte ich mich unter die Mörder
Der Liebe pflegte ich achtlos
Und die Natur sah ich ohne Geduld.
So verging meine Zeit
Die auf Erden mir gegeben war.

Die Straßen führten in den Sumpf zu meiner Zeit.
Die Sprache verriet mich dem Schlächter.
Ich vermochte nur wenig. Aber die Herrschenden
Saßen ohne mich sicherer, das hoffte ich.
So verging meine Zeit
Die auf Erden mir gegeben war.

Die Kräfte waren gering. Das Ziel
Lag in großer Ferne
Es war deutlich sichtbar, wenn auch für mich
Kaum zu erreichen.
So verging meine Zeit
Die auf Erden mir gegeben war.

III

Ihr, die ihr auftauchen werdet aus der Flut
In der wir untergegangen sind
Gedenkt
Wenn ihr von unseren Schwächen sprecht
Auch der finsteren Zeit
Der ihr entronnen seid.

Gingen wir doch, öfter als die Schuhe die Länder wechselnd
Durch die Kriege der Klassen, verzweifelt
Wenn da nur Unrecht war und keine Empörung.

Dabei wissen wir doch:
Auch der Haß gegen die Niedrigkeit
Verzerrt die Züge.
Auch der Zorn über das Unrecht
Macht die Stimme heiser. Ach, wir
Die wir den Boden bereiten wollten für Freundlichkeit
Konnten selber nicht freundlich sein.

Ihr aber, wenn es so weit sein wird
Daß der Mensch dem Menschen ein Helfer ist
Gedenkt unsrer
Mit Nachsicht.

ERICH KÄSTNER

1899–1974

Sachliche Romanze

Als sie einander acht Jahre kannten
(und man darf sagen: sie kannten sich gut),
kam ihre Liebe plötzlich abhanden.
Wie andern Leuten ein Stock oder Hut.

Sie waren traurig, betrugen sich heiter,
versuchten Küsse, als ob nichts sei,
und sahen sich an und wußten nicht weiter.
Da weinte sie schließlich. Und er stand dabei.

Vom Fenster aus konnte man Schiffen winken.
Er sagte, es wäre schon Viertel nach Vier
und Zeit, irgendwo Kaffee zu trinken.
Nebenan übte ein Mensch Klavier.

Sie gingen ins kleinste Café am Ort
und rührten in ihren Tassen.
Am Abend saßen sie immer noch dort.
Sie saßen allein, und sie sprachen kein Wort
und konnten es einfach nicht fassen.

Und wo bleibt das Positive, Herr Kästner?

Und immer wieder schickt ihr mir Briefe,
in denen ihr, dick unterstrichen, schreibt:
»Herr Kästner, wo bleibt das Positive?«
Ja, weiß der Teufel, wo das bleibt.

Noch immer räumt ihr dem Guten und Schönen
den leeren Platz überm Sofa ein.

Ihr wollt euch noch immer nicht dran gewöhnen,
gescheit und trotzdem tapfer zu sein.

Ihr braucht schon wieder mal Vaseline,
mit der ihr das trockene Brot beschmiert.
Ihr sagt schon wieder, mit gläubiger Miene:
»Der siebente Himmel wird frisch tapeziert!«

Ihr streut euch Zucker über die Schmerzen
und denkt, unter Zucker verschwänden sie.
Ihr baut schon wieder Balkons vor die Herzen
und nehmt die strampelnde Seele aufs Knie.

Die Spezies Mensch ging aus dem Leime
und mit ihr Haus und Staat und Welt.
Ihr wünscht, daß ich's hübsch zusammenreime,
und denkt, daß es dann zusammenhält?

Ich will nicht schwindeln. Ich werde nicht schwindeln.
Die Zeit ist schwarz, ich mach euch nichts weis.
Es gibt genug Lieferanten von Windeln.
Und manche liefern zum Selbstkostenpreis.

Habt Sonne in sämtlichen Körperteilen
und wickelt die Sorgen in Seidenpapier!
Doch tut es rasch. Ihr müßt euch beeilen.
Sonst werden die Sorgen größer als ihr.

Die Zeit liegt im Sterben. Bald wird sie begraben.
Im Osten zimmern sie schon den Sarg.
Ihr möchtet gern euren Spaß dran haben …?
Ein Friedhof ist kein Lunapark.

MARIE LUISE KASCHNITZ

1901–1974

Bräutigam Froschkönig

Wie häßlich ist
Dein Bräutigam
Jungfrau Leben

Eine Rüsselmaske sein Antlitz
Eine Patronentasche sein Gürtel
Ein Flammenwerfer
Seine Hand

Dein Bräutigam Froschkönig
Fährt mit Dir
(Ein Rad fliegt hierhin, eins dorthin)
Über die Häuser der Toten

Zwischen zwei
Weltuntergängen
Preßt er sich
In Deinen Schoß

Im Dunkeln nur
Ertastest Du
Sein feuchtes Haar

Im Morgengrauen
Nur im
Morgengrauen
Nur im

Erblickst Du seine
Traurigen
Schönen
Augen.

Nicht gesagt

Nicht gesagt
Was von der Sonne zu sagen gewesen wäre
Und vom Blitz nicht das einzig Richtige
Geschweige denn von der Liebe.

Versuche. Gesuche. Mißlungen
Ungenaue Beschreibung

Weggelassen das Morgenrot
Nicht gesprochen vom Sämann
Und nur am Rande vermerkt
Den Hahnenfuß und das Veilchen.

Euch nicht den Rücken gestärkt
Mit ewiger Seligkeit
Den Verfall nicht geleugnet
Und nicht die Verzweiflung

Den Teufel nicht an die Wand
Weil ich nicht an ihn glaube
Gott nicht gelobt
Aber wer bin ich daß

PETER HUCHEL

1903–1981

Winterpsalm

Da ich ging bei träger Kälte des Himmels
Und ging hinab die Straße zum Fluß,
Sah ich die Mulde im Schnee,
Wo nachts der Wind
Mit flacher Schulter gelegen.
Seine gebrechliche Stimme,
In den erstarrten Ästen oben,
Stieß sich am Trugbild weißer Luft:
»Alles Verscharrte blickt mich an.
Soll ich es heben aus dem Staub
Und zeigen dem Richter? Ich schweige.
Ich will nicht Zeuge sein.«

Sein Flüstern erlosch,
Von keiner Flamme genährt.

Wohin du stürzt, o Seele,
Nicht weiß es die Nacht. Denn da ist nichts
Als vieler Wesen stumme Angst.
Der Zeuge tritt hervor. Es ist das Licht.

Ich stand auf der Brücke,
Allein vor der trägen Kälte des Himmels.
Atmet noch schwach,
Durch die Kehle des Schilfrohrs,
Der vereiste Fluß?

Das Zeichen

Baumkahler Hügel,
Noch einmal flog
Am Abend die Wildentenkette
Durch wäßrige Herbstluft.

War es das Zeichen?
Mit falben Lanzen
Durchbohrte der See
Den ruhlosen Nebel.

Ich ging durchs Dorf
Und sah das Gewohnte.
Der Schäfer hielt den Widder
Gefesselt zwischen den Knien.
Er schnitt die Klaue,
Er teerte die Stoppelhinke.
Und Frauen zählten die Kannen,
Das Tagesgemelk.
Nichts war zu deuten.
Es stand im Herdbuch.

Nur die Toten,
Entrückt dem stündlichen Hall
Der Glocke, dem Wachsen des Epheus,
Sie sehen
Den eisigen Schatten der Erde
Gleiten über den Mond.
Sie wissen, dieses wird bleiben.
Nach allem, was atmet
In Luft und Wasser.

Wer schrieb
Die warnende Schrift,
Kaum zu entziffern?
Ich fand sie am Pfahl,
Dicht hinter dem See.
War es das Zeichen?

Erstarrt
Im Schweigen des Schnees,
Schlief blind
Das Kreuzotterndickicht.

GÜNTER EICH

1907–1972

Inventur

Dies ist meine Mütze,
dies ist mein Mantel,
hier mein Rasierzeug
im Beutel aus Leinen.

Konservenbüchse:
Mein Teller, mein Becher,
ich hab in das Weißblech
den Namen geritzt.

Geritzt hier mit diesem
kostbaren Nagel,
den vor begehrlichen
Augen ich berge.

Im Brotbeutel sind
ein Paar wollene Socken
und einiges, was ich
niemand verrate,

so dient es als Kissen
nachts meinem Kopf.
Die Pappe hier liegt
zwischen mir und der Erde.

Die Bleistiftmine
lieb ich am meisten:
Tags schreibt sie mir Verse,
die nachts ich erdacht.

Dies ist mein Notizbuch,
dies meine Zeltbahn,
dies ist mein Handtuch,
dies ist mein Zwirn.

Wacht auf, denn eure Träume sind schlecht

Wacht auf, denn eure Träume sind schlecht!
Bleibt wach, weil das Entsetzliche näher kommt.

Auch zu dir kommt es, der weit entfernt wohnt von den Stätten,
wo Blut vergossen wird,
auch zu dir und deinem Nachmittagsschlaf,
worin du ungern gestört wirst.
Wenn es heute nicht kommt, kommt es morgen,
aber sei gewiß.

»O angenehmer Schlaf
auf den Kissen mit roten Blumen,
einem Weihnachtsgeschenk von Anita, woran sie drei Wochen
gestickt hat,

o angenehmer Schlaf,
wenn der Braten fett war und das Gemüse zart.
Man denkt im Einschlummern an die Wochenschau von gestern
abend:
Osterlämmer, erwachende Natur, Eröffnung der Spielbank in
Baden-Baden,
Cambridge siegte gegen Oxford mit zweieinhalb Längen –
das genügt, das Gehirn zu beschäftigen.

O dieses weiche Kissen, Daunen aus erster Wahl!
Auf ihm vergißt man das Ärgerliche der Welt, jene Nachricht zum
Beispiel:
Die wegen Abtreibung Angeklagte sagte zu ihrer Verteidigung:
Die Frau, Mutter von sieben Kindern, kam zu mir mit einem
Säugling,
für den sie keine Windeln hatte, und der
in Zeitungspapier gewickelt war.
Nun, das sind Angelegenheiten des Gerichtes, nicht unsre.
Man kann dagegen nichts tun, wenn einer etwas härter liegt als der
andere.
Und was kommen mag, unsere Enkel mögen es ausfechten.«

»Ah, du schläfst schon? Wache gut auf, mein Freund!
Schon läuft der Strom in den Umzäunungen, und die Posten sind aufgestellt.«

Nein, schlaft nicht, während die Ordner der Welt geschäftig sind!
Seid mißtrauisch gegen ihre Macht, die sie vorgeben für euch erwerben zu müssen!
Wacht darüber, daß eure Herzen nicht leer sind, wenn mit der Leere eurer Herzen gerechnet wird!
Tut das Unnütze, singt die Lieder, die man aus eurem Mund nicht erwartet!
Seid unbequem, seid Sand, nicht das Öl im Getriebe der Welt!

Ende eines Sommers

Wer möchte leben ohne den Trost der Bäume!

Wie gut, daß sie am Sterben teilhaben!
Die Pfirsiche sind geerntet, die Pflaumen färben sich,
während unter dem Brückenbogen die Zeit rauscht.

Dem Vogelzug vertraue ich meine Verzweiflung an.
Er mißt seinen Teil von Ewigkeit gelassen ab.
Seine Strecken
werden sichtbar im Blattwerk als dunkler Zwang,
die Bewegung der Flügel färbt die Früchte.

Es heißt Geduld haben.
Bald wird die Vogelschrift entsiegelt,
unter der Zunge ist der Pfennig zu schmecken.

ROSE AUSLÄNDER

1908–1988

Pruth

Da zirpten die Kiesel im Pruth
ritzten flüchtige Muster in
unsre Sohlen

Narzisse wir lagen im Wasserspiegel
hielten uns selbst im Arm

Nachts vom Wind bedeckt
Bett mit Fischen gefüllt
Goldfisch der Mond

Schläfenlockengeflüster:
der Rabbi in Kaftan und Stramel
von glückäugigen Chassidim umringt

Vögel – wir kennen nicht
ihre Namen ihr Schrei
lockt und erschreckt
Auch unser Gefieder ist fertig
wir folgen euch
über Kukuruzfelder
schaukelnde Synagogen

Immer zurück zum Pruth

Flöße
(aus Holz oder Johannisbrot?
pruthab

Wohin ihr Eilenden
und wir hier allein
mit den Steinen?

Noch bist du da

Wirf deine Angst
in die Luft

Bald
ist deine Zeit um
bald
wächst der Himmel
unter dem Gras
fallen deine Träume
ins Nirgends

Noch
duftet die Nelke
singt die Drossel
noch darfst du lieben
Worte verschenken
noch bist du da

Sei was du bist
Gib was du hast

HILDE DOMIN

*1912

Nur eine Rose als Stütze

Ich richte mir ein Zimmer ein in der Luft
unter den Akrobaten und Vögeln:
mein Bett auf dem Trapez des Gefühls
wie ein Nest im Wind
auf der äußersten Spitze des Zweigs.

Ich kaufe mir eine Decke aus der zartesten Wolle
der sanftgescheitelten Schafe die
im Mondlicht
wie schimmernde Wolken
über die feste Erde ziehn.

Ich schließe die Augen und hülle mich ein
in das Vlies der verläßlichen Tiere.
Ich will den Sand unter den kleinen Hufen spüren
und das Klicken des Riegels hören,
der die Stalltür am Abend schließt.

Aber ich liege in Vogelfedern, hoch ins Leere gewiegt.
Mir schwindelt. Ich schlafe nicht ein.
Meine Hand
greift nach einem Halt und findet
nur eine Rose als Stütze.

Unaufhaltsam

Das eigene Wort,
wer holt es zurück,
das lebendige

eben noch ungesprochene
Wort?

Wo das Wort vorbeifliegt
verdorren die Gräser,
werden die Blätter gelb,
fällt Schnee.
Ein Vogel käme dir wieder.
Nicht dein Wort,
das eben noch ungesagte,
in deinen Mund.
Du schickst andere Worte
hinterdrein,
Worte mit bunten, weichen Federn.
Das Wort ist schneller,
das schwarze Wort.
Es kommt immer an,
es hört nicht auf, an-
zukommen.

Besser ein Messer als ein Wort.
Ein Messer kann stumpf sein.
Ein Messer trifft oft
am Herzen vorbei.
Nicht das Wort.

Am Ende ist das Wort,
immer
am Ende
das Wort.

KARL KROLOW

1915–1999

Orte der Geometrie

Orte der Geometrie:
Einzelne Pappel, Platane.
Und dahinter die Luft,
Schiffbar mit heiterem Kahne

In einer Stille, die braust.
Einsames Sich-Genügen
In einem Himmel aus Schaum,
Hell und mit kindlichen Zügen.

Alles wird faßlich und Form:
Kurve des Flusses, Konturen
Flüchtender Vögel im Laub,
Diesige Hitze-Spuren,

Mundvoll Wind und Gefühl
Für blaue Blitze, die trafen
Körperschatten, die sanft
Schwankten wie Segel vorm Hafen.

Herbstsonett mit Hegel

Den Staub des Sommers unter den Fingernägeln,
den Dieselgeruch noch immer im faulenden Laub.
Verschiedene Beeren leuchten, geschaffen zum Raub
durch Amseln und Winde, die über Baumkronen segeln.

Der Herbst ist anders. Er nennt seine Regeln
und bläst in die Blätter und Blusen den eigenen Staub.

Er brennt in den Gärten. Du frierst schon im Rücken. Glaub
mir, der ist Dialektiker. Wie weiland bei Hegeln

geht es zu mit der Geschichte beliebiger Jahre,
mal so und mal so. Der greift getrost in die Haare
mit Sturm und macht die Geschichte kaputt.

Der ist nicht zu ändern, der kommt mit den Regenschauern.
Da hilft nichts. Da gibt es nichts zu bedauern.
Die Furie des Verschwindens landet schließlich im Schutt.

CHRISTINE LAVANT

1915–1973

Wieder brach er bei dem Nachbar ein

Wieder brach er bei dem Nachbar ein,
und ich hatte Tür und Fenster offen,
meine Augen waren vollgesoffen
wie zwei Schwämme vom Verlassensein.

Dumm verknäulte sich in meinem Mund
Schluchzen, Bitten und verbohrtes Drohen,
während drüben schon die Hühner flohen
samt der Katze und dem alten Hund.

Doch er kam nicht, nahm sich wieder nur
einen, der noch gerne leben wollte,
und die Monduhr, die verrückte, rollte
meine Stunde rasch aus seiner Spur.

Bitter trocknen mir die Augen ein,
bitter rinnt der Schlaftrunk durch die Kehle,
bitter bet' ich für die arme Seele
und zerkaue mein Verlassensein.

O Spindel im Monde

O Spindel im Monde, lasse dir Zeit!
Zähl die Kleeblätter ab am Wetterkreuzhügel,
setz die Wut=Rosen ein, die der Truthahn verschreit,
und wenn du dich drehen mußt, dann dreh einen Zügel
für den Wildeselwind aus Südosten.
Geh ins Dorf jetzt den Birnenmost kosten!

Der ist heuer so stark wie ein türkischer Wein,
betrinke dich Spindel! – nur laß mich allein
das Garn für mein Sterbehemd spinnen.
Du drehst viel zu locker, du haspelst zu schnell
und oft mußt du mitten im Hundegebell
das Knüpfwerk von vorne beginnen.

JOHANNES BOBROWSKI

1917–1965

Sprache

Der Baum
größer als die Nacht
mit dem Atem der Talseen
mit dem Geflüster über
der Stille

Die Steine
unter dem Fuß
die leuchtenden Adern
lange im Staub
für ewig

Sprache
abgehetzt
mit dem müden Mund
auf dem endlosen Weg
zum Hause des Nachbarn

Osten

Alle meine Träume
gehn über Ebenen, ziehn
unbetretenen Wäldern
windhell entgegen, kalten
einsamen Strömen, darüber
fernher Rufe schallen
bärtiger Schiffer –

Dort sind alle Gesänge
ohne End, im geringsten
Ding steht Gefahr, vieldeutig, –
nicht zu halten mit dem und
jenem Namen: Gefilde,
Moor, eine Schlucht; wie Verhängnis
schlägt sie hinab, bleibt, gemieden, –
dort um die niederen Hügel
fliehn die Pfade davon.

Worte gelten nicht.
Aber ein Streicheln, Grüße,
Blitz unterm dunkelnden Lid
und in der Brust jenes Ziehn;
noch als Umarmungen stärker.

Händler kommen von weit. Die
unter uns wohnen, sind Fremde.
Unsicher gehn sie, fragend,
ziellosen Straßen nach, hängen
Fähren und Brücken immer
an, als wär dort Gewisses –

Wir aber kennen uns leicht.
Unsre Gespräche steigen
alle aus gleichem Grunde.
Und im Erwarten ewig
wohnt uns das Herz.

PAUL CELAN

1920–1970

Todesfuge

Schwarze Milch der Frühe wir trinken sie abends
wir trinken sie mittags und morgens wir trinken sie nachts
wir trinken und trinken
wir schaufeln ein Grab in den Lüften da liegt man nicht eng
Ein Mann wohnt im Haus der spielt mit den Schlangen der schreibt
der schreibt wenn es dunkelt nach Deutschland dein goldenes Haar
    Margarete
er schreibt es und tritt vor das Haus und es blitzen die Sterne er pfeift
    seine Rüden herbei
er pfeift seine Juden hervor läßt schaufeln ein Grab in der Erde
er befiehlt uns spielt auf nun zum Tanz

Schwarze Milch der Frühe wir trinken dich nachts
wir trinken dich morgens und mittags wir trinken dich abends
wir trinken und trinken
Ein Mann wohnt im Haus der spielt mit den Schlangen der schreibt
der schreibt wenn es dunkelt nach Deutschland dein goldenes Haar
    Margarete
Dein aschenes Haar Sulamith wir schaufeln ein Grab in den Lüften
    da liegt man nicht eng

Er ruft stecht tiefer ins Erdreich ihr einen ihr andern singet und spielt
er greift nach dem Eisen im Gurt er schwingts seine Augen sind blau
stecht tiefer die Spaten ihr einen ihr andern spielt weiter zum Tanz auf

Schwarze Milch der Frühe wir trinken dich nachts
wir trinken dich mittags und morgens wir trinken dich abends
wir trinken und trinken
ein Mann wohnt im Haus dein goldenes Haar Margarete
dein aschenes Haar Sulamith er spielt mit den Schlangen

Er ruft spielt süßer den Tod der Tod ist ein Meister aus Deutschland
er ruft streicht dunkler die Geigen dann steigt ihr als Rauch in die Luft
dann habt ihr ein Grab in den Wolken da liegt man nicht eng

Schwarze Milch der Frühe wir trinken dich nachts
wir trinken dich mittags der Tod ist ein Meister aus Deutschland
wir trinken dich abends und morgens wir trinken und trinken
der Tod ist ein Meister aus Deutschland sein Auge ist blau

er trifft dich mit bleierner Kugel er trifft dich genau
ein Mann wohnt im Haus dein goldenes Haar Margarete
er hetzt seine Rüden auf uns er schenkt uns ein Grab in der Luft
er spielt mit den Schlangen und träumet der Tod ist ein Meister aus
Deutschland

dein goldenes Haar Margarete
dein aschenes Haar Sulamith

Sprachgitter

Augenrund zwischen den Stäben.

Flimmertier Lid
rudert nach oben,
gibt einen Blick frei.

Iris, Schwimmerin, traumlos und trüb:
der Himmel, herzgrau, muß nah sein.

Schräg, in der eisernen Tülle,
der blakende Span.
Am Lichtsinn
errätst du die Seele.

(Wär ich wie du. Wärst du wie ich.
Standen wir nicht
unter *einem* Passat?
Wir sind Fremde.)

Die Fliesen. Darauf,
dicht beieinander, die beiden
herzgrauen Lachen:
zwei
Mundvoll Schweigen.

Corona

Aus der Hand frißt der Herbst mir sein Blatt; wir sind Freunde.
Wir schälen die Zeit aus den Nüssen und lehren sie gehn:
die Zeit kehrt zurück in die Schale.

Im Spiegel ist Sonntag,
im Traum wird geschlafen,
der Mund redet wahr.

Mein Aug steigt hinab zum Geschlecht der Geliebten:
wir sehen uns an,
wir sagen uns Dunkles,
wir lieben einander wie Mohn und Gedächtnis,
wir schlafen wie Wein in den Muscheln,
wie das Meer im Blutstrahl des Mondes.

Wir stehen umschlungen im Fenster, sie sehen uns zu von der Straße:
es ist Zeit, daß man weiß!
Es ist Zeit, daß der Stein sich zu blühen bequemt,
daß der Unrast ein Herz schlägt.
Es ist Zeit, daß es Zeit wird.

Es ist Zeit.

ERICH FRIED

1921–1988

Was es ist

Es ist Unsinn
sagt die Vernunft
Es ist was es ist
sagt die Liebe

Es ist Unglück
sagt die
Berechnung
Es ist nichts als
Schmerz
sagt die Angst
Es ist
aussichtslos
sagt die Einsicht
Es ist was es ist
sagt die Liebe

Es ist lächerlich
sagt der Stolz
Es ist leichtsinnig
sagt die Vorsicht
Es ist unmöglich
sagt die
Erfahrung
Es ist was es ist
sagt die Liebe

HANS CARL ARTMANN

1921–2000

Sah ein kleines Unicorn

sah ein
kleines
unicorn
sprach: ade
und schwung
das fähnlein
liebte auch
ein vaterland
mit ihm wol
die holden
mägdelein
sprung
beim fenster
aus und ein
liebte
hochzeit
ohne gleichen
aus dem bett
in die sandalen
zählte wieviel
glöcklein läuten
und gedacht mein
roß zu strählen
um es in die fremd
zu reiten
schlief bei faun
und nachtigall
hell gings mir
im morgenwinde
links und rechts
vor wasserfällen
eichenduft und

zauberveilchen
brod und butter
schwert und lyra
reich die kisten
und die kasten
alte lettern
junge leitern
elf und elf
sind dreiundzwanzig
gärtlein
voller schmetterlinge

biene biene
botenlohn
süße anemone
die frau
sie schaut
zum fenster raus
der kaiser
braucht Soldaten
ein kartenspiel
das kleiderlaus
die einhorn
mit dem kuchen
was sollen wir
ihr sagen:
das gras ist grün
das möndlein voll
die wurst weint
um die würstin
drum bei
herbei
du ludewig

o deutschland du
in ehren hoch
es stehn viel
trauerweiden
der bach ist
seinem wasser hold

der judas springt
die bäume an
ein braves wort
ist wolgesagt
ach bruder und
ach schwester
ach du
mein treuer sylvester
mit dir
das land tyrol

Den Horizont überschreiten

Ein wald hinter einem wald, der vor einem wald liegt; wer geht in ihm herum, wer tritt in ihm auf pilze, beeren?

Obgleich man viele dinge über diesen wald erzählt, man weiß von ihnen nie, ob sie stimmen, ob sie erfunden sind.

Wenn der wald hier schweigt, hört man die glocken, aber der wald liegt sehr einsam, keine dörfer, keine kirchspiele oder städte weit und breit; nur ein teich darin, sehr dunkelhäutig, sehr unergründlich.

Du weißt nicht, wovon du redest, du bist allein, du ertappst dich unversehens beim sprechen: worte fern wie glocken, fern wie die tiefe des teiches, und ein eichhorn, das dir jeglichen vokal von den lippen stiehlt; was bleibt, ist ein dürres gerüst gleich der abgenadelten fichte.

Der jagdruf des zobels, der hier nicht haust, läßt nester erzittern: eine excellente mahlzeit wäre es, aus weißem zerbrechlichen porzellan zu speisen.

Man sagt, es sei ein wunderbares vergnügen, durch die länder zu reisen, die wiesen zu begehen, die wälder zu durchqueren; die waldrose zählt zu den schönsten, ist die trösterin verliebter botaniker, ist eine windrose, die ihre zarten blättlein in alle richtungen verstreut.

Über den wald ziehen verschiedene wölken in ständig sich ändernden bildern: der delfin, der jaguar, das geweih des hirsches, der zerfallende aschenkrug, die fast menschliche figur …

Der geschmack des waldes ist an gewissen stellen wie der geruch der besonnten himbeere, an anderen stellen wie der schatten beregneter pilze; du weißt nicht, wovon du redest, aber du erkennst den geruch, den geschmack und die schatten deiner worte.

Der mörderische strahl, der pfeil, im dichten wald geht er nur sieben bäume tief, dann copuliert er mit der rinde des achten – ein paradiesisches irrsal dem flüchtenden.

Du bist der unreinen lust der Jagd nicht verbunden, viele sonnen hast du gesehen, wie gute pfeile trafen ihre strahlen, drangen ein mit feiner, wohltuender wärme; auf dem teich schwimmen auch die weißen blüten, es nagt sie kein wurm, keine schnecke.

Deine hand wird nicht müd, über laubiges zu streichen, über den saftigen farn, über moos und die tauigen blätter der coniferen – eine goldene leiter baut dir die sonne an die brust, ein geschwister des regenbogens …

HELMUT HEISSENBÜTTEL

1921–1996

Pamphlet IX

müde von der Grimasse des Sichvorzeigens
unerreichbar im Karussell der wiederkehrenden
Gelegenheiten
benachbart dem Geräusch der Bahnhöfe
jenseits der möglichen Abschiede
unerkannt in der Verbindlichkeit menschlichen Verkehrs
vergänglich in der Hoffnung des Wiedersehens
hypothetisch vorhanden
weil der Versuch die einzige Gewähr ist
weil der Versuch der einzige Beweis ist

Topographien

a

atemlos überqueren die Vögel der Weltgeschichte das ungedeckte
Gelände
Irreparables Schocks schamlose Haut Verluste
Big Sid Catlett Art Tatum Fats Navarro
Rückerinnerung an den Untergrund meiner eigenen Landschaft
denn ich ein Roman von Gustav Freytag
einzelne weiße rasch über den sichtbaren Umriß wandernde Flecken
eine weiße Möve löst sich aus dem Profil des Flüchtenden
abgefallene Gesichter auf den Treppen der U=Bahnschächte
die Gesichter der Toten
in rasender Eile vermehren sich die Glühpunkte der Nacht
rostige Kastenformen schaukeln langsam verzweifelt unaufhaltsam
in die stahlblaue Schutzschicht

b

Zeit
Vorzeit nimmt zu Zukunft ab
zwischen den rostgelben Oktoberbäumen bewegen sich die zitronengelben Autos
die schwärzliche Schönheit einer Hortensienmumie
der langsame Schritt der nichts Erwartenden
Zeitverlust
das Aufhören der Identität auf der Brücke
Spuren von Anis in der Luft
Türen von Anis
death is so permanent
die Messingstäbe des Zeitbewußtseins schlagen blind aneinander

c

unaufhörlich begegnen sich in den gegeneinander bewegten Strömen dieselben Gesichter
die Lautsprecher reden ununterbrechbar
das Klavierspiel der kleinen Mädchen gräbt einen Tunnel durch die Jahre
der Schrei der Möve der meinen Frühtraum zerschneidet ist immer noch meine Schwester
aus den Tunneln tauchen die beleuchteten Vorderflächen empor
Holzfeuerhimmel der hinten liegenden Gegenden
offenstehende Türen zu abgestellten Eisenbahnwaggons in der Novembersonne
flachgezogene Rauchgelände über Rangierbahnhöfen
aufgegitterte Spiegelbilder im Wellblech der Kanäle
in diesem Kanal und Brückengelände
die glitzernden Parallelen des vor mir liegenden Geländes

d

Tage abziehen Ärger zählen exakt funktionieren
interesselos an den Interessen der Interessierten
daß mit dem was erreicht werden kann weniger erreicht wird als
wenn nichts erreicht wird
die Verführung zu immer derselben Sorte von Sätzen

Schlupfwinkel Benjamin Peret und Francis Picabia
stornierte Einfälle
überlebende Gedanken
alles ist anders als seine Hypothese
die Wahrheit ist mein Gedächtnis
ich sammle Passanten die vor sich hin reden
ich bedeute das Fehlen der Gedanken in den abgefallenen Gesichtern

e

inhaltlose Sätze im Nachtdrift
wirkliche nächtliche Straßenbahngesprächsfetzen
Stimmen über dem Eis
das menschenleere Gesicht das ich erkenne
ein Tag vor Weihnachten
Nachtland Nachtblau
geflügelte Peripetie der Nacht
die milchblaue Kreisform
jetzt
jetzt jetzt jetzt

ERNST JANDL

1925–2000

ottos mops

ottos mops trotzt
otto: fort mops fort
ottos mops hopst fort
otto:soso

otto holt koks
otto holt obst
otto horcht
otto: mops mops
otto hofft

ottos mops klopft
otto: komm mops komm
ottos mops kommt
ottos mops kotzt
otto: ogottogott

wirklich schön

für friederike mayröcker

einfachheit macht das komplizierte schön, who knows
kompliziertheit macht das einfache schön, who knows
einfach kompliziert sein ist vielleicht weniger schön
einfach einfach sein ist vielleicht auch nicht so schön

vielleicht verlangt das komplizierte
nach einer einfachen darstellung, um schön zu sein
so wie vielleicht das einfache, um schön zu sein
nach einer komplizierten darstellung verlangt

jedenfalls haben manche das einfache lieber
als das komplizierte
und andere das komplizierte
lieber als das einfache

wenn dann das einfache das komplizierte ist
haben die die das einfache lieber haben das komplizierte
lieber
und wenn das komplizierte das einfache ist
haben die die das komplizierte lieber haben das einfache
lieber

so haben vielleicht alle alles gern, aber keinesfalls
sollte einer den anderen wegen seiner Vorliebe schelten,
sondern ihn gelten lassen
und sich selber auch, das allein
wäre dann erst wirklich schön.

die zeit vergeht

lustig
luslustigtig
lusluslustigtigtig
luslusluslustigtigtigtig
lusluslusluslustigtigtigtigtig
luslusluslusluslustigtigtigtigtigtig
lusluslusluslusluslustigtigtigtigtigtigtig
luslusluslusluslusluslustigtigtigtigtigtigtigtig

INGEBORG BACHMANN

1926–1973

Die gestundete Zeit

Es kommen härtere Tage.
Die auf Widerruf gestundete Zeit
wird sichtbar am Horizont.
Bald mußt du den Schuh schnüren
und die Hunde zurückjagen in die Marschhöfe.
Denn die Eingeweide der Fische
sind kalt geworden im Wind.
Ärmlich brennt das Licht der Lupinen.
Dein Blick spurt im Nebel:
die auf Widerruf gestundete Zeit
wird sichtbar am Horizont.

Drüben versinkt dir die Geliebte im Sand,
er steigt um ihr wehendes Haar,
er fällt ihr ins Wort,
er befiehlt ihr zu schweigen,
er findet sie sterblich
und willig dem Abschied
nach jeder Umarmung.

Sieh dich nicht um.
Schnür deinen Schuh.
Jag die Hunde zurück.
Wirf die Fische ins Meer.
Lösch die Lupinen!

Es kommen härtere Tage.

Erklär mir, Liebe!

Dein Hut lüftet sich leis, grüßt, schwebt im Wind,
dein unbedeckter Kopf hat's Wolken angetan,
dein Herz hat anderswo zu tun,
dein Mund verleibt sich neue Sprachen ein,
das Zittergras im Land nimmt überhand,
Sternblumen bläst der Sommer an und aus,
von Flocken blind erhebst du dein Gesicht,
du lachst und weinst und gehst an dir zugrund,
was soll dir noch geschehen –

Erklär mir, Liebe!

Der Pfau, in feierlichem Staunen, schlägt sein Rad,
die Taube stellt den Federkragen hoch,
vom Gurren überfüllt, dehnt sich die Luft,
der Entrich schreit, vom wilden Honig nimmt
das ganze Land, auch im gesetzten Park
hat jedes Beet ein goldner Staub umsäumt.

Der Fisch errötet, überholt den Schwarm
und stürzt durch Grotten ins Korallenbett.
Zur Silbersandmusik tanzt scheu der Skorpion.
Der Käfer riecht die Herrlichste von weit;
hätt ich nur seinen Sinn, ich fühlte auch,
daß Flügel unter ihrem Panzer schimmern,
und nähm den Weg zum fernen Erdbeerstrauch!

Erklär mir, Liebe!

Wasser weiß zu reden,
die Welle nimmt die Welle an der Hand,
im Weinberg schwillt die Traube, springt und fällt.
So arglos tritt die Schnecke aus dem Haus!
Ein Stein weiß einen andern zu erweichen!

Erklär mir, Liebe, was ich nicht erklären kann:
sollt ich die kurze schauerliche Zeit

nur mit Gedanken Umgang haben und allein
nichts Liebes kennen und nichts Liebes tun?
Muß einer denken? Wird er nicht vermißt?

Du sagst: es zählt ein andrer Geist auf ihn …
Erklär mir nichts. Ich seh den Salamander
durch jedes Feuer gehen.

Fall ab, Herz

Fall ab, Herz, vom Baum der Zeit,
fallt, ihr Blätter, aus den erkalteten Ästen,
die einst die Sonne umarmt,
fallt, wie Tränen fallen aus dem geweiteten Aug.

Fliegt noch die Locke taglang im Wind
um des Landgotts gebräunte Stirn,
unter dem Hemd preßt die Faust
schon die klaffende Wunde.

Drum sei hart, wenn der zarte Rücken der Wolken
sich dir noch einmal beugt,
sei hart, wenn der Hymettos die Waben
noch einmal dir füllt.

Denn wenig gilt dem Landmann ein Halm in der Dürre,
wenig ein Sommer vor unserem großen Geschlecht.

Und was bezeugt schon dein Herz?
Zwischen gestern und morgen schwingt es,
lautlos und fremd,
und was es schlägt,
ist schon sein Fall aus der Zeit.

MAX BOLLIGER

*1929

Ausgeschickte Taube

Aber das Herz
ist eine ausgeschickte Taube
gezeichnet mit dem Ring
an den Füßen,
und muß heim,
muß den Weg finden
auch mit zerfetzten Flügeln
und blinden Augen,
muß heim, heim,
wieder heim zu sich selbst.

PETER RÜHMKORF

*1929

Himmel abgespeckt

Keine Posaune zurhand, keine Verkündigungen,
den Himmel abgespeckt,
wenn der Abend mit siebenfarbener Zunge
am Fenster leckt.

Ins Spektrum gefläzt, die Seele noch einmal nach oben,
wolken- und vogelwärts –:
Wer hat mir die Faustvoll Fleisch in die Jacke geschoben,
mein rüdes Gorillenherz?

Träume ausgeklinkt – gutso – die gondeln im Blauen,
in den schwimmenden Äther getupft;
mein gepökeltes Herz, mein eingesalznes Vertrauen,
das die Stellung hält und die Schlagader zupft.

Mit der Erde auf gutem Fuß,
den läufigen Nachtigallen –! –
Ist es nicht schön, bald, bei aufgeblasenem Monde und
steigendem Fluß
der Schwerkraft anheimzufallen?

Jaaa, Mooond, wenn er kömmt, der siderische Montgolfier,
im Pulk der Sterne die Nacht zu befahren ... .
schlürf ich die Welt-an-sich und was ich sonst nicht versteh,
dir aus den Achselhaaren.

Schlürfe vom handwarmen All, der Gaumen zerfließt,
die Kehle schon –
Die du hier Luft einziehst,
mach die Funzel aus, oh-du-Sterbliche,
häng dich ein in die Gravitation.

Phönix voran!

Was dann nachher so schön fliegt …
wie lange ist darauf rumgebrütet worden.

Und muß doch wieder raus aus seiner Luft
und runter in den Eisschleim, in den Bleiverschlag.

mit solchen zusammen mußt du nun in die Arena.

Hier mal erneuere dich.

Komm-komm, alter Schmierseifenhansel, ausgerenkte
der Mensch ist kein Klavierhocker! [Bezugsperson,
Schraube im Arsch,
zum Rauf- und Runterdrehn.

Odu und wie-du-so-sabbelst:
Das ist auch son Gedanke in Öl, den kannst du dir einrahmen
[lassen.

Oder wie du behutsam deine Atemzüge einteilst,
als wär damit Zeit zu gewinnen.

Das kannst du aber nicht.
Das muß erst alles – organisch – mit Gewalt! – entwurzelt
werden.

Schon morgen.
Heute noch.
Rechtzeitig ist zu spät.

Ruhig vom Stuhl geschubst.

Mit klarem Ruck aus den Angeln.

Wie dieser ganz normale Neurotiker neulich
seinem Irrenarzt die Couch vor die Füße kippte und sagte:

So etwa!

Beziehungsweise:
Einspruch? Nichtsda.
'N Ich hat irgendwie jeder, und das ist auch gar nicht so
ungewaltig.

Wenn es die Augen zuklappt,
geht die Erde unter,
sind die Sterne aus.

Und darum will ich
– jetzt sofort! –
den Grabstein von der Tür wegwälzen.

Und darum will ich mich dir völlig unterbreiten,
wie eine Juniwiese,
ein Ausbund an Grün.

Und will dir den Fluß einschenken,
bis du überläufst,

unhaltbar,
fortgerissen,
und mich – mit dir – ertränkst

WALTER HELMUT FRITZ

*1929

Täglicher Anfang

Du weißt,
daß es nicht genügt,
dort anzuknüpfen,
wo man gestern aufgehört hat,
wenn man ein Stück
weiterkommen will –

sondern daß man jeden Tag
ganz neu anfangen muß

in einer Arbeit lebend

mit Begierden

beglaubigten Worten

dem Altern der Sonne

einem immer neuen Dilemma

der Angst

den Toden vor dem letzten
dem umsichtigen Tod.

Wahrnehmung

Jetzt endlich nehme ich
diese Rinde wahr, sagst du,
ihre Kindheit, ihr Alter,
die Prüfungen, die sie durchlief.

Wie lange es dauert.
bis die Hand nachdenklich wird,
bis sie spürt, wie das Leben
beim Erwachen in das was ist

einfließt, wie die Dinge
ihre Formen voneinander übernehmen.
Jetzt wird diese Rinde
ein Berghang, nachher

eine Folge von Anspielungen
ein Gespenst, eine Blutbahn,
die sich dem Körper bequemt,
ein Auge, eine Inschrift

die unsere Unruhe nennt,
Geschichte, Erniedrigung, Vernichtung,
fremde Geschäftigkeit von Wachen und Schlaf,
Jahre, Landschaften, entlaubt.

HANS MAGNUS ENZENSBERGER

*1929

Ins Lesebuch für die Oberstufe

lies keine oden, mein sohn, lies die fahrpläne:
sie sind genauer. roll die seekarten auf,
eh es zu spät ist. sei wachsam, sing nicht,
der tag kommt, wo sie wieder listen ans tor
schlagen und malen den neinsagern auf die brust
zinken, lern unerkannt gehn, lern mehr als ich:
das viertel wechseln, den paß, das gesicht.
versteh dich auf den kleinen verrat,
die tägliche schmutzige rettung. nützlich
sind die enzykliken zum feueranzünden,
die manifeste: butter einzuwickeln und salz
für die wehrlosen, wut und geduld sind nötig,
in die lungen der macht zu blasen
den feinen tödlichen staub, gemahlen
von denen, die viel gelernt haben,
die genau sind, von dir.

Landessprache

was habe ich hier verloren,
in diesem land,
dahin mich gebracht haben meine älteren
durch arglosigkeit?
eingeboren, doch ungetrost,
abwesend bin ich hier,
ansässig im gemütlichen elend,
in der netten, zufriedenen grube.

was habe ich hier? und was habe ich hier zu suchen,
in dieser schlachtschüssel, diesem schlaraffenland,
wo es aufwärts geht, aber nicht vorwärts,
wo der Überdruß ins bestickte hungertuch beißt,
wo in den delikateßgeschäften die armut, kreidebleich,
mit erstickter stimme aus dem schlagrahm röchelt und ruft:
es geht aufwärts!
wo eine gewinnspanne weit von den armen reichen die
reichen armen
vor begeisterung ihre kinostühle zerschmettern,
da geht es aufwärts von fall zu fall,
wo die zahlungsbilanz hosianna und alles was recht ist singt
und ruft: das ist nicht genug,
daß da die freizeit spurt und gas gibt und hinhaut,
das ist das kleinere übel, das ist nur die hälfte,
das macht nichts, das ist nicht genug,
daß die tarifpartner durch die straßen irren
und mit geballten fäusten frohlocken
und singen und sagen:

hier geht es aufwärts,
hier ist gut sein,
wo es rückwärts aufwärts geht,
hier schießt der leitende herr den leitenden herrn mit dem
gesangbuch ab,
hier führen die leichtbeschädigten mit den schwerbeschädigten
krieg,
hier heißt es unerbittlich nett zueinander sein,

und das ist das kleinere übel,
das wundert mich nicht,
das nehmen die käufer er in kauf,
hier, wo eine hand die andere kauft,
hand aufs herz, hier sind wir zuhaus,

hier laßt uns hütten bauen,
auf diesem arischen schrotthaufen,
auf diesem krächzenden parkplatz,
wo aus den ruinen ruinen sprossen,

nagelneu, ruinen auf Vorrat, auf raten,
auf abruf, auf widerruf:

hiersein ist herrlich,
wo dem verbrauchten verbraucher,
und das ist das kleinere übel,
die haare ausfallen,
wo er sein erfolgreiches haupt verhüllt
mit wellpappe und cellophan
wo er abwesend aus der grube ruft:
hier laßt uns hütten bauen,

in dieser mördergrube,
wo der kalender sich selber abreißt vor ohnmacht und hast,
wo die vergangenheit in den müllschluckern schwelt
und die zukunft mit falschen zähnen knirscht,
das kommt davon, daß es aufwärts geht,
da tun wir fleckenwasser drauf,
das ist hier so üblich das wundert mich nicht

goldrichtig liegen wir hier,
wo das positive zum höchstkurs notiert,
die handelskammern decken sich damit ein
und bahren es auf unter panzerglas,
wärs anders, wär ihm zu helfen,
wäre rat und genugtuung hier,
wär es nicht dieses brache, mundtote feindesland!

was habe ich hier verloren, was suche ich
und stochre in diesem unzuständigen knäuel
von nahkampfspangen, genußscheinen,
gamsbärten, schlußverkäufen, und finde nichts
als chronische, chronologisch geordnete turnhallen
und sachbearbeiter für die menschlichkeit
in den kasernen für die kasernen für die kasernen:

was soll ich hier? und was soll ich sagen?
in welcher sprache? und wem?
da tut mir die wahl weh wie ein messerstich,
das reut mich, das ist das kleinere übel,

das schreit und so weiter
mit kleinen schreien zum himmel
und gibt sich für größer aus als es ist,
aber es ist nicht ganz,
es ist nur die himmelschreiende hälfte,
es ist noch nicht genug:

denn dieses land, vor hunger rasend,
zerrauft sich sorgfältig mit eigenen händen,
dieses land ist von sich selber geschieden,
ein aufgetrenntes, inwendig geschiedenes herz,
unsinnig tickend, eine bombe aus fleisch,
eine nasse, abwesende wunde:

deutschland, mein land, unheilig herz der völker,
ziemlich verrufen, von fall zu fall,
unter allen gewöhnlichen leuten:

meine zwei länder und ich, wir sind geschiedene leute,
und doch bin ich inständig hier,
in asche und sack, und frage mich:
was habe ich hier verloren?

wo wir uns finden wohl unter blinden,
in den schau-, kauf- und zeughäusern,
und das ist nicht alles, das ist nur die hälfte,
das ist die tiefgefrorene wildnis,
das ist die erfolgreiche raserei, das tanzt
im notdürftigen nerz, auf zerbrochenen knien,
im ewigen frühling der amnesie,

das ist ein anderes land als andere länder,
das reut mich, und daß es mich reut,
das ist das kleinere übel, denn das ist wahr,
was seine opfer, ganz gewöhnliche tote leute,
aus der erde rufen, etwas laut- und erfolgloses,
das an das schalldichte pflaster dringt
von unten, und es beschlägt, daß es dunkel wird,
fleckig, naß, bis eine lache,
eine ganz gewöhnliche lache es überschwemmt,

und den butzemann überschwemmt,
das löweneckerchen, das allerleirauh,
und die schöne rapunzel, die sind nicht mehr hier,
und es gibt keine städte mehr, und keine fische,
die sind erstickt in dieser lache,

wie meine brüder, die tadel- und hilflosen pendler,
wie sie mich reuen, die frommen gerichtsvollzieher,
die gasmänner, wie sie waten zuhauf,
mit ihren plombierzangen, wie sie stapfen,
in ihren abwesenden stiefeln, durchs bodenlose,
die gloriole vorschriftsmäßig tief im genick:

ja wären's leute wie andere leute,
war es ein ganz gewöhnliches, ein andres
als dieses nacht- und nebelland,
von abwesenden überfüllt,
die wer sie sind nicht wissen noch wissen wollen,
die in dieses land geraten sind
auf der flucht vor diesem land
und werden flüchtig sein bis zur grube:

das habe ich hier verloren,
was auf meiner zunge schwebt,
etwas andres, das ganze,
das furchtlos scherzt mit der ganzen welt
und nicht in dieser lache ertrinkt,

verloren an dieses fremde, geschiedne geröchel,
das gepreßte geröchel im *neuen deutschland*,
das frankfurter allgemeine geröchel
(und das ist das kleinere übel),
ein mundtotes würgen, das nichts von sich weiß,

von dem ich nichts wissen will, musterland,
mördergrube, in die ich herzlich geworfen bin
bei halbwegs lebendigem leib,
da bleibe ich jetzt,
ich hadere aber ich weiche nicht,
da bleibe ich eine zeitlang,

bis ich von hinnen fahre zu den anderen leuten,
und ruhe aus, in einem ganz gewöhnlichen land,
hier nicht,
nicht hier.

Die Furie

Sie sieht zu, wie es mehr wird,
verschwenderisch mehr,
einfach alles, wir auch;
wie es wächst, über den Kopf,
die Arbeit auch; wie der Mehrwert
mehr wird, der Hunger auch;
sieht einfach zu, mit ihrem Gesicht,
das nichts sieht; nichtssagend,
kein Sterbenswort;
denkt sich ihr Teil;
Hoffnung, denkt sie,
unendlich viel Hoffnung,
nur nicht für euch;
ihr, die nicht auf uns hört,
gehört alles; und sie erscheint
nicht fürchterlich; sie erscheint nicht;
ausdruckslos; sie ist gekommen;
ist immer schon da; vor uns
denkt sie; bleibt;
ohne die Hand auszustrecken
nach dem oder jenem,
fällt ihr, was zunächst unmerklich,
dann schnell, rasend schnell fällt, zu;
sie allein bleibt, ruhig,
die Furie des Verschwindens.

WULF KIRSTEN

*1934

väterlicherseits, mütterlicherseits

meine vorväter zum beispiel haben
pferde beschlagen und reifen
auf die speichenkränze von wagenrädern
gezogen, großvater mütterlicherseits
ging in die sägemühle, balken und bretter
schneiden. nach der arbeit saß er
flunkernd im kretscham bei fuseldunst.
zu hause acht kinder. großvater
väterlicherseits fügte die hölzer
zu schränken, tischen, kommoden
um einen hungerlohn. sonntags jagte er
schmetterlinge zu seinem vergnügen
und spießte sie weidgerecht auf.
erfror novembernachts im walde,
vom schlaf übermannt, die lebensspur
des seefahrers Johann Gottlieb Wancke
aus Gruben verlor sich auf einer fahrt
nach Ostindien, weiß der himmel, wie es
ihn dorthin verschlagen, ein gewisser
Tannenberg, Friedrich Wilhelm, nahm
sein Schicksal nicht an, als fröner
in den sielen zu sterben. er schnürte
sein bündel, enthob sich aller
untertanenpflichten klammheimlich
bei nacht zum verdruß einer
zanksüchtigen frau. als vogelfreier
josef, der sich selber zum bettler
mit unsichtbarer krone bestimmte,
zog er vagabundierend im lande umher.
ein anderer, lange vor mir auf der welt,
ging auf den garnhandel als ehrsamer
landgänger mit pfennigkram, auch ihn

trieb es unruhvoll um auf den straßen,
als ob ein weberschiffchen tschickte
und tschackte in seiner brust.
am webstuhl saßen sie in stickiger,
niedriger stube, bleichgesichtige
hungerleider sie alle auf lebenszeit,
denen der brotkorb immer eine etage
zu hoch hing, die von fettlebe träumten,
von einem schubfach, gefüllt mit blanken,
klimpernden talern und gulden. armut blieb
ihr teil, solange sie schürgten und würgten.
viertelhüfner, achtelhüfner, die auf
das ackerwerk setzten und ihre feldstreifen
bestellten, gesträngt in den pflichtenkreis,
wie ihn herkommen und brotzirkel gezogen.
aus der eignen mitte leben konnte nur heißen
ewig und drei tage im göpel gehn
mit scheuklappen wie der spatlahme gaul.
eh noch die alte schuld getilgt, drückte

schon wieder eines neuen krieges kontribution
auf schulter und scheune. keine großen
kirchenlichter, keine heldentaten
vollbracht, ein geschlecht von handwerkern
und kleinbauern, nie aus dem dunkel
getreten seiner und meiner leibeigenen
geschichte, überliefert auf den wurmfressigen
seiten einer bibel, von deren buchenholzdeckeln
das schweinsleder in fetzen hängt.

über die sprossen der himmelsleiter
purzeln kopfunter kälberbeine
und birnhaken. darauf
mach ich mir einen vers.

SARAH KIRSCH

*1935

Landaufenthalt

Morgens füttere ich den Schwan abends die Katzen dazwischen
Gehe ich über das Gras passiere die verkommenen Obstplantagen
Hier wachsen Birnbäume in rostigen Öfen, Pfirsichbäume
Fallen ins Kraut, die Zäune haben sich lange ergeben, Eisen und Holz
Alles verfault und der Wald umarmt den Garten in einer Fliederhecke

Da stehe ich dicht vor den Büschen mit nassen Füßen
Es hat lange geregnet, und sehe die tintenblauen Dolden, der Himmel
Ist scheckig wie Löschpapier
Mich schwindelt vor Farbe und Duft doch die Bienen
Bleiben im Stock selbst die aufgesperrten Mäuler der Nesselblüten
Ziehn sie nicht her, vielleicht ist die Königin
Heute morgen plötzlich gestorben die Eichen

Brüten Gallwespen, dicke rosa Kugeln platzen wohl bald
Ich würde die Bäume gerne erleichtern doch der Äpfelchen
Sind es zu viel sie erreichen mühlos die Kronen auch faßt
Klebkraut mich an, ich unterscheide Simsen und Seggen so viel Natur

Die Vögel und schwarzen Schnecken dazu überall Gras Gras das
Die Füße mir feuchtet fettgrün es verschwendet sich
Noch auf dem Schuttberg verbirgt es Glas wächst
in aufgebrochne Matratzen ich rette mich
Auf den künstlichen Schlackeweg und werde wohl bald
In meine Betonstadt zurückgehen hier ist man nicht auf der Welt
Der Frühling in seiner maßlosen Gier macht nicht halt, verstopft
Augen und Ohren mit Gras die Zeitungen sind leer
Eh sie hier ankommen der Wald hat all seine Blätter und weiß
Nichts vom Feuer

Erdrauch

Und zu verschiedenen Zeiten geschieht es
Daß wir sehr glücklich über
Irgend ein Ding eine Nachricht
Den neuen Geliebten das Kind
Umhergehen können da freut uns
Die eintönigste Arbeit da kochen wir
Wunderbare Gerichte putzen die Fenster
Und singen dabei küssen
Die eben aufgesprungene Blüte
Am Strauch vor der Tür reden
Zu Unbekannten über die Straße
Und beachten die Sonne nicht
Den leichten tanzenden Schnee
Es ist alles bekannt und vertraut
So wird es immer sein glauben wir
Und noch die furchtbaren Bilder
In den Fernsehgeräten bestärken uns
Wenigstens hier wird es so bleiben wir stapeln
Die Zeitungen die uns ruhig schlafen lassen
Sorgfältig auf bis sie abgeholt werden
Wir sind ganz lebendig hüpfen und springen
In den möblierten Wohnungen des Todes.

WOLF BIERMANN

*1936

Ermutigung

Peter Huchel gewidmet

Du, laß dich nicht verhärten
In dieser harten Zeit
Die all zu hart sind, brechen
Die all zu spitz sind, stechen
und brechen ab sogleich

Du, laß dich nicht verbittern
In dieser bittren Zeit
Die Herrschenden erzittern
- sitzt du erst hinter Gittern –
Doch nicht vor deinem Leid

Du, laß dich nicht erschrecken
In dieser Schreckenszeit
Das wolln sie doch bezwecken
Daß wir die Waffen strecken
Schon vor dem großen Streit

Du, laß dich nicht verbrauchen
Gebrauche deine Zeit
Du kannst nicht untertauchen
Du brauchst uns, und wir brauchen
Grad deine Heiterkeit

Wir wolln es nicht verschweigen
In dieser Schweigezeit
Das Grün bricht aus den Zweigen
Wir wolln das allen zeigen
Dann wissen sie Bescheid

VOLKER BRAUN

***1939**

Das Eigentum

Da bin ich noch: mein Land geht in den Westen.
KRIEG DEN HÜTTEN FRIEDE DEN PALÄSTEN.
Ich selber habe ihm den Tritt versetzt.
Es wirft sich weg und seine magre Zierde.
Dem Winter folgt der Sommer der Begierde.
Und ich kann *bleiben wo der Pfeffer wächst.*
Und unverständlich wird mein ganzer Text.
Was ich niemals besaß, wird mir entrissen.
Was ich nicht lebte, werd ich ewig missen.
Die Hoffnung lag im Weg wie eine Falle.
Mein Eigentum, jetzt habt ihrs auf der Kralle.
Wann sag ich wieder *mein* und meine alle.

Das innerste Afrika

Komm in ein wärmeres Land
mit Rosenwetter
Und grünen laubigen Türen
Wo unverkleidete Männer
Deine Genossen sind.
Dahin! Dahin
Möcht ich mit dir, Geliebter
Komm

aus deinem Bau deinem lebenslänglichen Planjahr ewigen
Schnee / Wartesaal wo die Geschichte auf den vergilbten
Fahrplan starrt die Reisenden ranzig / Truppengelände
TRAUERN IST NICHT GESTATTET

Unter die sachten Tamarisken
In den Tropenregen, der die Losungen
Abwäscht, trockenen Protokolle.

Sieh das Meer, das dagegen ist
Mit fröhlichen Wellen, und ins Offene geht
dahin

Dahin führt kein Weg.

Wenn du gehst, hebt die Zeit ihre Flügel.

Nimm den Pfad gleich links durch die Brust
Und überschreite die Grenze.

Wo die Zitronen blühn, piff paff!

En quelque soir, par exemple, le touriste naïf EUROPA SACKBAHNHOF die verdunkelten Züge aus der vierten Welt vor Hunger berstend / hinter der Zeitmauer Getöse unverständliche Schreie / Blut sickert aus den Nähten der Niederlage / Zukunftsgraupel und fast will / Mir es scheinen, es sei, als in der bleiernen Zeit

Sie können dich töten, aber vielleicht
Kommst du davon
Ledig und unbestimmt
komm! ins Offene, Freund!

Nicht im Süden liegt es, Ausland nicht
Wo unverkleidete Männer
Wo der Regen
Denn nicht Mächtiges ists, zum Leben aber gehört es
Was wir wollen
wo dich keiner
Das innerste Land, die Fremde
Erwartet. Du mußt die Grenze überschreiten
Mit deinem gültigen Gesicht.

Dein rotes Spanien, dein Libanon

Erreiche es vor der Rente.

Wir befinden uns, sagte er, auf einer schiefen Ebne. Alles deutet darauf hin, daß es abwärts geht. Schließen Sie einmal die Augen und hören Sie, wie es knirscht. Das ist das Ende. Warten wir ab, wir werden es erleben. Wir sind auf dem besten Weg. Wir brauchen nur fortzufahren mit der Übung. Vor einiger Zeit konnten wir z.B. das Brett oder wie man es nennen will zurückwippen über den Nullpunkt und sagen: es geht aufwärts! Jetzt ist es eine endgültige Schräge in den Keller. Zu den Kakerlaken, meine Damen und Herrn. Bleiben Sie ruhig, gehn Sie in die Firma, wickeln Sie sich in die Plane. fassen Sie sich kurz. Wir haben die furchtbare Nachricht vernommen, wir haben nichts hinzuzusetzen. Adieu. Sagte der Mann in Itzehoe und glitt hinter dem Fenster hinab.

Non! wir werden den Sommer nicht mehr in diesem geizigen Land verbringen, wo wir immer nur einander versprochene Waisen sind,

komm

Steckmuscheln, Zikaden
Mach dich auf
Lebenslänglicher Leib:
SIEH DAS MEER, DAS DAGEGEN IST.
Erreiche es vor der Rente.
DU MUSST DIE GRENZE ÜBERSCHREITEN.

ROLF DIETER BRINKMANN

1940–1975

Meinetwegen Rosen

Wie es so geht
ein unausrottbares Elend immer
noch Rosen Lied das
im Mund zergeht Schnee
die Augen geschlossen

wo sich anbot
heiter zu leben belanglos
einige Worte hingesagt im Dunkeln
über ein anderes
Gesicht fremdes
Gesicht auf das man
zufällig stieß

oder aber sommers
das heitere Trugbild in dem
die Schatten unsichtbar
stehn Blick der gefällt
wird Luft
ein luftiges Haus hell
die Kleider

meinetwegen Rosen
was uns entging mit der Zeit
Unglück der ausgeworfene
Köder worauf
man verfiel

Oh, friedlicher Mittag

mitten in der Stadt, mit den verschiedenen
Mittagessengerüchen im Treppenhaus. Die Fahrräder
stehen im Hausflur, abgeschlossen, neben
dem Kinderwagen, kein Laut ist zu hören.

Die Prospekte sind aus den Briefkästen
genommen und weggeworfen worden. Die Briefkästen
sind leer. Sogar das Fernsehen hat die türkische
Familie abgestellt, deren Küchenfenster

zum Lichtschacht hin aufgeht. Ich höre
Porzellan, Teller und Bestecke, dahinter
liegen Gärten, klar und kühl, in einem blassen
Frühlingslicht. Es sind überall die seltsamen

Erzählungen von einem gewöhnlichen Leben ohne
Schrecken am Mittwoch, genau wie heute. Der Tag
ist regenhell, verwehte Laute: oh friedlicher
Mittwoch mit Zwiebeln, auf dem Tisch,

mit Tomaten und Salat.
Die Vorhaben und Schindereien sind
zerfallen, und man denkt, wie friedlich
der Mittwoch ist

Wolken über dem Dach, blau, und
Stille in den Zimmern, friedlich und still und
genauso offen wie Porree, wie Petersilie grün ist
und die Erbsen heiß sind.

THOMAS ROSENLÖCHER

*1947

Die Verlängerung

Ich lag in meinem Garten in Kleinzschachwitz
in einem Grün von niegesehnem Ausmaß
und sah, nachdenkend über die Belange
der unerhörten Rose und des Staats,
hoch über mir den großen Tröster Himmel,
als ich, kam das vom heftigen Nachdenken,
ein sanftes Ziehn in meinen Beinen spürte.
Ich wachse noch, sprach ich und freute mich.
Jedoch die Füße lagen schon am Zaun,
vor dem sie einen Augenblick verharrten,
eh sie losfuhrn. O rasende Zellteilung
an Häusern aufwärts, abwärts, über Dächer.
Wo sie hinkamen, stockte der Verkehr,
die Reichsbahn tobte, Menschen stauten sich,
bestaunten dieses langgestreckte Wunder
und übten sich daran im Balancieren.
Doch längst war es, die Sparte frohe Zukunft
durchfurchend, aus der Stadt hinausgeglitten,
schlief sanft in Wäldern, rauschte durch Kornfelder
ins Läuten stiller Mittagsdörfer ein,
und frohen Mutes fuhr ein Vögelein
auf einer Zehe mit, tandaradei,
doch hinterher, einsam, die Polizei
mit ernstem Blick quer durch den Staub der Äcker
in eines Sees noch unerforschte Tiefen,
wo sie verschwand. Der Staat war in Gefahr.
Denn meines Leibes Doppelröhre nahm,
kaum, daß sie aufgetaucht war aus den Fluten,
Kurs auf die Hauptstadt. Die Regierung tagte,
kein Wort kommt in die Zeitung, Helikopter
erhoben sich, der Lage Herr zu werden,
die Straßen füllten sich mit Dynamit.

Doch eh man meine weitgereisten Füße
absprengte, knapp vorm Brandenburger Tor,
geschahs, daß sie von selber stillestanden,
da ich in meinem Garten in Kleinzschachwitz,
in jenem Grün von niegesehnem Ausmaß,
wo ich nachdachte über die Belange
der unerhörten Rose und des Staats,
in Anbetracht des großen Trösters Himmel
den Finger an die Nasenspitze legte
und bei mir sprach: Man muß bescheiden sein.

Die Neonikone

Als ich nach Amsterdam kam
und um die Ecke bog,
stand ich vor dem Fenster der Hure.
Sie aber saß in rötlichem Licht
auf einem Hocker und schaute mich an
und lupfte ihre lange
lebendige Zunge nach mir.
Da war ich vom Donner gerührt,
weil alle Schönheit in einer
einzigen Hure wohnte,
und neben mir im Dunklen stand
ein augenrollender Kreole
und ein lächelnder Blitzlichtjapaner,
so daß wir gemeinsam die Menschheit darstellten
vor der Ikone aus Neon,
die ihre Schenkel auftat und schloß,
noch als ich nach Sachsen zurücklief und meinen
armen, armerudernden Schatten
schräg an die Wand warf im Lauf.

SEBASTIAN GARBE

*1959

Sphinx

I.

Löwin, versteinerte Unruhe
dein erhobenes Haupt starr
stolz und stark und still
das Antlitz Frau und Mann
kein Blick wohin
wartend worauf
verschlossen im Stein
sandumweht und wüstennah
welche Rätselfrage
wirst du mir stellen?

II.

Bin ich es?
Du bist es.
Die Antwort ist die Frage schon.
Bist du es?

Hör, was ich nicht sage.
Zeig, was ich nicht seh.
Sag, was ich nicht frage.
Ich weiß kein Ach und auch kein Weh.

Der Staub deckt zu den alten Rost.
Im Prasselregen verwischt die letzte Spur.

Komm, wenn ich nicht will.
Bleib, wenn ich dir sage: geh!
Und wenn ich dich frage, sei still!
Ich weiß dein Ach und auch mein Weh.

Geflochten ist der Kranz aus dürrem Zweig.
Es blüht die Rose auf im Dämmerlicht.

Rühr mich nicht an!
Sei stark! Sei schwach, gehorche mir!
Ich will, ich kann,
ich bin Mensch und ich bin Tier.

Die Nacht verschluckt den letzten Lärm.
Die Festmusik hallt nach im dunklen Raum.

Stumm steht starr die weise Sphinx.
Es bröckelt ab der alte Stein.
Nachtschatten bittersüß.
Die Stimme innerlich:
Die Frage ist die Antwort schon. –
Bist du es?
Ich bin's.

Weg

Windwiesenwege
wenn wir uns wandeln
wolkenweit und wegwohin

DURS GRÜNBEIN

*1962

An diesem Morgen

An diesem Morgen gingen die 80er Jahre
zuende mit diesen Resten der
70er, die wie die
60er schienen: nüchtern und wild.

›3 Jahrzehnte mit einer Hoffnung im Off ...‹

Nimm dir ein Negativ (und vergiß): diese
Warteschlangen sich kreuzend an
Haltestellen, die Staus im
Berufsverkehr, total

eingefrorene Gesten am Zeitungskiosk, die
Mißverständnisse (›Sind Sie
verletzt?‹) –
(›Kennen Sie DANTE?‹). Du sahst wie sie

warteten, manche vom Glanz ihrer Exile
vereinsamt. Die Luft (sonst
unverwundbar)
war voller Szenen aus
Chaplinfilmen, ein
Wirbel grauer Pigmente davor, Tag und
Nacht grauer Regen vom
Kohlekraftwerk über der

toten Ähnlichkeit aller toten arm- und
beinlosen Engel auf den
Ruinen ringsum. Also schön,
dachtest du: dieser Ort
so gut wie ein anderer
hier in Mitteleuropa
nach Sonnenaufgang mit

galoppierenden Wolkenherden und frühem
Stimmengewirr wie vom Sog
eines Hafens

erfaßt … Ist es das? während du weiter-
machst, dich erwärmst, ein paar
Fremde grüßt gähnend
(Ein Gähndender! über-
drüssig der Tautologien, des Hungers, der

langsamen Einführung in diesen Tag.

Alba

Endlich sind all die Wanderer tot
Und zur Ruhe gekommen die Lieder
Der Verstörten, der Landschaftskranken
In ihren langen Schatten, am Horizont.

Kleine Koseworte und Grausamkeiten
Treiben gelöst in der Luft. Wie immer
Sind die Sonnenbänke besetzt, lächeln
Kinder und Alte aneinander vorbei.

In den Zweigen hängen Erinnerungen,
Genaue Szenen aus einem künftigen Tag.
Überall Atem und Sprünge rückwärts
Durchs Dunkel von Urne zu Uterus.

Und das Neue, gefährlich und über Nacht
Ist es Welt geworden. So komm heraus
Aus zerwühlten Laken, sieh sie dir an,
Himmel, noch unbehelligt, und unten

Aus dem Hinterhalt aufgebrochen,
Giftige Gräser und Elstern im Staub,
Mit bösem Flügelschlag, Diebe
In der Mitte des Lebensweges wie du.

Quellenverzeichnis

Lasker-Schüler, Else

Weltende

aus: Gedichte 1902-1943. © Suhrkamp Verlag, Frankfurt 1996

Gebet

aus: Gedichte 1902-1943. © Suhrkamp Verlag, Frankfurt 1996

Hesse, Hermann

Im Nebel

aus: Sämtliche Werke, Band 10: Die Gedichte © Suhrkamp Verlag, Frankfurt 2002

Stufen

aus: Sämtliche Werke, Band 10: Die Gedichte © Suhrkamp Verlag, Frankfurt 2002

Carossa, Hans

Der alte Brunnen

aus: Gedichte. © Suhrkamp Verlag 1995

Lehmann, Wilhelm

Lied des alternden Weingottes

aus: Gesammelte Werke in acht Bänden. Hrsg. von Agathe Weigel-Lehmann u.a. Band 1: Sämtliche Gedichte. Hrsg. von Hans Dieter Schäfer, © Klett-Cotta 1982

Die Signatur

aus: Gesammelte Werke in acht Bänden. Hrsg. von Agathe Weigel-Lehmann u.a. Band 1: Sämtliche Gedichte. Hrsg. von Hans Dieter Schäfer, © Klett-Cotta 1982

Loerke, Oskar

Pansmusik

aus: Die Gedichte. © Suhrkamp Verlag, Frankfurt 1983

Altes Gemäuer

aus: Die Gedichte. © Suhrkamp Verlag, Frankfurt 1983

Benn, Gottfried

Mann und Frau gehen durch die Krebsbaracke

aus: Sämtliche Gedichte, Stuttgart,© Klett-Cotta 1998

Verlorenes Ich

aus: Statische Gedichte © 1948, 2000 by Arche Verlag AG, Zürich-Hamburg

Nur zwei Dinge
aus: Sämtliche Gedichte, © Stuttgart, Klett-Cotta 1998
Das Ganze
aus: Sämtliche Gedichte, © Stuttgart, Klett-Cotta 1998

Hoddis, Jakob van
Weltende
aus: Dichtungen, Zürich, Arche 1987 © Erbengemeinschaft Jakob von Hoddis

Schwitters, Kurt
An Anna Blume
aus: Das gesamte literarische Werk, © Köln, DuMont 1973

Arp, Hans
die flammen füttern den tod
aus: Gesammelte Gedichte I. Gedichte 1903-1939, Hg. v Marguerite Arp-Hagenbach © 1963 by Verlags AG Die Arche, Zürich
Worte
aus: Gesammelte Gedichte III. Gedichte 1957-1966, Hg. v. Aimé Bleikasten © 1984 by Verlags AG Die Arche, Zürich

Vring, Georg von der
Die Liebenden
aus: Die Gedichte, Ebenhausen, © Langewiesche-Brandt 1989
Aus einer Nacht
aus: Die Gedichte, Ebenhausen, © Langewiesche-Brandt 1989

Werfel, Franz
Lächeln, Atmen, Schreiten
aus: Das lyrische Werk Hrsg. Von Adolf d. Klarmann, © S.Fischer Verlag GmbH, Frankfurt am Main1967

Tucholsky, Kurt
Ideal und Wirklichkeit
aus: Gesammelte Werke © 1960 by Rowohlt Verlag GmbH, Reinbek bei Hamburg
Augen in der Großstadt
aus: Gesammelte Werke © 1960 by Rowohlt Verlag GmbH, Reinbek bei Hamburg

Sachs, Nelly
In der Flucht
aus: Fahrt ins Staublose. © Suhrkamp Verlag, Frankfurt 1961

Aber vielleicht haben wir
aus: Fahrt ins Staublose. © Suhrkamp Verlag, Frankfurt 1961

Britting, Georg
Was hat, Achill
aus: Sämtliche Werke Bd. 4, List Verlag, München © Ingeburg Schuldt-Britting, Höhenmoos
Das Windlicht
aus: Sämtliche Werke Bd. 4, List Verlag, München © Ingeburg Schuldt-Britting, Höhenmoos

Weinheber, Joseph
Im Grase
aus: Sämtliche Werke, © Salzburg, Otto Müller 1954
Notturno
aus: Sämtliche Werke, © Salzburg, Otto Müller 1954

Brecht, Bertolt
Vom Schwimmen in Seen
aus: Werke, Große kommentierte Berliner und Frankfurter Ausgabe, Band 11/12, © Suhrkamp Verlag, Frankfurt 1988
Legende von der Entstehung des Buches Taoteking
aus: Werke, Große kommentierte Berliner und Frankfurter Ausgabe, Band 11/12, © Suhrkamp Verlag, Frankfurt 1988
An die Nachgeborenen
aus: Werke, Große kommentierte Berliner und Frankfurter Ausgabe, Band 11/12, © Suhrkamp Verlag, Frankfurt 1988

Kästner, Erich
Sachliche Romanze
aus: © Atrium Verlag, Zürich und Thomas Kästner
Und wo bleibt das Positive
aus: © Atrium Verlag, Zürich und Thomas Kästner

Kaschnitz, Marie Luise
Bräutigam Froschkönig
aus: Marie Luise Kaschnitz: Überallnie. Ausgewählte Gedichte 1928-1965 © Claassen Verlag in der Ullstein Buchverlage Gmbh, Berlin
Nicht gesagt
aus: Marie Luise Kaschnitz: Überallnie. Ausgewählte Gedichte 1928-1965 © Claassen Verlag in der Ullstein Buchverlage Gmbh, Berlin

Huchel, Peter

Winterpsalm

aus: ders., Chausseen Chausseen. Gedichte. © S.Fischer Verlag GmbH, Frankfurt am Main 1963

Das Zeichen

aus: ders., Chausseen Chausseen. Gedichte. © S.Fischer Verlag GmbH, Frankfurt am Main 1963

Eich, Günter

Inventur

aus: Werke, Band 1, © Suhrkamp Verlag, Frankfurt 1973

Wacht auf, denn eure Träume sind schlecht

aus: Werke, Band 1, © Suhrkamp Verlag, Frankfurt 1973

Ende eines Sommers

aus: Werke, Band 1, © Suhrkamp Verlag, Frankfurt 1973

Ausländer, Rose

Pruth

aus: Die Sichel mäht die Zeit zu Heu. Gedichte 1957-1965. © S.Fischer Verlag GmbH, Fraankfurt am Main 1985

Noch bist du da

aus: Ich höre das Herz des Oleanders. Gedichte 1977-1979. © S.Fischer Verlag GmbH, Frankfurt am Main 1984

Domin, Hilde

Nur eine Rose als Stütze

aus: Gesammelte Gedichte. © S.Fischer Verlag GmbH, Frankfurt am Main 1987

Unaufhaltsam

aus: Gesammelte Gedichte. © S.Fischer Verlag GmbH, Frankfurt am Main 1987

Krolow, Karl

Orte der Geometrie

aus: Wind und Zeit, Stuttgart, © 1954 Deutsche Verlags-Anstalt GmbH, Stuttgart

Herbstsonett mit Hegel

aus: Gesammelte Gedichte, Band 3 © Suhrkamp Verlag, Frankfurt 1985

Lavant, Christine

Wieder brach er bei dem Nachbar ein

aus: Die Bettlerschale, © Otto Müller Verlag, Salzburg 2002, 7. Auflage

O Spindel im Monde, lasse dir Zeit …

aus: Spindel im Mond, © Otto Müller Verlag, Salzburg 1995, 5. Auflage

Bobrowski, Johannes

Sprache

aus: Gesammelte Werke, Bd. I, © 1988 Deutsche Verlags-Anstalt GmbH, Stuttgart

Osten

aus: Gesammelte Werke, Bd. II, © 1988 Deutsche Verlags-Anstalt GmbH, Stuttgart

Celan, Paul

Todsfuge

aus: Mohn und Gedächtnis, © Deutsche Verlags-Anstalt GmbH, Stuttgart

Sprachgitter

aus: Sprachgitter. © S.Fischer Verlag GmbH, Frankfurt am Main 1963

Corona

aus:
Mohn und Gedächtnis, © Deutsche Verlags-Anstalt GmbH, Stuttgart

Fried, Erich

Was es ist

aus: Es ist was es ist © 1983 Verlag Klaus Wagenbach, Berlin

Artmann, Hans Carl

sah ein kleines unicorn ...

aus: Sämtliche Gedichte, Salzburg, Jung + Jung 2003,© Residenz, Salzburg

den horizont überschreiten

aus: unter der bedeckung eines Hutes, Salzburg, © Residenz 1975

Heißenbüttel, Helmut

Pamphlet IX

aus: Textbücher 1 bis 6, Klett-Cotta, © Stuttgart 1980

Topographien

aus: Textbücher 1 bis 6, Klett-Cotta, © Stuttgart 1980

Jandl, Ernst

ottos mops

aus: poetische werke, hrsg. von Klaus Siblewski, © 1997 by Luchterhand Literaturverlag, München, einem Unternehmen der Verlagsgruppe Random House GmbH

wirklich schön

aus: poetische werke, hrsg. von Klaus Siblewski, © 1997 by Luchterhand Literaturverlag, München, einem Unternehmen der Verlagsgruppe Random House GmbH

die zeit vergeht
aus: poetische werke, hrsg. von Klaus Siblewski, © 1997 by Luchterhand Literaturverlag, München, einem Unternehmen der Verlagsgruppe Random House GmbH

Bachmann, Ingeborg
Die gestundete Zeit
aus: Werke, Bd.1 © 1978 Piper Verlag GmbH, München
Erklär mir, Liebe
aus: Werke, Bd.1 © 1978 Piper Verlag GmbH, München
Fall ab, Herz
aus: Werke, Bd.1 © 1978 Piper Verlag GmbH, München

Bolliger, Max
Ausgeschickte Taube
aus:
Ausgeschickte Taube, St. Gallen, Eirene 1958 © Max Bolliger

Rühmkorf, Peter
Himmel abgespeckt
aus: Gedichte, Werke 1 © 2000 by Rowohlt Verlag GmbH, Reinbek bei Hamburg
Phönix voran
aus: Haltbar bis Ende 1999, © Peter Rühmkorf

Fritz, Walter Helmut
Täglicher Anfang
aus: Schwierige Überfahrt, © 1976 by Hoffmann und Campe Verlag, Hamburg
Wahrnehmung
aus: Immer einfacher immer schwieriger, © 1987 by Hoffmann und Campe Verlag, Hamburg

Enzensberger, Hans Magnus
Ins Lesebuch für die oberstufe
aus: Verteidigung der Wölfe © Suhrkamp Verlag 1957
Landessprache
aus: Landessprache © Suhrkamp Verlag 1960
Die Furie
aus:Die Furie des Verschwindens © Suhrkamp Verlag 1980

Kirsten, Wulf
väterlichseits, mütterlichseits
aus: die Erde bei Meißen, Leipzig, © Reclam 1986

Kirsch, Sarah

Landaufenthalt

aus: Sämtliche Gedichte © 2005 Deutsche Verlags-Anstalt GmbH, München

Erdrauch

aus: Sämtliche Gedichte © 2005 Deutsche Verlags-Anstalt GmbH, München

Biermann, Wolf

Ermutigung

aus: Alle Lieder, © 1991 by Kiepenheuer & Witsch, Köln

Braun, Volker

Das Eigentum

aus: Lustgarten Preußen, Frankfurt am Main, © Suhrkamp 1996

Das innerste Afrika

aus: Langsam knirrschender Morgen, Frankfurt am Main, © Suhrkamp 1987

Brinkmann, Rolf Dieter

Meinetwegen Rosen

aus: Standphotos. Gedichte 1962-1970 © 1980 by Rowohlt Verlag GmbH, Reinbek bei Hamburg

Oh, friedlicher Mittag

aus: Westwärts 1 & 2. Gedichte © 1975 by Rowohlt Taschenbuch Verlag GmbH, Reinbek bei Hamburg

Rosenlöcher, Thomas

Die Verlängerung

aus: Ich lag im Garten von Kleinsschachwitz, Frankfurt am Main © Suhrkamp

Die Neonikone

aus: Die Dresdner Kunstausübung, Frankfurt am Main © Suhrkamp 1996

Garbe, Sebastian

Sphinx

aus: Manuskript, © Sebastian Garbe

Weg

aus: Manuskript, © Sebastian Garbe

Grünbein, Durs

An diesem Morgen ...

aus: Grauzone morgens, Frankfurt am Main, © Suhrkamp 1988

Alba

aus: Falten und Fallen, Frankfurt am Main, © Suhrkamp 1994

Register der Titel und Gedichtanfänge